カンティヨン
経済理論研究

中川辰洋

日本経済評論社

目次

序章　課題と視角 …………………………………………………………… 1

第1章　カンティヨンの生涯と作品 ……………………………………… 19

 1.　カンティヨンの生涯（1680？～1734？年）　　19
 2.　『商業試論』出版の誤謬とミステリーと謎　　30
 3.　『商業試論』の経済学史上の意義　　41

第2章　カンティヨンの経済理論と『商業試論』 ……………………… 57

 1.　『商業試論』の課題と構成　　57
 2.　市場経済モデルと企業者の調整機構　　61
  (1)　土地所有者とその代理人の経済モデル　61
  (2)　市場経済モデルと企業者　65
  (3)　市場経済と貨幣の機能　70
 3.　「開放経済」下の外国貿易・銀行業務の経済分析　　76
  (1)　開放経済モデルへの転換　76
  (2)　銀行・信用論　79
  (3)　経済政策へのメッセージまたはロー・システム批判　86

第3章　『商業試論』の諸問題 …………………………………………… 91

 1.　価値・価格論の問題　　92
 2.　企業者論の問題　　100
 3.　銀行・信用論の問題　　113
  (1)　カンティヨンとローの銀行・信用論をめぐる見解の相違　113

(2)　国立銀行とその効用をめぐる問題点　120
　　(3)　ロー・システムの評価をめぐる問題点　124

終章……………………………………………………………………………… 131

　付録　リシャール・カンティヨン著『商業一般の本性に関する試論』目次（仮訳）　149

付論I.　カンティヨン―ケネー―テュルゴー
　　　――18世紀フランス価値学説形成の歴史的考察………………… 157

　はじめに　157
　1.　カンティヨン，ケネーおよびテュルゴーの価値学説　164
　　(1)　リシャール・カンティヨン　164
　　(2)　フランソワ・ケネー　170
　　(3)　アンヌ・ロベール・ジャック・テュルゴー　179
　2.　価値学説の意義と問題点　188
　　(1)　価値源泉論の名目性　189
　　(2)　価値と価格の関係性　196
　　(3)　価格メカニズムと資源分配の関連性　203
　3.　18世紀フランス価値学説形成の再考　211
　むすびにかえて　227

付論II.　「資本」概念成立探究
　　　――馬場宏二「資本・資本家・資本主義」を中心にして ………… 235

　はじめに　235
　1.　馬場説のスケッチ　239
　　(1)　問題意識　239
　　(2)　"Capital"の初出探索――モンクレティアン／ペティからスミスまで　241

  (3) 資本概念の成立 244
 2. 馬場説の問題点——古典再探索 248
  (1) "Capital" と "Capital Stock（または Fonds Capital）" との峻別
    ——テュルゴー資本論の意義 248
  (2) "Capital" の語義——誤解されたカンティヨンの用法 252
  (3) "Capitaliste" の初出——グルネー＝テュルゴーのネオロジスム
    258
 むすびにかえて 264

参考文献 269
あとがき 285
初出一覧 297
人名索引 299

序章
課題と視角

　いまから約260年前の1755年，ブルボン朝末期のパリで一巻の書物がお目見えした．『商業一般の本性に関する試論（*Essai sur la nature du commerce en général*）』（以下，『商業試論』と略記）と題する書物が，それである．著者は不明，しかも英語からフランス語に翻訳されたテキストであり，出版社はドーバー海峡対岸のアルビオン島はロンドンの法学院前のフレッチャー・ガイルズ書店との由．"ホームジアン（Holmesian）"ならずとも推理小説好きには，歴史上初の科学者探偵ジョン・E. ソーンダイク博士の居住兼法医学研究所からさほど遠くない書店が出版した書籍というほうが分かりやすいかもしれない．

　ところが，これはまったくの偽りであった．当時の知識階級に属する人間であれば，くだんの書物の著者がアイルランド出身でフランスに帰化した稀代の銀行家リシャール・カンティヨン[1]であり，かつ出版に携わったのが時の商務監督官グルネー侯爵ジャック＝クロード＝マリー・ヴァンサンとかれの協力者たち——いわゆる"グルネー・サークル（cercle de Gounay）"のメン（パルティザン）

---

1) 本論では"Richard Cantillon"をフランス語風に"リシャール・カンティヨン"と表記した．エールのひとであるから，"リチャード・カンティロン"という読みも考えないではなかった．だが，フランス国籍を取得していることから，あえてオリジナリティを出さずにフランス語表記にした（ちなみに，パリの行きつけのアイルランド風居酒屋の女将も"カンティヨン"と発音していた）．わが国では理由はともかく"カンティヨン"，"カンティロン"のほかに，"カンチョン"，"カンティリヨン"なる表記も散見する．読み名に統一性はない．なるほど近年，人名の出身国読みを推奨する風潮があるやに聞く．その考えがもし正しいとすれば，例えば"Léon Walras"や"Richard Wagner"はそれぞれ"レオン・ヴァルラス"，"リヒャルト・ヴァーグナー"と書くべきであろう．英語風の"ワルラス"や"ワグナー"では断じてないはずである．とはいえ，この問題，所詮，"薔薇の名前"にすぎない．深追いは無用と心得る．

バーであったことを知らぬものなどいなかった．それどころか，カンティヨンなる人物の所説は，『商業試論』のタイトルで出版される"手書きの草稿"をひさしく借り受けていた"大ミラボー"ことミラボー侯爵ヴィクトル・リケッティ——大革命初期に活躍した"小ミラボー"ことミラボー伯爵オノレ・ガブリエル・リケッティの尊父——とかれが"グルー（gourou）"と呼び敬愛したフランソワ・ケネーほか，ミラボーの主宰するサロンのメンバーたち——行政官や知識人たち——の間で広く知られるところとなっていたのである．

　それでは，かくも謎めいた体裁をとってまでして本書をなぜ世に送り出さねばならなかったのであろうか．結論を先取りすれば，当時は建前上言論・出版が厳しく統制されていたが，その対象はもっぱら王政や教会の批判を旨とするものであって，外国で出版された書籍，しかもそれが実用の書であればフランス語に翻訳して出版する場合には，検閲官（司書官）が目を通したうえで「暗黙の許可（permission tacite）」をあたえていたといわれる．とくに名門ラモワニヨン家のクレティアン=ギヨーム・ド・ラモワニヨン・マルゼルブが検閲長官に就任した1750年代には検閲制度は大幅に緩和され，当時は"危険思想"の代名詞であったドニ・ディドロ，ジャン・ル・ロン・ダランベールらの主宰する『百科全書（*Encyclopédie*）』の最初の数巻やジャン=ジャック・ルソーをはじめとする啓蒙思想家たちの作品が「暗黙の許可」を得て数多く出版されている．"啓蒙思想のパトロン"と称され，廉潔かつ寛容にして徳義の誉れ高いマルゼルブの知己を得たグルネーやかれの協力者たちは，当時かなりの数の書籍の"翻訳"を手がけ世に送り出している．『商業試論』の扉が検閲官の目を潜り抜けて「暗黙の許可」を得るための「方便」でしかなかったことは，知識階級の間では「暗黙の了解」，「公然の秘密」であった．フレッチャー・ガイルズなる書店が疾うのむかしに店を畳んでいたことが，何よりの証左であろう．もしも仮に本書の扉の伝えるとおりであるとすれば，本書はありもしない書店から，わざわざフランス綴にアレンジして出版され，ありもしない人間たちの手を経てルイ15世治下のフ

ランス王国の首都パリに持ち込まれたことになる．

　本書にまつわるミステリーと謎はこれだけではない．いまひとつ，そしてより重要なことであるが，著者のリシャール・カンティヨンなる人物そのものをめぐる謎である．かれは，アイルランド南西のマンスター地方ケリー州バローナンのノルマン系アイリッシュの家庭に生まれ，長じて親類を頼って渡仏，パリで銀行家となりまれに見る成功を収めたのみならず，フランス王国の貨幣改革・財政再建を目指したジョン・ローの経済政策――いわゆる"ロー・システム (Système de Law)"に与力して巨万の財を築いたことはつとに知られている．だが，かれの出生年は 1680 年から 90 年の間とされ，いまに至るもさだかではない．ばかりか，ロー失脚ののちその協力者としてフランスの司直から追われたため，1734 年 4 月パリを離れロンドンはメイフェア地区の高級住宅街アルベマール街――オールドボンド街の裏――に居を構えたとされる．

　それもつかの間，われらが銀行家はわずか 1 カ月後の 5 月住居が火災に遭い，瓦礫のなかから焼死体として発見されたといわれる．しかも，なかば灰と化した死体の胸には短剣が突き刺さっていた．"スコットランド・ヤード"のニックネームで親しまれるロンドン警視庁誕生の 1 世紀も前の犯罪捜査のこと，くだんの焼死体がはたしてカンティヨン本人であると特定できなかった．殺人火災事件は司直の執拗な追求を逃れるためにカンティヨンが仕組んだ自作自演のお芝居であって，かれ自身は当時オランダ領ギアナ（現スリナム）に難を逃れたという説もある[2]．ともあれ，かれの著書『商業試論』はいまでは広く知られるところであるが，著者の生涯やひととなりとなるや，やがて明らかにするように，かれの伝記的評伝を上梓したアイルランド出身の経済学者アントイン・E. マーフィーの微に入り細を穿つ調査・研究にもかかわらずいまだに謎だらけ――ロンドン名物の"霧の中（completely in the dark）"，いうところの五里霧中ということであろう．

2）　Meyssonnier [1989]；Murphy [1997b]；Perrot [1992]．

ところが，われらが銀行家はその死または失踪から20年余を経た1755年，花の都パリの空のしたに舞いもどってきた．『商業試論』の著者として，である．しかしながら，かれの著書への評価はかならずしも好意的ではなかった．なるほど本書の出版に功のあるグルネー・サークルのメンバーは，サー・ウィリアム・ペティ，サー・ジョサイア・チャイルドなどの系譜に連なる商業すなわち経済活動全般のありようを体系的に分析し解説した書物──当時「商業学（science du commerce）」とも，「経済学（économie politique）」ともいわれる学問のテキストとして評価した．のちにイングランドの経済学者ウィリアム・スタンレー・ジェヴォンズが「〔カンティヨンの著作が〕租税の問題をのぞけば〔中略〕ほとんどの経済領域」にわたって記述されている「経済学に関する最初の論文」というのもゆえなしとしない．『国富論（*An Inquiry into the Nature and Causes of the Wealth of Nations*）』の著者アダム・スミスもまた『商業試論』を何度となく参照している．

他方，カンティヨンが『商業試論』で論じたテーマの多くは"quod erat demonstrandum : QED（証明終了）"とばかりに冷やかに見る向きもないではなかった[3]．例えば，貨幣と利子，経済成長と貿易収支，紙幣発行を媒介とする信用創造の是非などをめぐるテーマは，ともにジョン・ローの補佐官であったニコラ・デュトとジャン゠フランソワ・ムロンらによってロー・システム崩壊後の1720，30年代に議論し尽くされたテーマであったし，ローやカンティヨンの時代と比較して，フランスを取り巻く経済状況が変化し，つれて経済思想も進化し新たな学説が誕生していたからである．グルネー・サークルの論客フランソワ・ヴェロン・ド・フォルボネやルイ゠ジョゼフ・プリュマール・ド・ダンジュール（別名ジョン・ニコルス）の著作に一瞥をくれるだけで十分というのである．なかでも価値論や貨幣論については，時あたかも1751年にのちの在仏ナポリ王国大使館付書記官フェルディナンド・ガリアーニの作とされる『貨幣論（*Della Moneta*）』が刊行され，主観価

---

3) Meyssonnier [1989], pp. 248-9.

値説や貨幣数量説が18世紀も半ばを過ぎるころには支持を集めるようになっていたから，カンティヨン流の価値の源泉を土地（または労働）にもとめる客観価値説には，エティエンヌ・ボノ・ド・コンディヤック，それに『商業試論』の出版に携わったといわれ，企業者論や価格論に一定の影響を受けたオーヌ男爵アンヌ・ロベール・ジャック・テュルゴーといえども与するものではなかった．

このほかにも，例えばコンディヤックの長兄ガブリエル・ボノ・ド・マブリのように，『商業試論』をケネーとその後継者をもって任じるフィジオクラート派の「主要な思想的源泉」としてはなから批判する向きもないではなかった．だが，かれのカンティヨン批判がかならずしも的を射たものとはいえないばかりか，巷間いわれる論争を巻き起こしたというにはほど遠かった．"フィジオクラート派嫌い"で音に聞こえたわがマブリ神父どのは，ケネーの後継者を自任するピエール=サミュエル・デュポン（・ド・ヌムール）やポール・ピエール・ル・メルシエ・ド・ラ・リヴィエールらの所説を攻撃する格好の材料としてカンティヨンを利用したにすぎない．だからというわけではないけれども，やがてその名がひとびとの口の端に上ることもすくなくなった．とくに大革命の嵐が吹きすさぶなかではなおのことそうであった．

もちろん，リシャール・カンティヨンという人物もかれの作品も完全に忘れ去られ，ギリシャ神話にいう冥府（ヘデス）を流れる川レテ（Léthé）の水底に身を横たえた，というわけでは決してない．19世紀に入って，イングランドの経済学者ジョン・ラムジー・マカロックがカンティヨンの紹介に取り組んだのをはじめ，カール・マルクスもかれの死後に『剰余価値学説史（*Theorien über den Mehrwert*）』のタイトルで刊行される未完の読書ノート（1860年代執筆といわれる）のなかで二度"カンティヨン"の名に言及していることなどが何よりの証左である．しかし，「18世紀の偉大な経済学者」のひとりとして「（再）発見」しその名を広く世に知らしめた功はジェヴォンズに帰すといってよい．かれは1881年に著わした論文「リシャール・カンティヨンと経済学の国籍（Richard Cantillon and the nationality of political economy）」

のなかでつぎのように書いている——．

>　『国富論』をつぶさに読んだ読者であれば，おそらくアダム・スミスが例外的に一度だけ〔リシャール・〕カンティヨン氏なる人物の著作から引用していることを記憶していることであろう．これにはひとつの物語がある．しかもその物語は，誤謬とミステリーと謎に満ちている．アダム・スミスはごく少数の先行著述家しか自著に引用しなかったので，かれの著作に名をとどめることは，一種の不朽の名声を手にすることである．だがそれにもかかわらず，カンティヨンはきわめて不幸であった．かれはたんに火災と短剣によって若くして非業の最期をとげたばかりではない．その後の文筆上の不幸な出来事が，かれの名声を覆い隠してしまったのである[4]．

　ジェヴォンズによると，本来であれば「不朽の名声」を手にしていたはず

---

[4]　Jevons [1881], p. 333. 訳64ページ（ただし，引用は訳文とは異なる．以下同）．ジェヴォンズの「カンティヨン（再）発見」の功は高く評価されるべきであるが，ここで引用したかれの言葉はのちにみるとおり正確ではない．本文で示したとおり，カール・マルクスが1860年代に執筆したといわれる読書ノート（後年『剰余価値学説史』のタイトルで出版）のなかで二度カンティヨンに言及している．また，スミスによる「カンティヨン氏なる人物の著書」からの引用も『国富論』第１篇第８章の「一度」だけではない．エドウィン・キャナンが20世紀に入って編集・出版した『国富論』の注記のなかで，『商業試論』の記述と推測される箇所を複数特定しているし，さらに刊行200年記念の新版『国富論』の編集者リチャード・H．キャンベル，アンドリュー・S．スキナー，ウィリアム・B．トッドによると，カンティヨンが影響した可能性のある箇所はすくなくとも40箇所は特定できるという（当該箇所については，巻末の「人名索引」中の"Cantilllon"の項（Smith [1976 (1776)], Vol 2, p. 1010）参照）．ところが，スキナーが単独で編集したペンギンブックス版『国富論』の事実上の「解題」ともいえる導入部分（Analytical Introduction）では，わがアイルランド出身の銀行家の名前は一度たりとも登場しない．キャナンが不十分ながらカンティヨンとスミスとの理論的継承関係について論じていたのに比べると，スキナーにおいては，ジェヴォンズのいわゆる「不朽の名声」を手にしたはずのカンティヨンなる人物などはなから存在しなかったかのもののいいようである．なお，この点についてくわしくは，Skinner [1982] を参照されたい．

のカンティヨンの著作をふたたび世に知らしめることの意義のひとつは，3つの編35の章からなる比較的小さな書物が「租税の問題をのぞけば〔中略〕ほとんど経済学の全領域」にわたっており，「他のいかなるえりぬきの労作よりも，より際立って『経済学の揺籃（Cradle of Political Economy）』」[5]たることを証明し，その「不朽の名声」を恢復する点にあった．すなわち，カンティヨンはフランソワ・ケネーをはじめとするフランスの"エコノミスト派──フィジオクラート派（Physiocrates）──の「主要な思想的源泉」としてはっきり認められていたが，この学派は「すくなからず『国富論』の基礎をなしているものとして知られており，しかもその学説の多くのものについて，経済学の真の科学的学派として認められるべきはずのものである」といって，イングランドを「経済学の国籍」と定めるのである[6]．

　はたして経済学に「国籍」なるものがあるかどうかはさて措き，ジェヴォンズ論文は，とりわけイングランドではひさしく忘れられていたの観のあるカンティヨンを「(再)発見」し，かれの経済学研究の進化への貢献を歴史的に再評価する貴重な業績であった．ところが，当のジェヴォンズは1882年に不慮の事故で帰らぬひととなり，ブリテン島におけるカンティヨン研究は中断を余儀なくされふたたび忘却の川の水底に沈むかのようにみえた．しかし，ジェヴォンズの業績は同胞の経済思想史家ヘンリー・ヒッグズによって引き継がれ「誤謬とミステリーと謎」に満ちたカンティヨンという人物像なり作品なりの意義を究明し，その「経済学の揺籃」としての学問的貢献の理解をふかめる論文が発表された．そしてヒッグズはその集大成としてカンティヨン『商業試論』の英語版を，自ら稿を起こした「リシャール・カンティヨンの生涯と作品（Life and work of Richard Cantillon）」と題する論稿や関連資料を添えて王立経済学会（Royal Economic Association）から世に送り出した．ジェヴォンズ論文の発表から数えてちょうど50年後の1931年のことである．これを受けて，フリードリヒ・フォン・ハイエクが翌1932年

---

5) Jevons [1881], p. 341. 訳72ページ．
6) Idem, p. 360. 訳92ページ．

に「リシャール・カンティヨン著『商業一般の本性に関する試論』について (Sur l'*Essai sur la nature du commerce en général* de Richard Cantillon)」と題する論稿を英学会誌『エコノミック・ジャーナル（*Economic Journal*）』に寄稿し，また4年後の1936年にはベルギーのジャーナル誌『ルヴュ・デ・シアンス・エコノミーク（*Revue des sciences économiques*）』に「リシャール・カンティヨンの生涯と作品（Richard Cantillon, sa vie, son œuvre）」を発表するなど，フランス語圏や英語圏ばかりでなく，ドイツ語圏における本格的なカンティヨン研究の礎を築くうえで貢献している[7]．

一方，ドーバー海峡対岸のフランスでは，カンティヨンは主としてローの冒険事業の関係者の脳裡にふかく刻み込まれおりにふれて語り継がれてきた．しかし，それはあくまでも銀行家，冒険事業（システム）と南海泡沫（サウスシーバブル）で巨万の財をなした"ミシシッピアン（Mississippian）"のカンティヨンであって，経済学者カンティヨンではなかった．経済学者としてのカンティヨンが注目されるようになるのはもっぱら19世後半以降であり，フィジオクラート派の闘将デュポンの衣鉢を継ぐユジェーヌ・デールや政治家・経済学者のルイ゠ガブリエル・レオンス・ド・ラヴェルニュ，ギュスターヴ・シェルらは18世紀を代表する経済学者のひとりとしてカンティヨンを取り上げていた[8]．これらを

---

7) Hayek [1932; 1936]．ハイエクはこのほかにも，夫人のヘラ（のちに離婚）によるドイツ語版『商業試論』の刊行にさいして「序文」と「解題」を寄稿している（Friedrich A. von Hayek, "Richard Cantillon". Introduction and textual comments written for Hella Hayek's 1931 German translation of Richard Cantillon's Essai. Translated by Michaél Ó Súilleabháin, Department of Economics of University College, Cork, *Journal of Libertarian Studies*, vol. VII, No. 2, Fall 1985. Online Library of Liberty: A Collection of Scholarly Works about Individual Liberty and Free Markets: http://oll.libertyfund.org）．

8) ユジェーヌ・デールはかれの編集した『18世紀フランスの財政・金融経済学者（*Les economistes financiérs du dix-huitième siècle*）』所収のジョン・ローの「解題（Notices sur Jean Law, ses écrits et les opérations du Système）」や『フィジオクラート派──ケネー，デュポン・ド・ヌムール，ル・メルシエ・ド・ラ・リヴィエール，ボードー神父，ル・トゥーロンヌ（*Physiocrates : Quesnay, Dupont de Nemours, Le Mercier de la Rivière, L'abbé Baudeau, Le Trosne*）』のなかでカンティヨンについてふれている（Daire [1843; 1846]）．また，ジェヴォンズがかれの論文でも参照し

序章　課題と視角

受けて，ロベール・ルグランはフランスのカンティヨン研究としては初の論文となる『リシャール・カンティヨン（*Richard Cantillon*）』を 1900 年に上梓している．同書はルグランがパリ大学法学部に提出した学位請求論文をベースにしており，その副題「フィジオクラート派の先駆的重商主義者（Un mercantiliste précurseur des Physiocrates）」は，一見すると従来の「フィジオクラートの主要な思想的源泉」という解釈と大差ないようにみえないでもない[9]．

しかしながら，ルグランのオリジナリティはカンティヨンとローとの関係を重視し，かつアイルランド出身の銀行家による『商業試論』の草稿作成の意図がスコットランド出身の銀行家の代表作『貨幣と商業に関する考察（*Money and Trade Considered*）』の理論的批判を旨としていることを明らかにしたところにある．それによると，前者の主張は後者のそれの「対極（antipôle）」をなすというのであるが，ルグランの『商業試論』解釈は，のちに 3 巻からなる『ジョン・ロー全集（*John Law : Œuvres complètes*）』（1934 年）を編集・刊行するベルギー出身の経済学者ポール・アルサンに引き継がれたばかりか，カンティヨンとローの評伝を上梓したアントイン・E. マーフィーや，同じくカンティヨンの研究書を著わしたアントニー・ブリュワーなどにも一定の影響を及ぼしたと考えてよいのであるが，いまは問わな

ているレオンス・ド・ラヴェルニュもかれの著書『18 世紀フランスの経済学者たち（*Les économistes français du dix-huitième siècle*）』の「フィジオクラート派」の章においてカンティヨンの『商業試論』の紹介と，かれとケネーとの理論的継承関係——フィジオクラート派の主要な先駆者（principal précurseur des physiocrates）——について論じている（Léonce de Lavergne [1870], pp. 167-8）．さらに，ここでは紹介するにとどめるが，シェルはグルネーやケネーの評伝——『ヴァンサン・ド・グルネー（*Vincent de Gournay*）』（1897 年刊）や『ケネー博士（*Le docteur Quesnay : chirurgien, médecin de Mme de Ponpadour et de Louis XV, physiocrate*）』（1907 年刊）においてカンティヨンとの関連について論じている．

9) Legrand [1900]．ルグランの表現は，デールやレオンス・ド・ラヴェルニュを踏襲したものであるが，ジェヴォンズ論文やヒッグズが 1891 年に『エコノミック・ジャーナル（*Economic Journal*）』に寄稿した論文（Higgs [1891]）にも目を通すなど研究の守備範囲は広い．イングランドにおけるヒッグズと並んで，ルグランは当時のフランスにあって自他とも認めるカンティヨン研究の"第一人者"であった．

いでおこう．

　こうして19世紀末から20世紀の初頭における"パイオニア"的研究に刺激されて，1940年代とくに第2次世界大戦後，ジョゼフ・ホーン，バート・F. ホゼリッツ，ジョゼフ・J. スペングラー，マーク・ブラウグ（またはブローグ）などがカンティヨンの「誤謬とミステリーと謎」に満ちた生涯や作品の理論研究の進化に関する論稿をあいついで発表し，カンティヨン研究は目覚ましい進展をみると同時に，その過程でカンティヨンの評価も大きく変化した[10]．例えばホゼリッツは，ジェヴォンズがその論文のなかで一顧だにしなかったカンティヨンの「企業者論（entrepreneurial theory）」に着目してその意義を強調している．またスペングラーは，「経済システムの自律的で，かつ基本的に自立した諸特徴を叙述した最初の人物」とアイルランド出身の銀行家を評価したうえで，その自律調整論のもっとも際立った貢献は「価格メカニズムの働き（workings of the price mechanism）」にあると説いた．そしてさらに，フランスの人口学の泰斗アルフレッド・ソーヴィーらの手によって『商業試論』が1952年にフランス国立人口研究所（Institut national d'études démographiques : INED）から復刻されているが，この復刻版には詳細な脚注のほかに，編集者のソーヴィーをはじめアニタ・ファージ，ジョゼフ・J. スペングラー，ルイ・サルロン，アミントーレ・ファンファーニといったフランス内外の研究者が論文を寄稿している[11]（ちなみに，INEDの復刻版『商業試論』は1997年再版されたが，再版に当たってフランスの経済思想史家エリック・ブリアンとクリスティーヌ・テレの「緒言（avertissement）およびマーフィーの「序論（Introduction）」が新たに収録されている）．

　もっとも，カンティヨン研究が質量ともに飛躍的に拡大・深化をとげるのは1970，80年代以降である．そのなかにあって，マーフィー，ブリュワーのふたりの研究業績を逸することはできない．その最大のポイントは，ジェヴォンズやヒッグズ，あるいはルグランらの初期の研究が，程度の差こそあ

---

10) Hone [1944]; Hoselitz [1951]; Spengler [1954]; Blaug [1962; 1991].
11) Sauvy [1952]; Fage [1952]; Spengler [1952]; Salleron [1952]; Fanfani [1952].

れ，カンティヨンの経済理論をスミス『国富論』やその基礎をなすケネーやフィジオクラート派の「主要な思想的源泉」ないし「先駆的重商主義者」と捉え，かつそのような観点から『商業試論』の「再評価」を試みたのに対して，マーフィーの伝記的評伝やブリュワーの理論研究によってカンティヨンという人物の著書の成立がかれの波瀾に満ちた生涯と密接に関わっていることを明らかにしたところにあった．また，『商業試論』の新たな資料の発見ともあいまって，「フィジオクラート派の先駆的重商主義者」としてケネーやスミスへの理論的影響を解明するといった単純にして図式的な理解や解釈にとどまることなく，"築城の名手"と謳われたヴォーバン侯爵セバスティアン・ル・プレストル，ピエール・ル・プザン・ド・ボワギルベール，ジョン・ロー，それにヴァンサン・ド・グルネーを"メントール（Mentor）"として生涯敬愛してやむことを知らなかったテュルゴーなどを媒介とするフランスやイングランドの経済学研究の進化，ひいては経済学の古典形成のプロセスのなかに明確に位置づける意図をもって『商業試論』の経済分析や方法に踏み込んだ研究が試みられている．さらに今世紀に入ってから，元国立科学研究所（歴史学研究所）所長のアラン・ゲリらが『モンクレティアンとカンティヨン（*Montchrestien et Cantillon*）』を出版して，アイルランド出身の銀行家リシャール・カンティヨンと「経済学（Æconomie Politique または Œconomie Politique）」のタームの生みの親アントワーヌ・ド・モンクレティアンとの比較研究を目指すというきわめて注目すべき動きもみられる[12]．

　このように，近年のカンティヨン研究は，ジェヴォンズやヒッグズらによって見過ごされたの観があるものの，のちにホゼリッツやスペングラーらが積極的に評価した企業者論や銀行・信用論などに加えて，演繹的手法を用いた経済モデルの構築と理論分析の「パイオニア」論に至るまで，幅広い領域でかつ多様な研究がなされている点にその特徴がある．それは，とりも直さず，商業または近代的経済活動が生成・発展し，やがて社会的生産関係の基

12）ゲリの序論（Guery [2011]）のほか，とくに Andreau [2011]; Balder et Conchon [2011]; Larrèrre [2011] を参照されたい．

礎を構成するに至る，いわばその初期の段階において試みられた経済分析のあり方を示すものである．「経済学の黎明期（aube de l'économie politique）」といわれる18世紀における"経済理論のパイオニア（Pioneer of Economic Theory）"とカンティヨンを評価したとしても断じて誇張にはならないであろう．そしてそのように考えられるとすれば，ジェヴォンズによる「カンティヨンの（再）発見」このかた，いささか図式的な理解と解釈をともないながらも「通説」としてまかり通ってきたカンティヨンやかれの後世の研究に対する貢献——とりわけポンパドゥール夫人の主治医なりスコットランド出身の偉大な思想家なりの経済思想や経済学説の成立への影響について，先行する研究成果を踏まえてリシャール・カンティヨンという人物と作品の再評価を行うことは必要不可欠な作業であると考える．

　本書の課題は，以上のような研究経緯と成果を踏まえてカンティヨンの経済理論の意義と問題点を検討するとともに，のちの経済研究への貢献や理論的継承関係をつまびらかにするところにある．それはまたカンティヨンの経済理論の思想的背景や経済学の古典形成における位置を再検討することでもあり，この点に本論のいまひとつのねらいがある．はじめに本論の構成を示すとつぎのとおりである．まず第1章ではカンティヨンの謎に満ちた生涯をふり返ることによって，その謎が『商業試論』の出版をめぐる謎と密接不可分であることを明らかにし，さらに進んでかれの経済理論の独自性と経済学史上の意義を分析する．つづく第2章では『商業試論』の研究課題や分析手法について考察する．そして最終の第3章において，カンティヨンの経済理論の意義や後世の経済研究への貢献や経済学史上の位置づけを，先行研究の批判的検討を踏まえてあらためて確認する．

　ところで，本書のテーマを論じる前にわが国のカンティヨン研究史について付言しておきたい．わが国では，1909年に出版されたシャルル・ジードとシャルル・リストとの共著『経済学説史——フィジオクラート派から現代まで（Histoire des doctorines économiques depuis les Physiocrates jusuqu'à nos jours）』が広く読まれていたこともあいまって，カンティヨンの名は比較的

早くから知られていたと思われる．例えば福田敬太郎が 1920 年に「經濟學ノ發端 Richard Cantillon」を発表し，島田英一も 1927 年に上梓した『重農學派經濟學の研究』でカンティヨンの名を挙げている[13]．しかし経済学史研究家の論文にカンティヨンが登場するのはもっぱら 1930 年代以降のことに属し，とくにヘンリー・ヒッグズの手になる英語版『商業試論』やカンティヨンに関連する論稿が発表されたことがその背景要因のひとつであったことはまず間違いない．わが国の「重農學派經濟學」研究の草分けで，ボワギルベール，ケネーなどの研究を世に問うてきた久保田明光が 1940 年刊行の日本評論社版『新經濟學全集』に寄稿した論文「フィジオクラシー」においてカンティヨンを「フィジオクラシー成立直前の先駆者」と紹介している．これとほぼ同じ時期，増井幸雄が発表した研究論文のなかでもカンティヨンに言及している[14]．

　これらと並行して，カンティヨンの本格的な紹介作業も進んだ．なかでも特記すべきは戸田正雄であり，かれは 1943 年にヒッグズの英語版『商業試論』からではあるが『商業論』のタイトルで邦訳を，「カンティヨン再評価」のきっかけとなったジェヴォンズの論文とともに刊行している（なお，ジェヴォンズ論文は戸田訳のほか，第 2 次世界大戦直後の 1954 年に，H. W. スピーゲル編『経済思想発展史（*The Development of Economic Thought*）』I（経済学の黎明）（越村信三郎・伊坂市助監訳）のなかの「カンティヨン論（ジェヴォンズ）」（高野利治訳）として収録されている）．これら先学の研究業績は，本来であればわが国のカンティヨンの研究を一歩も二歩も前に進めるはずであったが，かならずしもそうではなかった．たしかに戸田武雄や山川義雄などの重農主義研究者らが久保田に代表される先駆的業績を継承するかたちでカンティヨ

[13) 福田［1920］；島田［1927］．このうち福田論文は，ジェヴォンズやヒッグズの一連の論稿を要約・紹介したものであるが，わが国の研究者によるカンティヨン研究としてはおそらく最初のペーパー――すくなくともそのひとつであろうと考えられる．
14) 久保田［1965］；増井［1939a；1939b］．なお，久保田［1965］は 1940 年の論文を改稿し収録したものである．

ンに言及したことは知られていた．すなわち，戸田武雄が1953年に出版した『経済学史ノート』や，山川が1960年代に上梓した（と思われる）『経済学史講義〔改訂版〕』や『近世フランス経済学の形成』のなかでカンティヨンにふれている．このほかにも，アルフレッド・マーシャルの研究者，馬場敬之助が1958年に出版された評論社版『社会諸科学基礎講座』第11巻『経済思想』のなかでカンティヨンの経済理論について言及している[15]．

しかし，カンティヨンの経済思想や経済学説プロパーの研究を手掛ける研究者となると，前出の山川義雄のほか，原正彦の論文「リチャード・カンティロンの貨幣経済理論」(1959年)や渡辺輝雄の『創設者の経済学——ペティ，カンティロン，ケネーの研究』(1961年)などそれほど多くはない[16]．その最大のポイントはカンティヨンの経済思想や経済学説それ自身にではなく，かれの経済学史上の評価と位置づけにあると思われる．ジェヴォンズやヒッグズあるいはルグランらに代表されるように，カンティヨンは「フィジオクラート派の先駆的重農主義者」であり，かれの学説はやがてケネーに受け継がれ，そしてそのケネーやフィジオクラート派の学説はといえば，ジェヴォンズのいわゆる「経済学の真の科学的学派」の創始者アダム・スミスの学説を準備したにすぎず，したがってまたカンティヨン学説はケネーやスミスのように「一家」をなす性格のものではないということであろう．カンティヨンがもっぱらイングランド経由でわが国に紹介されたことに思いを致せば，"Omnes viae Romam ducunt（すべての道はローマに通ずる）"ならぬ，"すべての先行学説はスミスに通ずる"ということであろう．それというのも，わがスコットランド出身の偉大な思想家こそ「経済学の真の科学的学派」の開祖にほかならないからである．

ちなみに，『商業試論』の邦訳者の戸田正雄はのちにカンティヨンを顧みることなく，1950年に増井幸雄とともにケネーの名著『経済表（*Tableau économique*）』の邦訳を出版している．それが戦後わが国の経済学史研究を

---

15) 久保田［1957；1965］；山川［19--；1968］；馬場［1958］；渡辺［1961］．
16) 原［1959］；渡辺［1961］．

先に進める功を有していたことを認めるにやぶさかではないけれども，しかし同時にわが国の経済学史研究を一定の方向に偏らせる一因ともなった．それはこういうことである．すなわち，「経済学の真の科学的学派」の開祖であるスミスへの過度の傾斜が，それである．「重商主義」，「重農主義」はともに「スミス以前（pre-Smithian）」の学説であり，とりわけフランス経済学史研究においてはボワギルベールであろうが，ローやカンティヨンであろうが，ケネーとフィジオクラート派の「先駆者的重商主義者」として「二線級」の経済思想，経済学説と位置づけられた．このなかには，テュルゴーやその師グルネーまでもがふくまれるという料簡であったと推察される．

　こうしたわが国の研究のありようは，マルクス主義経済学史家たちの活躍によっていっそう強まったの観がある．かれらはカール・マルクスの有名なテーゼ「ウィリアム・ペティにはじまりアダム・スミス，デイヴィッド・リカードゥによって頂点を迎える古典経済学」の流れを金科玉条とし，とりわけ第2次世界大戦後，カール・カウツキー版および旧ソ連マルクス＝レーニン主義（ML）研究所版『剰余価値学説史』があいついでわが国にお目見えしてのちは，ペティ，ケネー，スミス，リカードゥの学説研究を踏まえて，『資本論（Das Kapital）』の著者マルクスをその対象に加えるに至った．その意図するところは「『資本論』形成」の歴史を究めることこそが経済学史の真の課題という点にあるといってよい．要するに，経済学史研究家にあっては，カンティヨンはやがてはスミス『国富論』に収斂する先行学説——いわゆる「スミス以前」諸学説——のひとつであるケネーの「先駆者」と位置づけられたが，その場合せいぜいよくって"ケネー贔屓"で知られるオーストリア出身の経済学者ヨーゼフ・A. シュンペーターの『経済分析の歴史（History of Economic Analysis）』——かれの死後に未亡人らの手によって出版された未定稿の読書ノート——が参照される程度であった．かたやマルクス主義経済学史家にあっては，マルクスの読書ノートに二度も登場するアイルランド出身の銀行家の名は特段目を惹くに至らず，ほとんどネグレクトされたに等しかった．

ともあれいずれの場合にせよ，わがアイルランド出身の銀行家は「二線級の経済学者」あるいは「脇役」たる地位に甘んじ主たる研究対象たりえなかった結果，カンティヨン研究はわが国の経済学史研究上の「空白地帯」をなしている．しかしながら，そのなかにあってひとつだけ邦人研究者による注目すべき研究業績がある．わが国の書誌家の津田内匠が 1978 年に北フランスの都市ルーアンの市立図書館の「ルベール・コレクション（Collection Leber 919（3050））」の所蔵するカンティヨンの『商業試論』の手稿を発見し，翌年これを世に送り出したことである[17]．のちにくわしくみるように，津田の発見した草稿と，1755 年に出版された『商業試論』やそのベースとなったフランス語の草稿の間には若干の異同があり，カンティヨン研究に一石を投じる優れた業績といわなくてはならない．ただその津田は重商主義者というよりも，むしろ「ディリジスム（dirigisme）」の先駆者という評価をカンティヨンにあたえている．

　それから 10 年も経たない 1986 年にアントニー・ブリュワーが『リシャール・カンティヨン——経済理論のパイオニア（*Richard Cantillon : Pioneer of Economic Theory*）』を，翌年にはアントイン・E. マーフィーが『リシャール・カンティヨン——企業者およびエコノミスト（*Richard Cantillon : Entrepreneur and Economist*）』を上梓するなど，カンティヨンの「誤謬とミステリーと謎」への独自の理論分析と謎解きを試みた．むろん，かれらの研究はこれに尽きるものではないけれど，従前の「フィジオクラート派の先駆者」説の見直し，あるいはすくなくともそうした研究とは一線を劃する新たな研究といってよいであろう．ことほどさように，ブリュワーやマーフィーの研究業績は，欧米諸国はもとよりわが国でもスタンダードワークとして活用されるようになっている．

　本書はこれまでみてきたわが国の内外の先学・同学のカンティヨン研究を踏まえつつ，わが国のカンティヨン研究の，ひいては経済思想史や経済学説

---

17) Tsuda (éd.), Cantillon [1979]．くわしくは，津田 [1992] を参照されたい．

史の研究のありようをいささかなりとも改善し，欧米の研究水準へと近づけることを目標としているが，しかしカンティヨン研究はわが国の経済学史研究上の「空白地帯」を埋めるというだけではない．カンティヨンはジョン・ロー，テュルゴーとともに経済学の古典形成における"キーパーソン"と考えるものである．それゆえ，筆者は自らの浅学菲才を顧みず，これら3人の経済学の偉人を研究対象とする三部作の作成を企てた．諸賢ご高承のとおり，ローとテュルゴーの研究論文は本務校の紀要『青山経済論集』に掲載したのち加筆・補筆のうえ，2011年1月に『ジョン・ローの虚像と実像——18世紀経済思想の再検討』，約2年半後の2013年9月には『テュルゴー資本理論研究』のタイトルでそれぞれ上梓した[18]．本書『カンティヨン経済理論研究』は筆者の構想した三部作の最終である．

　もとより，これらの論稿はいずれも単なる先行学説の不備・欠陥を指摘してよしという意図をもって作成されたものではない．究極的には，経済学の黎明期と称される18世紀において経済学の研究を志した偉人たちの理論的継承関係と経済学の古典形成への貢献をあらためて問うことを目標としている．むろんこの過程において，モンクレティアン，ボワギルベール，ヴォーバン，マルゼルブ，グルネー，さらにはフィジオクラート派の論客ル・メルシエ・ド・ラ・リヴィエールなどにも言及しなければならないことは重々承知しているが，これらの人物の個別研究は他日を期したい．

---

18) 中川［2011; 2013a］．

第1章
カンティヨンの生涯と作品

1. カンティヨンの生涯（1680？〜1734？年）

　ウィリアム・スタンレー・ジェヴォンズが1881年に発表した論文のなかでいうとおり，「リシャール・カンティヨン氏」なる人物の名がイングランドでおおやけになったのはわずかに二度である．一度目は「1734年5月ロンドンの住宅街で起きた殺人火災事件の被害者」として，そしていま一度は「殺人火災事件」から21年が経過した1755年に，ロンドンは法学院の目の前のフレッチャー・ガイルズ書店によって刊行されたフランス語の書物『商業一般の本性に関する試論（*Essai sur la nature du commerce en général*）』（以下，『商業試論』と略記）の著者として——である．

　ところが，アイルランド出身の経済学者アントイン・E. マーフィーが1987年に上梓したカンティヨンの伝記的評伝『リシャール・カンティヨン——企業者およびエコノミスト（*Richard Cantillon: Entrepreneur and Economist*）』によると，カンティヨンが本当に「殺人火災事件の被害者」として非業の最期をとげたのかどうか，いまに至るもなお確たる証拠は存在しない[1]．いわば「謎」のままである．けれどもそれと同じくらい，あるいはそれ以上に「ミステリー」と「謎」に満ちているのは，カンティヨン氏なる人

---

[1]　Murphy [1997a], pp. 209–22. ただしフランス語版より引用（以下同）．

物の出生年に関してであり，いまなお不詳・不明の点がすくなくない．ヘンリー・ヒッグズの研究以来，カンティヨンが今日のマンスター地方ケリー州バローナンで「1680 年から 1690 年の間に生まれた」とする説が有力であったが，ジョゼフ・ホーンのように「1697 年生まれ」を主張する研究者もいないではなかった．結局，マーフィーの丹念な伝記的研究によってヒッグズ説が裏づけられ，今日ではいわば通説となっている[2]．

　だが，そのマーフィーをしても，カンティヨンの没年に話が及ぶと，これまた確証はない．マーフィーの結論は，かれの愛読するアガサ・クリスティが生んだ名探偵エルキュール・ポワロに自らを擬して持ち前の"灰色の脳細胞"をフル回転して当時のメディアの報じた「1734 年 5 月のロンドンの高級住宅街アルベマール街殺人火災事件」の真相究明にチャレンジしてのことであった．そうであるとすれば，その祖父母たちが古代アイルランド五王国中最大の図版を誇りモアン王国（現在のマンスター地方）と呼ばれた由緒ある地で生を授かったカンティヨンのことであるから，かれの時代から数えて 1000 年ほど遡るご先祖さまの，7 世紀中葉のモアン王国王位継承予定者——のちのコルグー王——の妹君（王女）にしてブレホン法廷の上位弁護士（ターニシュタ）という高位の資格を有する修道女キャシェルのフィデルマ（アンルー）の推理力に期待するの

2）　マーフィーの指摘するように，カンティヨンの生誕を「1680 年から 1690 年の間」と最初に特定したのはヒッグズであった（Higgs [1931], p. 366）．その後，ジョゼフ・ホーンが「カンティヨンの生誕は 1697 年」（Hone [1944], p. 97）と主張し，ホーン説はのちにフランスの研究者アニタ・ファージュらの支持するところとなった（Fage [1952], pp. XXIV-XXV）．しかしすぐしたでみるように，ホーン説に従うと，カンティヨンがパリで銀行家として成功した縁者を頼って渡仏し 1708 年にフランス国籍を取得したのは，かれが 10 歳になるかならないかの幼年時代であったということになる．ホーンがもしも正しいとすれば，カンティヨンがスペイン継承戦争の最中にロンドンの政府のために目覚ましい活躍をしたのは弱冠 15 歳ということになる．後世語り継がれるかれの銀行家としての天賦の才をもってしても，年端のいかない少年を英仏の銀行界が受け容れるほど寛容であったとは考えがたい．マーフィーは蒐集した多くの資料をもとに研究に研究を重ねた結果，ヒッグズと同様の結論に落ち着いたというが，それでも「1680 年から 1690 年の間」というにとどまり，いまなお生年月日をはっきりと特定するに至っていない．なお，マーフィーの見解については，Murphy [1984 ; 1997a ; 1997b ; 2009a] を参照されたい．

も一考であったろう(ピーター・トレメインの〈フィデルマ・シリーズ〉参照).

　それはそれとして，くだんの事件の真相は後世の探偵たちにゆだねるほかないものの，ここでひとつ注視しなければならないことがある．すなわち，カンティヨンが「いつ生まれたのか」という問いを発することよりも，より重要なことはむしろ「いつ死んだのか」——あるいはかれは本当に「1734年5月，ロンドン市内で発生した殺人火災事件の被害者」であったのかを知ること，これである．もしもこの事件がまったくの「でっち上げ」であり，しかも胸にナイフが突き刺さったまま業火に包まれなかば灰と化した焼死体がはたしてカンティヨンそのひとでなかったとすれば，ポワロやキャシェルのフィデルマもさることながら，イギリスの有名な風刺漫画誌『パンチ(*Punch*)』創刊メンバーのひとり，パーシヴァル・リーの血筋に当たる作家のドロシー・L. セイヤーズの生んだ名探偵ピーター・ウィムジー卿が巻き込まれた事件——〈ピーター卿シリーズ〉のひとつ『誰の死体？(*Whose Body?*)』——さながらに，「だれの死体なのか」と声高に叫びたくもなろう．

　この点は重要である．それというのも，19世紀イングランドの文豪チャールズ・ディケンズが『ピクウィック・ペーパーズ(*Pickwick Papers*)』のなかでのべている犯罪捜査のありようを参考にすれば，アルベマール街の怪事件を，おなじみのロンドン警視庁CID(犯罪捜査課)の捜査官が出馬する「殺人事件」として成立せしめるためには，被害者の死体が必要であったし，死体なくして検屍審問は開けない——という「体の有無(Have His/Her Carcase)」の定めに従わなくてはならないからである．もちろん，近代イギリスの警察制度や犯罪捜査が確立するのは，奇しくもアルベマール街事件から約1世紀後のことであり，18世紀前半の，死体が日常的に売買されていたような時代にあっては，はたして「体の有無」の定めが犯罪捜査の必須要件として厳格に適用されていたかどうかはすこぶる怪しい．ともあれ，だれが，なんの目的で，だれも所有権を主張できない焼死体をカンティヨン邸に置き去りするといった——それ自体グロテスクであるが巧妙かつ効果満点の手口(modus operandi)を弄してまででっち上げたのが「アルベマール街殺

人火災事件」であった，という可能性を否定することはできない．マーフィーはとりわけカンティヨン失踪説ないし生存説を強く主張する研究者のひとりであるが，かれはこの事件にまつわる一連の謎を解くための必要な鍵もしくは手がかりとして，カンティヨンの「生前のキャリア」を追跡調査することが肝要との考えをもとに事件の真相に迫ろうとしたのである[3]．

　古代のローマ人がヒベルニア（Hibernia）と呼んだエメラルドグリーンの島の誇り高いモアン王国（現マンスター地方）の民の末裔であるリシャール・カンティヨン氏なる人物の評伝の作者によると，かれがルイ大王治下のフランスに移住した時期はいまだ分明あたわざるところではあるが，1708年にはフランス国籍を取得して帰化し，パリで銀行家として成功した縁者——同姓同名の従兄で"シュヴァリエ（Chevalier）"と称されていた——のもとで自身も銀行家を目指した．数年後，大王最後の対英戦争——スペイン継承戦争（1701〜1714年）——の最中にブリテン島の政府の海軍主計局長ジェイムズ・ブリッジス（のちのチャンドス卿）に見出されて，1711〜1713年の間イスパニアはバルセローナに派遣され目覚ましい活躍をしたという．終戦後パリにもどったカンティヨンは"シュヴァリエ"の銀行に復帰してその業務を補佐するも，この間大陸諸国のアイルランド系コミュニティやヨーロ

---

[3]　マーフィーの推理はこうである（以下，Murphy [1997a], pp. 209-21 参照）．すなわち，火災後に発見された焼死体はカンティヨン本人ではなく「別人」であった可能性がきわめて高い．18世紀初頭のロンドンでは，死体は簡単かつ安価で売り買いされる「商品」であった．それゆえ，カンティヨンもしくはかれの協力者が，その筋から死体を調達して，その胸にナイフを突き刺してのち，なかば灰と化すほどに焼き焦がせば，死体の主を特定できるはずもない．ましてや現代のロンドン警視庁の前身とされる，ヘンリー・フィールディングが1749年創設した英国史上初の職業捜査官"ボウ・ストリート・ランナーズ（Bow Street Runners）"さえ存在しない当時の犯罪捜査の水準を考慮に入れるなら，なおのことそうである．くだんの焼死体がアルベマール街のカンティヨン氏なる人物の寝室から発見されれば，火付盗賊の類の悪党の仕業によって非業の死をとげたとの「推理」がなされても不思議ではないであろうが，事件は刺殺された焼死体の主も犯人も特定できず，事実上「迷宮入り」を余儀なくされた．のちに紹介するとおり，「カンティヨンとおぼしき人物が〔旧オランダ領ギアナ，現スリナムのジャングルで〕野営している」旨の情報を入手した時の政府が現地駐留のオランダ軍に捜索活動を要請したのもゆえなきことではない．

ッパ各地の銀行家たちとのネットワークをつくり上げ，銀行家としてしだいに名声を確立するようになった[4]．

　カンティヨンはやがてブリッジスを介してスコットランドはエジンバラの裕福な金匠銀行家（goldsmith banker）の家庭に生まれたジョン・ローとの"宿命的な"出会いをはたし，のちに「ロー・システム（Système de Law）」とも「ローの冒険事業（Aventure de Law）」とも称されるかれの経済政策の要をなす事業に，一時期とはいえ協力することになる[5]．カンティヨンがロ

---

4) ヘンリー・ヒッグズは，カンティヨンの類稀な個人的な資質のひとつとして「国際人としての体験（cosmopolitan experience）」を指摘している．それはただ単にカンティヨンの銀行家としての成功を意味するだけではなく，かれの「経済思想」を育むうえで大きな貢献をしている．そして，「ミラボー〔侯爵〕によると」と，ヒッグズはいう．「ミラボー〔侯爵〕によると，カンティヨンはヨーロッパ主要7都市に住居を構え，それが入手するに値する情報であれば，たとえ些末なものであっても〔中略〕かれはヨーロッパのどこからでも手にすることが可能であった」（Higgs [1891], p. 439）．カンティヨンの「国際人(コスモポリタン)」的資質は，かれ以前のイングランドやスコットランドやウェールズの人間にも共通している．例えば，トマス・マン，サー・ウィリアム・ペティ，ジョン・ロックなどがそれであり，アダム・スミスや"商人坊主(あきんどぼうず)"ことジョサイア・タッカーらにもそうした資質を認めることができる．これらの人間たちに共通していえることは「貿易と旅行は良き教師であった」（Idem）ということである．ヒッグズには大筋として筆者も同感であるが，しかしカンティヨンの「国際人」的資質を「イングランドの人間たち」に共通するというくだりはいかがなものであろうか．先に指摘したように，カンティヨンは古代アイルランド五王国筆頭の誇り高きモアン王国の民の末裔であり，「イングランドの人間」ではない．ちなみにいえば，スミスもローマ人がカレドニア（Caledonia）と呼ばわった土地の人間であって，イングランドの出身ではない．歴とした"ジョック（Jock）"である．

5) 財政難と国王の借金踏倒しが，英語を話せない新国王オラニエ公ウィレム2世（英語名・ウィリアム3世）即位に一役買ったイングランドと同様，ドーバー海峡対岸のフランスでも，ルイ大王崩御（1715年）ののち国家財政の建直しが喫緊かつ最大の政治課題となった．スコットランドはエジンバラの金匠銀行家の息子にして稀代の銀行家ジョン・ローが頭角を顕すようになったのはちょうどこの時分であった．スウェーデン，ネーデルラント，イングランドなどの経験をもとにかれが建策した公債整理と財政再建，貨幣改革が新王ルイ15世の摂政オルレアン公フィリップ2世の認めるところとなり，かれの計画の両輪をなす西洋会社（Compagnie d'Occident）とバンク・ジェネラル（Banque Générale）を設立した．前者は新大陸アメリカの仏領ルイジアナ植民地の開発と貿易の特権を有する組織であり，ローは既発公債の新会社の株式への強制転換によって公債整理を進めた．世にいうデット・エクイティー・スワップの嚆矢である．かたや後者の銀行は，スウェーデンやイングランドの経験を参考に

一の事業を"ビジネスチャンス"の到来と見付け，ドーバー海峡の両岸の株式——イングランドの南海会社（South Sea Company）とフランスのミシシッピー会社（Compagnie du Mississippi）の株式——の投機的取引に為替変動を巧みに利用しつつ参加したのは，従兄の"シュヴァリエ"が切り盛りする銀行の経営破綻（1717年）の2年後，すなわちローがルイ15世の摂政（のちに宰相）オルレアン公フィリップ2世との二人三脚によってルイ大王治世下で事実上破綻していた国家財政の再建，貨幣改革に着手して3年後の1719年——時あたかもローの冒険事業がそのピークを迎えんとする時分であった．カンティヨンは時を同じくしてブームを迎えた南海会社の株式にも多額の投資を行っていたといわれるが，英仏の空前の株式ブーム——世にいう"南海泡沫（South Sea Bubble）"，"ミシシッピー・バブル（Mississippi Bubble）"——で最高値をつけた1720年前半，手持ちの南海会社株およびミシシッピー会社株をあいついで売却して多額のキャピタルゲイン（plus-value）を手にし，若くして——ヒッグズやマーフィーの説によると30歳代前半から40歳と推測される——巨万の財をなした[6]．

設立された発券銀行であり，正貨預金を見返りに銀行券（紙幣）を発行することによって市中の貨幣不足の解消を目的としていた．ローの銀行は2年後の1718年に国営バンク・ロワイヤル（Banque Royale）に改組され，翌年には西洋会社インド会社（Compagnie des Indes）へと衣替えする．いわゆるミシシッピー会社（Comapgnie du Mississippi）の誕生である．とどの詰まり，ロー・システムともローの実験とも称される冒険事業とは，バンク・ロワイヤルとミシシッピー会社というふたつの組織体によって公債整理と財政再建，新しい貨幣制度の基礎となる「中央銀行（banque centrale）」設立の試みであったといってよい．ロー・システムは1720年1月にローが財務総監に就任するや，ミシシッピー会社にバンク・ロワイヤルの管理運営をゆだねる決定が下されるが，それはまたふたつの組織体の合同であった．ローが銀行券発行の特権だけでなく，貿易，徴税権や公営企業体の設立と運営にかかる全権を掌中に収めることを意味する．ここにロー・システムはその頂点へと登りつめたのである．

6) ローの冒険事業は当初成功を収め，西洋会社（のちにインド会社に衣替え）の株価は倍々ゲームで上昇し，ピーク時の1720年1月には1万8,000リーヴル（額面500リーヴル）をつけた．だがこの間の株価上昇の要因はかれの成功だけではなく，ローとかれのパトロンのオルレアン公に敵対する勢力——パリス兄弟のジョゼフ・パリス＝デュヴェルネーをはじめとする徴税請負人やこれと気脈を通じた大商人や金融業者，大土地所有者などの既得権者——がロー追い落としのために仕組んだ投機取引の

ところが，カンティヨンがドーバー海峡の両岸の英仏で行った投機がらみの取引の成功は，バブル崩壊後にいくつもの裁判沙汰を引き起こした．かれはローの会社の株式ブーム崩壊（1720年10月）により多額の損失をこうむるか，さもなければ経営破綻したかれの銀行の顧客から訴えられただけではない．カンティヨンの活動が投機を煽って不正な利益を上げる一方で，取引相手は多額の損失をこうむり，そのすくなからぬ人間を奈落のどん底（nadir）に突き落としたとする嫌疑を司直から受けて訴追をまぬかれない切羽詰まった状況に陥ったのである．ローが財務総監——現在の総理大臣に相当——に就任してわずか1カ月後の1720年2月ミシシッピー会社株が急落した直後，カンティヨンは商用を名目にパリとアムステルダムとの間を何度も行きつもどりつしていたという[7]．システムの再興を企図するローはカンティヨンに与力を要請するが，カンティヨンはこれをはっきり拒否した．窮

影響を考慮しなくてはならない．ローの目指した財政再建や貨幣改革は，とどの詰まり，敵対勢力の既得権益を脅かす以外の何物でもなかった．後世"ミシシッピー・バブル"の名で知られるローの会社の株価の急騰と急落とは，ローと反ロー勢力との権力闘争の一部始終であり，バブルの崩壊は反ロー勢力の勝利であった．チャールズ・P. キンドルバーガーが著書『熱狂・恐慌・崩壊——金融恐慌の歴史（*Manias, Panics, and Crashes : A History of Financial Crises*）』のなかでいっていることは示唆にとむ——．「〔当時の〕金融業者たちはジョン・ローよりもはるかに現実的であった．かれらは〔ミシシッピー会社株式の〕投機行為（speculation/agiotage）を煽りつつも，自分たちはその熱狂から距離を置き，そうしてかれらがもっとも有利と判断した瞬間に，銀行券を正貨に兌換して〔ロー・〕システムを破壊したのである」（Kindleberger [2004], p. 310）．なお，この点に関しては，Murphy [1997a]；中川 [2011] などもあわせて参照されたい．

7) カンティヨンの「用向き」が当時ヨーロッパ随一と謳われたネーデルラントはアムステルダムの証券取引所（Amsterdamasche Effectenbeurs）での「投機的取引」であったことは推察にかたくない．ただ現代と異なり，取引のさいの本人確認や売買記録などの資料が整備されていなかったので，カンティヨンがどのような相場感をもち，どのような売買注文を出していたかは分明あたわざるところである．しかし，マーフィーのいうように『商業試論』の原稿がかれの法廷での弁明の書として書かれたとすれば，同書第III部は図らずもカンティヨンによる投機の手口を示唆していると考えられないでもない．なお，この点については，中川 [2011] 第6章「ジョン・ローの銀行・信用論研究」を参照されたい．

したローにさらに追い打ちをかけるように，同年5月ローのパトロンであるオルレアン公はローの政策方針を受け容れなかったばかりか，財務総監の職を解いたうえで逮捕・収監を指示した．直後にローはバスティーユ聖アントワーヌ牢獄を後にするが，この時点でローが主導したシステムは事実上崩壊したといってよい．

ことほどさように，ローの会社の株は売りが売りを呼び，あたかも坂道を転げ落ちるように急速に値を下げた．事態を憂慮したオルレアン公はほぼ半年後の1720年10月，ローが事実上の創設者である証券取引所を閉鎖した．だが人心は収まるどころか，パニックが瞬く間に王国の隅々に広がった．この時のミシシッピー会社の株価は2,000リーヴル，年初に付けた最高値（約1万8,000リーヴル）のほぼ10分の1程度であった．ローはやオルレアン公らの意見を容れて政治や宮廷から身を引き，同年12月にパリを離れて当時オランダ領のブリュッセルにひとまず逃れた．いずれ復帰のチャンスがあろうとの判断であった．しかし願いは叶わず，明けて1721年ブリュッセルからアムステルダム経由でヴェネツィアに赴き，同年8月末ロンドンを目指して旅の途に就く．

ローはロンドンで帰国の時を待つも，恃みとするオルレアン公が2年後の1723年に急死，ブルボン公ルイ・アンリが後任職に就いた．ローはブルボン公と懇意であったことから帰国の望みを捨てなかった．それゆえ，ロシア皇帝ピヨートル1世（大帝）がローを経済顧問に任用する旨申し出るも，フランスに立ちもどる希望をなおも捨てきれないローはこれを鄭重に辞退したと伝えられる．だが，かれの政敵パリス兄弟をはじめかれの帰国を容認しない反ロー勢力がブルボン公に圧力を掛け，ついに公もこれに屈した．失意のローは心中揺揺たるもロンドンを去り，思い出の多いヴェネツィアに移り住みこの地で58年にわたる波瀾万丈の人生に幕を下ろした．1729年3月21日のことである．

話をリシャール・カンティヨンにもどそう．かれは1720年10月の証券取引所の閉鎖直後にパリで自身の経営する銀行を畳んだあと，翌年2月にロン

ドンに飛び当地で同郷の女性メアリー・アン・オマホニーと結婚して生活し1727 年までパリにもどることはなかった．ロー・システムによって巨万の財をなした"ミシシッピアン"のカンティヨンがロンドンにとどまったのは，新婚生活のなせるところとは表向きの話であって，じつのところロー・システム崩壊の後始末に忙殺されていたフランスの査証委員会（Commission de visa）の税務調査を警戒していたからであった．ちなみに，同委員会の資料によると，カンティヨンがミシシッピー会社株式や為替の投機的取引から得た総所得は 2,000 万リーヴル，この所得に対する課税額は 240 万リーヴルにのぼるといわれる[8]．カンティヨンならずとも，ミシシッピアンであればだれであろうと警戒するのは理の当然であった．

ほとぼりの覚めるのを待っていたカンティヨンは 1727 年にはパリにもどり，1734 年の春までのほぼ 7 年間パリの邸宅で過ごした．この間カンティヨンは何度となく司直に身柄を拘束されるも，司直サイドは決定的な証拠を提示できず訴追することはできなかった．カンティヨンはこの時期には銀行界から完全に足を洗い"ワイン商（commerçant du vin）"を営んでいたといわれる．だが，かれが模範的な"ワイン商"の生活をしていたとは到底考えがたい．パリにもどってからのカンティヨンの行状について注目すべきは，むしろつぎの点にある．すなわち，かれが後世『商業試論』の名で知られることになる書物の草稿の大半を最後のパリ滞在となるこの時期——研究者により多少の異同はあるものの，概ね 1728 年から 30 年の間——に仕上げているというのが，それである[9]．

もちろん，それは銀行業を引退し時間を持て余す——「無聊(ぶりょう)を慰める」の

---

8) Fage [1952], pp. XXVIII-XXIX. ちなみに，ジョン・ローが 1724 年ロンドンからブルボン公に宛てた書簡によると，かれがオルレアン公らに自身の政策を売り込むためにパリを訪れたおりの所持金を「160 万リーヴル」と記している（Law [1724], p. 281）．その大部分は公債投機などによって得たものであり，当時としては尋常ならざる資産であったとされるが，査証委員会のいうカンティヨンの総所得 2,000 万リーヴルは，たとえロー・システム崩壊後のフランス通貨リーヴルの価値下落を考慮に入れても，まさに「天文学的数字」といわなくてはなるまい．

9) Murphy [1997a], pp. 31 et 179-180 ; Brewer [1986], p. 9.

類とは似て非なるものである．あるいは，ナポレオン戦争時に公債の投機的取引で巨万の財をなしてのち証券ブローカーを廃業して学究生活を志し，スコットランド出身の思想家・経済学者ジェイムズ・ミル——ジョン・ステュアート・ミルの尊父——の指導のよろしきを得て『経済学および課税の原理（*Principles of Political Economy and Taxation*）』をものしたデイヴィッド・リカードゥのありようとも異なる．わがアイルランド出身の銀行家——もはや銀行家ではなく"ワイン商"というべきであろう——の最大のねらいは，かれが訴追されて法廷で争うことを余儀なくされた場合に備えて「理論武装」するところにあった．それゆえ，カンティヨンが作成していた（とおぼしき）草稿とは，ありていにいえば，かれ一流の「弁明の書（Mémoire justificatif）」の公算がきわめて高い．マーフィーによれば，カンティヨンの弁護士が 1730 年に法廷に提出した「覚書（mémoire）」は『商業試論』のジョン・ローとかれの政策批判の内容と酷似しているというが，この点は次節であらためて取り上げることにしよう．

　さて，"ワイン商"リシャール・カンティヨンは 1734 年 4 月ころ突如パリを離れ，ロンドン屈指の高級住宅街アルベマール街に豪邸を購入してフランス人料理人のジョゼフ・ドニエ（またはルバンヌ）およびその妻らとともに移り住んだ．それから約 1 カ月後の 5 月 14 日，かの「殺人火災事件」が起きたのである．ロンドンの警察当局は，事件後に発見されたなかば灰と化した焼死体を豪邸の主と推定して，"第一容疑者"であるくだんの料理人や邸内の使用人たちを取り調べるが，結局のところ，焼死体をカンティヨン本人と特定できず，真相究明・犯人逮捕には至らなかった．いわゆる「カンティヨン失踪（disparition de Cantillon）」説が登場したのも，そうした事情が背景となっている．すなわち，英仏両国から訴追の可能性をなおもまぬかれないカンティヨンは「アルベマール街殺人火災事件」をでっち上げ，身元不詳の焼死体を置き土産にブリテン島から無事脱出したというしだいである．真偽のほどはさて措くが，事件の捜査がなんら進展をみなかったことだけはたしかである．

アルベマール街の怪事件から半年が経過して，当時オランダ領南米ギアナに滞在していた"シュヴァリエ・ド・ルーヴィニー"を名乗る人物こそ，カンティヨンであるとの情報をオランダ植民地筋からロンドンの政府が入手した．「カンティヨンとおぼしき人物が当地〔ギアナ〕のジャングルで野営している」というのである．しかもくだんの人物は「多額の現金を保有しかつ十分な武装をしており，はなはだ危険な人物」という．これを受けて，ロンドンの政府はオランダ軍に対して将兵を差し向け調査活動を実施する要請をしたが，かれらが野営地に急ぎ駆けつけたおりには蛻の殻も同然であった．わずかに"シュヴァリエ"氏もしくはカンティヨンの筆跡と思われる書類のほか，世話をしていた奴隷 3 人だけが居残っていた旨を報告したという．結局，オランダ植民地でカンティヨンを探し出すことはできず，オランダ軍は1735 年 1 月 14 日野営地からの撤収を余儀なくされたのである[10]．

しかしこの捜索がまったくの無駄骨に終始したのかというと，どっこい，そうでもなさそうである．マーフィーによると，オランダ軍は野営地の近辺で地面を掘り起こしふたたび埋めた跡を発見した．不審に思い掘り返してみると，大量の紙片を投棄した穴倉であることが判明した．しかも，土塊に覆われた紙片はみながみな「アルベマール街殺人火災事件」に関連する新聞記事，司直や裁判所の資料類であったという．どうしてこんなものが南米のジャングルに捨てられたのか，それらはいつ，どこから，だれが，どのような目的で，どのようにして持ち込んだのであろうか——素朴な疑問がつぎからつぎと湧いてくる．マーフィーはいう——．カンティヨンに付き従ってロンドンに移り住んだくだんのフランス人料理人ジョゼフ・ドニエが事件を示唆する資料を遠路はるばる南米のオランダ領まで携えてきたのであろうか．それとも，"シュヴァリエ・ド・ルーヴィニー"なる人物こそリシャール・カンティヨンそのひとであったのであろうか[11]．

その後，リシャール・カンティヨンあるいは"シュヴァリエ・ド・ルーヴ

---

10) Murphy [2009a], p. 76-7.
11) Idem, p. 77.

ィニー"なる人物の消息が伝えられたことはただの一度たりともない．結局，「アルベマール街殺人火災事件」の真相は分からずじまいで，年を経るごとに事件の記憶は薄れ，カンティヨンなる人物の名が世人の口の端に上ることもなくなった[12]．すくなくとも1755年までは．

2．『商業試論』出版の誤謬とミステリーと謎

　以上，リシャール・カンティヨンの生涯を駆け足で紹介してきたが，その生涯はいまだ多くのミステリーと謎に包まれている．経済学の歴史をふり返って，カンティヨンのように誕生年・没年とも不詳という経済学者はきわめてまれといわなくてはならない．しかしながら，かれの作品といわれる『商

---

[12]　ランド・マックグリールなる御仁が2013年に自費出版した著書『ロストファウンデーション（*Lost Foundation*）』を読んだ．サブタイトル「18世紀の経済学者リシャール・カンティヨンとの対話（A Conversation with 18 th Century Economist Richard Cantillon）」が興味をひいたからである．著者は経済学の愛好家(アマチュア)で，前年『ルール・オブ・マネー（*Rule of Money*）』と題する書籍を出版しているとの由．カンティヨン——ここは英語風に"リチャード・カンティロン"と発音すべきだろうか——をひょんなことから知り興味をもったのが本書の稿を起こすきっかけであったらしい．マックグリール氏の住まうアメリカ北西部の都市シアトル市にタイムスリップしたカンティヨンと偶然出会い，政治・経済・社会の諸問題を話し合うというように，お話自体はまったくのフィクションである．筆者がわがシアトル市民の作品に興味をもったのは「アイルランド訛の強い英語（Hiberno-English）を話す」カンティヨン氏なる人物が旧オランダ領のスリナムに居住し，理由はさだかではないが，突然200年以上ものちの世界に舞い込んで途方にくれていたところに，わがマックグリール氏と出会うという舞台設定であった（McGreal [2013], pp. 1-12）．経済学史の世界であれば，著者は「カンティヨン失踪」説の信奉者ということになる．だが，本書には参考文献らしきものは一冊もリストアップされていないので，マックグリール氏がどうしてカンティヨンがスリナムに居住していると確信するに至ったかはさだかではない（本文を読むと，マーフィーをはじめカンティヨンの代表的研究書ないし論稿には一通り目を通していることは推察にかたくない）．しかし，カンティヨンがアルベマール街の邸宅で刺殺され，業火に焼かれてなかば灰と化したという説に与しないで「失踪」説に立って架空の会話を愉しむという発想は，マーフィーの所説を補強する材料とはならないまでも，学術研究に首までどっぷりつかった筆者のようなタイプの人間からは生まれない．読者兄姉の参考に供すべくマックグリール氏の著書を紹介したしだいである．

業一般の本性に関する試論』の出版は，その生涯の謎にもまして謎だらけであった．

　例えば，①カンティヨンが『商業試論』（の草稿）を作成したのはなぜか，②かれの死後または失踪から21年が経ってから，だれが，どのような目的で出版したのか，そして③本書の扉にある「ロンドン市，ホールボーン，フレッチャー・ガイルズ書店刊，英語からの翻訳」ははたして本当か——といった謎である．もっとも，これら3つのミステリーと謎はカンティヨンの『商業試論』の成立にとって重要な鍵を提供しているが，個々の謎解きが終わればそれでよしとするものではない．じつはそれぞれの謎は相互に複雑に絡み合っているため，謎解きの結果として得た個々の解をトータルに理解することが必要不可欠となる．そしてそのことはまたカンティヨンの経済理論の形成と独自の意義，その思想的背景や経済学史上の位置づけをあらためて考究することでもある．

　これら3つの謎のうち，①は後二者に比較して謎解きが進んでいるといえるかもしれない．すなわち，カンティヨンが巨万の財をなす舞台となった，ドーバー海峡の両岸の英仏両国でほぼ同時進行した株式ブーム——南海泡沫とミシシッピー・バブル——が終焉してのち，かれは主としてフランスの当局の訴追や顧客による損害賠償請求などいくつもの訴訟沙汰に巻き込まれて，自らの事業（entreprise）——銀行業——について弁明しなければならなかった．それは，いわば法廷対策として書かれたものであったという解釈である．すくなくとも『商業試論』を執筆する有力な動機のひとつであったことはたしかであろう．ことほどさように，アントイン・E. マーフィーによると，カンティヨンが友人のカーナヴォン卿に宛てた書簡のなかで，1718年ころに『商業試論』の草稿に取り掛かった旨を伝えているが，草稿が完成したのはかれが1727年末にパリにもどり，フランス当局によって何度も身柄の拘束と放免がくり返された1728年から30年の間であったとされる[13]．この説

---

13) Murphy [1997a], pp. 31 et 179-80. マーフィーは『商業試論』第III部第2, 3章の外国為替論の内容と，カンティヨンの弁護士が1730年に法廷に提出した「覚書」

は今日多くの研究者の支持するところであり，いわば定説となっている[14]．一時期とはいえ，カンティヨンがローとそのシステムの協力者であったからミシシッピー会社の内情を熟知しており，ためにこれを利用して当時としては天文学的数字ともいえる 2,000 万リーヴルもの利益を手にしたとの"嫌疑"を晴らすところにあった．

　カンティヨンの利益は一(いつ)に銀行家としての才覚と手腕，そして何よりもまずかれの持論の危険を厭わない「企業者（entrepreneur）」本来の行動に依存していたのであって，法廷ではこれを「経済の論理」をもって証明する手立てが，すなわち後世『商業試論』の名で知られることになる書物の草稿であった．要するに，かれの草稿はローの経済理論と経済政策の批判を旨としていたと考えてよい．のちにみるように，ロベール・ルグランが 1900 年に出版した著作『リシャール・カンティヨン——フィジオクラート派の先駆的重商主義者(マーカンティリスト)（*Richard Cantillon : Un mercantiliste précurseur des Physiocrates*）』のなかでいう，カンティヨンの経済理論がローのそれの「対極（antipôle）」をなすとの解釈も，そのように理解することができるであろう．

　これに対して，②，③については，定説とまでいえないまでも，ミステリーと謎が解き明かされようとしている．もとより，『商業試論』の版元がロンドンはホールボーンのフレッチャー・ガイルズなる書店というのは事実ではなく「偽装」であったことは，当時から「公然の秘密」であったし，1 世紀以上の年月を経てのち『商業試論』を手にしたジェヴォンズはこういって

　　　のそれとが酷似していたことをその論拠としている．ちなみに，古代エジプトのファラオ・ツタンカーメンの王墓発掘の資金提供者として知られるジョージ・ハーバードは，カンティヨンの友人の末裔，第 5 代カーナヴォン卿である．

14）　もっとも『商業試論』の草稿の完成時期は研究者によって数年のタイムラグが認められる．例えば，ウィリアム・スタンレー・ジェヴォンズはその論文のなかで『商業試論』が「カンティヨン存命中の 1725 年ころよりもあとで書かれたと思わせるようなもの，あるいはその他の本質的証拠をどこにも発見できなかった」(Jevons [1881], p. 359. 訳 90 ページ) といっている．また，津田内匠は「おそらく 1730 年——『〔商業〕試論』にみられる新しい日付——以降，32 年までの間」（津田 [1992]，244 ページ）と，ジェヴォンズやマーフィーよりもあとと主張している．

はばからない——．

　これはたしかに偽りである．なるほど18世紀のはじめ，ホールボーンのミドル・ローの近く，法学院の前に店を構えていたフレッチャー・ガイルズという名前の書店があるにはあった．〔中略〕しかし同書店は1736年にガイルズ・アンド・ウィルキンスンとなっており，しかもフレッチャー・ガイルズは1741年に卒中で死んでいるから，1755年にかれの名だけが〔『商業試論』の〕扉に記載されるということは妙なことである．それだけではない．1735年以降，ホールボーンの書店で出版されたものとして取り上げられている書物は，ただのひとつもないのである[15]．

ジェヴォンズは言葉を継いでこう結論を下している．すなわち，

　本書はたしかにイングランドのものではない．おそらくパリでつくられたものであろう．わたしが大英博物館のふたりの書籍専門家に調べてみてもらったところでは，やはりそのように保証してくれた．わたしが所蔵しているものの装丁もまた，当時のフランス式のものである．これらの事実から総合して，本書がたとえ英語からフランス語に翻訳され，イングランドの書店によって出版されたものであるといわれても，実際にはロンドンとはまったくの無関係である[16]．

　ジェヴォンズのカンティヨン『商業試論』出版にかかる疑念は，そのすべてではないとはいえ，後世の研究者によってかなり証明されている．マーフィーは，当時のフランスの言論・出版に関する規制（検閲制度）が，イングランドの架空の書店から，しかも英語からの翻訳という「偽装」を要請した

---

15) Jevons [1881], p. 341. 訳71ページ．
16) Idem, p. 342. 同上．

と主張する[17]．ドーバー海峡対岸のフランスでは，ルイ大王崩御ののち検閲制度は緩和の兆候が認められるが，それでも書籍の出版には形式上「国王の認可」を要し，かつ認可を下す権限と手続きは国王の司書官（または検閲官）の掌握するところとなっていた．司書官の目を潜り抜けることができなければ，たとえそれがどのような書籍であれ，「国王の認可」を得て日の目を見ることはなかった．なかでも王政や教会の批判に関する書籍の発刊には司書官がことさら目を光らせていた．

ところが，18世紀もなかばにさしかかるころになると，ブルボン朝の権勢が急速に衰えたことともあいまって，従前の検閲制度には作家はもとより書籍業者や出版業者からの不平・不満や批判があいつぎ，王政サイドとしても見直しを余儀なくされる．こうしたなか，1750年から10余年の長きにわたり検閲制度の頂点に身を置いた名門ラモワニョン家のマルゼルブは，貿易，農業や工業の振興など，いわば実務や実用の書の出版——とくに外国人の著書や外国語からフランス語への翻訳書の出版——については検閲を緩める意向を示した．またフランス国内にあっても，それが「匿名」かつ「外国書の翻訳」という体裁を纏い，教会批判や王政の転覆を教唆するような類の書籍でなければ，当局の「お目こぼし」の恩恵を受けて出版を許可するといったかたちで検閲制度のあり方を大幅に見直したのである．いわゆる「暗黙の認可（permission tacite）」[18]である．

その意味からすれば，マルゼルブの言論・出版の自由への貢献は大であったといえよう．カンティヨンの『商業試論』がはれて出版の運びとなったのは，マルゼルブが革命前夜の旧体制下の検閲制度の頂点に君臨する1755年のことであった．当時"危険思想"の代名詞であったディドロ=ダランベールらの主宰する『百科全書（*Encyclopédie*）』の最初の数巻やジャン=ジャック・ルソーをはじめとする啓蒙思想家たちの作品が日の目を見たのもマルゼ

---

17) 以下の記述は，断りのない限り，Murphy [1997a], pp. 224-8 からのものである．
18) Idem, p. 224. この点については，Charles [2011]; Charles, Lefebvre et Théré [2011]; Swan [2011] もあわせて参照されたい．

ルブの功によるところが大であった．"啓蒙思想のパトロン"とは，けだし廉潔かつ寛容にして徳義の誉れ高いマルゼルブの生涯に光彩を添える称号といわなくてはならない．

　さて，話を『商業試論』にもどそう．本書の扉は，ジェヴォンズを待つまでもなく，まったくの偽装であった．すくなくとも18世紀フランスの知識階級に属する人間であれば，くだんの書物の著者がアイルランド出身でフランスに帰化した稀代の銀行家リシャール・カンティヨンであり，かつ出版に携わったのが時の商務監督官グルネー侯爵ジャック=クロード=マリー・ヴァンサンとかれの協力者たち——いわゆる"グルネー・サークル（cercle de Gournay）"のメンバー——であったことを承知していた．それどころか，カンティヨンなる人物の所説は，『商業試論』のタイトルで1775年に出版されるかれの「手書きの草稿」をさる人物からひさしく借り受けていた"大ミラボー"ことミラボー侯爵ヴィクトル・リケッティとかれが傾倒していたポンパドゥール侯爵夫人の侍医ドクトゥル・フランソワ・ケネーほか，ミラボー・サロンのメンバーの行政官や知識人たちの広く知るところとなっていたといわれる．

　グルネーはミラボーを介してカンティヨンの草稿の存在を知り，是非にもこれを出版すべきであるとミラボーを説得し，ミラボーも最終的にこれに従ったという．グルネーにしてみれば，くだんの草稿を借り受け出版の手はずを整えることはむつかしいことではなかったろう．フランソワ・ヴェロン・ド・フォルボネ，ルイ=ジョゼフ・プリュマール・ド・ダンジュール（別名ジョン・ニコルス），ジョルジュ・マリー・ビュテル=デュモンそれにアンヌ・ロベール・ジャック・テュルゴーといったグルネー・サークルの論客をして翻訳作業を行わしめれば足りたからである[19]．しかも，検閲制度の頂点

---

19) Higgs [1931], pp. 381-5 ; Perrot [1992], pp. 163-4. ちなみに，フランスの経済思想史家ジャン=クロード・ペロによると，カンティヨンの草稿は，テュルゴー，アンドレ・モルレ神父，フランソワ・ヴェロン・ド・フォルボネ，ルイ=ジョゼフ・プリュマール・ダンジュールなどのグルネーの協力者，ケネーやデュポン，ポール・ピエール・ル・メルシエ・ド・ラ・リヴィエールをはじめとするフィジオクラート派

に立つマルゼルブもまたサークルの重要なメンバーであったから,『商業試論』の出版にさいしての「暗黙の許可」を得ることにまったく不安はなかったであろう[20]. ことほどさように,グルネーは1754年に英東インド会社総裁を務めたサー・ジョサイア・チャイルドの名著『新商業講話（*A New Discourse of Trade*）』のフランス語版を「暗黙の認可」を得て世に送り出している[21]. また後年,アンドレ・モルレがマルゼルブに勧められて近代刑法の

のメンバーのほか,アンジュ・グダール,ジャック・アカリアス・ド・セリヨンヌ,ルイ=ガブリエル・デュ・ビュア=ナンセー,エティエンヌ・ボノ・ド・コンディヤックなどが大ミラボーから借りてこれを読んでいたという. ヒッグズは『商業試論』の出版作業にテュルゴーが参加していたと推理しているがゆえなきことではない. 実際,テュルゴーは1753年から翌年の作と称される小品（Turgot [1753-1754b]）にみられるように,グルネーのチャイルドの著書『新商業講話』の注釈の内容に通じていたうえ,グルネーの要請もあってウェールズ生まれの宗教家・思想家で,自由貿易的思想で名をなした"商人坊主（commercial clergyman）"ことジョサイア・タッカーの著書の翻訳を手掛けている（"Questions importantes sur le commerce, à l'occasion des oppositions au dernier bill de naturalisation des protestants étrangers de Josiah Tacker", 1755: ouvrage traduit de l'anglais de Josiah Tacker, paru en 1752 sous le titre de 〈Reflection on the Expediency of a Law〉, éd. Gustave Schelle, *Œuvres de Turgot et documents le concernant*, tome I, Paris, Librairie Félix Alcan, 1913-1923）. なお,この点については,さしあたり,中川 [2013b]（とくに第1章）を参照されたい.

20) マルゼルブがグルネー・サークルに身を置くに至った経緯には諸説ある. そのひとつはテュルゴーが年来の友人であるマルゼルブを,"メントール"と仰ぐグルネーに紹介したという説であり,あるいはグルネー自らが名門ラモワニョン家の出身で,尊父ギヨーム・ド・ラモワニョン・ド・ブランメニルを継いで言論出版およびパリ租税法院（Parlement des aides de Paris）の長を兼務して言論・出版と租税の両面で影響力のあるマルゼルブに接近し知遇を得たのち,テュルゴーに紹介したという説である. だがそのいずれであろうが,時の財務総監ジャン=バティスト・ド・マショー・ダルヌーヴィルのたっての希望で国際商人から行政官に転身し,財務総監の税制改革——単一課税の導入——を推進するうえで,グルネーはマルゼルブの与力を必要とした. マルゼルブなくして,当時の税制改革は,たとえ完全ではなかったにしても,実施に移すことは叶わなかったであろう. なお,当時のマルゼルブの行動については,Charles [2011]; Swan [2011] のほか,中川 [2013a] 付論Ⅰ「チャイルド—グルネー—テュルゴー」を参照されたい. また,マルゼルブのひととなりについては,親交のあったモルレの自伝・回想録にくわしい（Morellet [1821] 参照）.

21) この点については,Schelle [1897]; 手塚 [1927] を参照されたい. ちなみに,シェルの著書は当時としてはグルネーの初の評伝であり,その内容には不十分な記述

基礎を築いたチェーザレ・ベッカリーアの名著『犯罪と刑罰（*Dei delitti e delle pene*）』をフランス語に翻訳――ただし脚注はモルレと親交のあったドニ・ディドロが担当――して出版している．

はたしてそうであるとしても，グルネーがなぜ『商業試論』の出版に意を砕いたのか，その目的はなんであったのか――などの疑問には確たる答えを見出せない．グルネー自らがカンティヨンの作品の出版について語った資料がないからである．それでも，グルネーの評伝『ヴァンサン・ド・グルネー（*Vincent de Gournay*）』の著者ギュスターヴ・シェルの「〔グルネーは商務監督官として〕国政に重要な功績を残した能吏であったばかりか，開明的かつ優れた思想家であり，若い行政官や知識人たちの教育に多大の功があることはつとに知ら」れ，かれの協力者たちに「経済問題を扱った著作の執筆や外国の文献の翻訳・紹介を盛んに勧めていた」――などの言い分に信を置くなら，グルネーが『商業試論』の出版を思い立ったとしても不思議ではないかもしれない[22]．

要約しよう．1755 年版『商業試論』の扉は「まったくの偽り」であった．正しくはつぎのように記されるべきであったろう――．著者リシャール・カンティヨン，監修者グルネー侯爵ジャック=クロード=マリー・ヴァンサンおよびその協力者(パルティザン)，そして出版社ないし出版責任者ピエール・アンドレ・ギラン（パリの書籍商兼印刷業）[23]――．『商業試論』はフランス国内で，フランス

もないではないが，テュルゴーのグルネーの追悼文「ヴァンサン・ド・グルネー頌（Eloge de Vincent de Gournay）」によるほかほとんど知られていなかった一行政官のひととなりや業績を世に知らしめた点で高く評価しなければならない．実際，同書の刊行の約 20 年前，レオンス・ド・ラヴェルニュは，「テュルゴーの論稿による以外グルネーを知らない」(Léonce de Lavergne [1870], p. 168) といいながらも，グルネーをカンティヨンともども「フィジオクラート派の「主要な先駆者」(*Idem*, p. 167) と位置づけている．シェルの業績はフィジオクラート派とは一線を劃すグルネーの功績をあらためて問うところにあったといってよい．

22) グルネーのこの分野での貢献については，手塚 [1927] を参照されたい．また，中川 [2013a]，187-8 ページもあわせて参照されたい．
23) ちなみに，最後の「出版社または出版責任者」をパリの書籍商兼印刷業ピエル・アンドレ・ギランと特定したのは，マーフィーである (Murphy [1986], p. 2)．

人によって編集・出版された書物であった．かくしてカンティヨンの作品の出版をめぐるさまざまの謎は解き明かされつつあるといってよいのであるが，しかしすべてではない．なかでも「英語からの翻訳」にまつわる謎解きがそうである．最後にこの謎について検討してみたい．

アントイン・E. マーフィーの伝記的評伝『リシャール・カンティヨン』は，ジェヴォンズの「カンティヨン（再）発見」にさいして提示された疑問——とりわけ「本書〔『商業試論』〕はたしかにイングランドのものではない．おそらくパリでつくられたものであろう」という疑問——を支持し，それへの解答をなすものといってよいのであるが，『商業試論』が「英語から翻訳」されたものであるかどうかという疑問に積極的に答えるものではない．わが国の書誌家・津田内匠のいうように，カンティヨンの草稿が英語で書かれた草稿——手書きの草稿——を自らフランスの友人のためにフランス語に翻訳したものであり，グルネーがこの草稿をベースにかれの協力者たち——いわゆるグルネー・サークルのメンバーの与力のよろしきを得て『商業試論』のタイトルで出版したという説が登場するのもそのためである．津田はミラボー侯爵の言葉を引用しつつつぎのようにいう——．カンティヨンの草稿は「もともと英語で書かれたものであったが，それを彼〔カンティヨン〕は友人のためにフランス語に訳」したものであり，くだんの友人からミラボーが草稿を借り受けるさいに聞いた「おそらく本当の話であろう」[24]．

ちなみに，時代は半世紀ほど遡るが，ヘンリー・ヒッグズも津田が引いたミラボーの言葉に拠りながらこうのべている．『商業試論』は「はじめは英語で書かれた（written in English）」としても，フランス語を完璧に操るカンティヨン自ら「フランス語訳したことはあり得ないことではない」し，また仮にカンティヨンでないとしたら，グルネーが英語版草稿の所有者に「是非にも出版すべきである」と説得して「テュルゴー〔たち〕をして英語からフ

この点については，Meyssonnier [1989], p. 247 ; Perrot [1992], p. 162 もあわせて参照されたい．
24) 津田 [1992], 235 ページ．

ランス語への翻訳に当たらしめた」[25]のかもしれない．真偽のほどはさて措き，カンティヨンは生前『商業試論』の草稿のコピー（英語，フランス語を問わず）を複数の友人に送っていたようである．すくなくとも1718年にカンティヨンが友人カーナヴォン卿に書き送った書簡のなかで草稿にふれていること——ただし当時の稿を起こしたばかりといわれる草稿と後年のそれとが連続したものであるかどうか，それがはたして英語で書かれたものかどうかもさだかではないが——に思いを致せば，カンティヨンの草稿を複数の人間たちが知っていたし，かれが自らの手でコピーを送っていたであろうことはまったくあり得ないことではない．

ただマーフィーらのいうように，カンティヨンの保有していた書類は1734年5月の「アルベマール街殺人火災事件」でほとんど焼失したといわれる．そのなかのいくつかのコピーは，カンティヨンが『商業試論』のなかで再三にわたって言及している「付録（Supplement）」をのぞいて，さいわいにも——あるいは奇跡的に——焼失をまぬかれた．マルキー・ポスルスウェイトの『一般商業辞典（*The Universal Dictionnary of Commerce*）』（1751～1755年）に『商業試論』の英語版草稿からとおぼしき記述からの引用——ありていにいえば盗用——が複数箇所認められるという説が正しいとすれば，かれも焼失をまぬかれ生き残ったコピーのひとつを目にする機会を得た幸運な人間のひとりであったのかもしれない[26]．

---

25) Higgs [1931], pp. 383-5. このほかにも，Higgs [1891; 1892; 1897] を参照されたい．
26) この点，ジェヴォンズの以下に引用する文章は興味ぶかい．すなわち，「ポスルスウェイトが1757年ロンドンで出版した書物（*Great Britain's True System*）のなかで「カンティヨンの論文〔『商業試論』〕のある部分を平気で収録している．148頁から153頁にかけて，われわれは，カンティヨンの土地と労働の等価にかんする第11章のやや省略された翻訳を見出すのである．しかも，1685年のサー・W. ペティの写本の引用をもってしめくくりをつけており，そのうえ，その引用はポスルスウェイトがそれからじかに引用していると思わせるような仕方でなされている．その次にカンティヨンからの他の抜萃文がつづいている」（Jevons [1881], pp. 355-6. 訳88-9ページ）．また，マーフィーによれば，ポスルスウェイトもカンティヨン草稿のコピー——それが英語版かフランス語版かは知る由はないが——を保有していた

こうした津田あるいはヒッグズの所説に対して，マーフィーは懐疑的である[27]．すでにみたように，かれは『商業試論』の出版に与るグルネーとその協力者の力が大であったことを実証したものの，英語版草稿存在説に与しない．何よりもまず，カンティヨンが草稿を1720年代末から30年の間に完成させた——津田説では1730年から32年の間——とすれば，その目的はとりも直さずフランスの当局への「弁明の書」であり，ためにかれ自身がじかにフランス語で書いたという推測も成り立つからである．

もとより，いずれが真相を語っているか詳細に調べ確かめるに足る資料も能力も筆者は持ち合わせていない．だが，たとえそうであっても，もっとも重要なことは草稿の中身である．仮に「英語で書かれた」草稿がオリジナルであり，しかもそれがフランス語に翻訳されたときに，言語が変わってもオリジナルに忠実なテキストであったのか，それとも，オリジナルとは似て非なるものであったのか——という点にある．いわれるような「英語で書かれた」草稿がもしも発見され，それがもしも現行『商業試論』の内容とかなりの程度相違するようであれば，『商業試論』ひいてはカンティヨンの経済理論はこれを全面的な再検討の対象としなければならないであろう．反対に，「英語で書かれた」草稿が「完璧に」フランス語に置き換えられたテキストであるとすれば，書誌学や文献考証学の専門家の間では重大発見となるであろうことは論をまたないにしても，かたや経済学や経済学史の研究者たちにはさほど重要な発見とは見做されないかもしれない．それというのも，経済学や経済学史の研究者にとって一義的に問われるべきことは，カンティヨンの経済理論やその思想的源泉に思いを致し，ひいては『商業試論』の経済学

ひとりであり，かれの著作にコピーからと思われる文章を引用しているが，とくにポスルスウェイトの『一般商業辞典』の「貨幣 (Cash)」の項の文章は，カンティヨンが所得流通フローを論じた『商業試論』第II部第3章のそれと「瓜二つ」といっていいほど似ている．そのことがのちに「カンティヨンの草稿は英語版のほうがフランス語版よりも完成度が高く，ポスルスウェイトが入手したコピーは完成度の高い英語版であって，フランス語版のコピーではない——という憶測を生む一因でとなったのではないか」とマーフィーは推理している（Murphy [2009a], p. 83）．

27) Murphy [1997a], p. 223.

史上の意義と位置づけを究明するところにあるからにほかならない．

　津田は1970年代末に，北フランスの都市ルーアン市の公立図書館で現行『商業試論』とは異なる草稿を発見した．のちにくわしくみるように，両者にすくなからず異同があるものの，その多くは字句や語句であり，ために現行の『商業試論』の内容を大幅に見直す必要性はないと考えられる．言葉を変えていうならば，カンティヨンの『商業試論』の出版をめぐるさまざまの「謎」が解明されつつある現在，現行の『商業試論』をもってカンティヨンの経済理論を理解し経済学史上の意義を評価することは決して不可能ではないであろう．そしてこのことを検(あらた)めることがつぎの課題である．

3.　『商業試論』の経済学史上の意義

　ウィリアム・スタンレー・ジェヴォンズが「リシャール・カンティヨンと経済学の国籍」と題する論文のなかで指摘したように，カンティヨンの『商業試論』が「体系的で，相互に連絡のある論文であり，租税の問題をのぞけば，ほとんど経済学の全領域」にわたって記述されており，「他のいかなる書物にまして経済学の最初の論文」[28]であることは否定すべくもない——「経済学の揺籃」[29]のゆえんである．もっとも，この「経済学の揺籃」のもつ意味は，カンティヨンという人物と作品の研究が進むにつれて大きく変化してきた．

　すなわち，ヘンリー・ヒッグズらによる初期のカンティヨン研究が『商業試論』をフランソワ・ケネーとフィジオクラート派の「主要な思想的源泉」と捉え，しかもフィジオクラート派の主張がアダム・スミスの『国富論』の基礎をなすとの観点から，カンティヨン，ケネー，スミスの思想的継承関係を理解し解釈することをもっぱらとしていた．そしてそこでカンティヨンに

---

28)　Jevons [1881], p. 342. 訳72ページ．ただし，文中の傍点は原文イタリック体を示す．

29)　Idem, 訳，同上．

あたえられる経済学史上の位置は，スミス学説に収斂する「フィジオクラート派の先駆的重商主義者」というものであった．ジェヴォンズのいわゆる「真の科学的学派」の祖国イングランドの目から眺めれば，「スミス以前 (pre-Smithian)」の学説はなべて重商主義学派――せいぜいよくって「フィジオクラート派の主要な思想的源泉」と捉え直すならば，カンティヨンの学説は究極的にはスコットランド出身の偉大な思想家の学説を準備するものと位置づけられる，と考えるほうが適切であろう．

　だがその一方で 1940, 50 年代にはマーク・ブラウグやジョゼフ・J. スペングラーらに代表されるように，『商業試論』の理論体系や分析方法に着目した研究を行い，またそれとの関連でカンティヨンの後世の経済研究の進展への影響や貢献を考究する研究者が登場した．かれらの研究視角はもちろんカンティヨンとケネーやスミスなどとのシークエンスを排除するものではないとはいえ，ジェヴォンズやヒッグズによって，あるいは過小評価されるか，あるいは無視された領域に光をあてるものであり，カンティヨンの経済理論の独自性やその経済学史上の意義をトータルに理解する研究の先駆けとなった．そしてそれはまた，結果として，フィジオクラート派の「主要な思想的源泉」といった初期のカンティヨン研究にみられた図式的で単純至極な解釈の再考をうながすきっかけともなったのである．

　もちろん，初期のカンティヨン研究の信奉者はいまでも決してすくなくないが，しかしロベール・ルグランの主張するように，カンティヨンの「主要な思想的源泉」をジョン・ローとかれの冒険事業を批判するなかから生まれたものであるとして，カンティヨンの「以前」と「以後」のシークエンスに目を向ける研究者もあらわれた．のちにみるように，ルグランの研究は，いわば意図せざる結果として，フィジオクラート派の学説やスミス学説とのシークエンスにとどまらず，ジェヴォンズの論文では完全に無視されたジョン・ローや，『商業試論』の出版にあずかる力が大であったヴァンサン・ド・グルネーとその協力者――とくにテュルゴーとの関係や影響を考慮する，より広くよりふかい研究の登場を許すことになった．ポール・アルサン，ア

ントイン・E. マーフィー，アントニー・ブリュワーたちの研究が，それである．

　そうした先行研究の問題意識や研究のありようをふり返りつつ，カンティヨンの経済思想なり，現存する限り唯一の作品である『商業試論』のロジックやその経済学史上の位置なりをあらためて捉え返すならば，何よりまず注視しなければならないのはそのタイトルである．このタイトルにこそ，カンティヨン自身の『商業試論』の稿を起こす意図があるばかりか，かれの経済理論のありようを方向づける視角を見出すことができるからである．この点，マーフィーの所説は理に叶っているといわなくてはならない．それによると，カンティヨンのいう"commerce"とは，「商業」，「貿易」，「取引」などの語義のほか，現代の"économie（経済)"または"activité économique（経済活動)"に相当する意味をもっていた．それゆえ，カンティヨンが"commerce en général（商業一般)"というとき，それはとりも直さず，経済一般ないし経済活動全般と同義である[30]．

---

30) Murphy [1997b], p. xviii. ここでは紹介にとどめるが，サー・ウィリアム・ペティはある論稿でフランス語の"commerce"に相当する英語の"trade"をこう定義している——．"trade Is the making, gathering dispensing and exchanging of commodityes [commodities]" (Petty [1927], p. 210). だが遡れば，アントワーヌ・ド・モンクレティアンが『経済学要論（*Traicté de l'œconomie politique*)』のなかでいう"trafic"は，ジャン゠クロード・ペロの指摘するように"commerce"ないし"trade"と同義である．実際，モンクレティアンが時の国王ルイ13世に献上したさいの本書のタイトルが"*Traicté œconomique du trafic*"——「商業経済論」ほどの意味——であったことは，そのことを如実に示している．"œconomie politique"，"œconomie politique"あるいはまた"économie politique"——のちに英語圏で取り入れられて"political economy"と表記——のタームの生みの親モンクレティアンが"trafic"，すなわち，「商業」あるいは「経済活動」全般をテーマとする著書を著わして140年後に出版されたカンティヨンの作品は"commerce"というタームを用いて経済活動の一般的性質を論じたものである．したがってまた『モンクレティアンとカンティヨン（*Montchrestien et Cantillon*)』の編著者アラン・ゲリが的確にのべているように，カンティヨンはモンクレティアンからペティ，チャイルドらの先行者の業績を踏襲したといえるかもしれない．すくなくともモンクレティアンとカンティヨンの間には商業活動の経済分析という共通項が存在したといってよいであろう．しかるに，『経済学要論』がエリ・F. ヘクシャーやかれに全面的に依拠したヨーゼフ・A. シュンペーターのいうような重商主義政策を提言したとい

その第2は"nature"の語義である．これは，「自然」，「本性」，「性質」などと訳すことができるが，スペングラーが正しく指摘するように，カンティヨンがこの単語に込めた意味は「ある経済社会における諸個人や諸集団を相互に結びつける諸関係（liens）」[31]である．けだし，カンティヨンがこの言葉で表現を試みたことは，経済社会がそのようなものとして存続するからには，「本質的で永続的な因果関係――たとえそれが外部の諸事情によってしばしば覆い隠されるとしても――が存在する」[32]ということである．カンティヨンが『商業試論』のなかで目標としたことは，「経済一般の諸関係」あるいは「経済社会の一般的諸関係」の解明であったといえるかもしれない．

しかしながら，それは通時的（超歴史的）な，つまりあらゆる時代の社会に共通する「一般関係」を解き明かすことを目的にしたものではない．やがて明らかにするように，かれの分析対象とした経済社会は，その構成諸要素が経済社会における危険と不確実性を引き受ける「企業者（entrepreneur）」の行動をとおしてある種の均衡を担保するメカニズムによって支配される経済社会であった．これを現代の経済用語を用いて換言するならば，「市場経済（économie de marché）」と呼ばれる経済社会である[33]．あるいはまた，近代商業社会ないし生まれ出ずる資本主義社会といい換えることもできよう．

はたしてそうであるとすれば，カンティヨンが『商業試論』において企図したことは，結果として「市場経済一般の社会的諸関係」の解明であったといってよい．そしてこれをふたたび現代の言葉に置き換えるなら，『商業試

うのは，まったくの「誤謬」である．ジェヴォンズ流にいうならば，カンティヨンに対するマカロックがそうであったように，ヘクシャー＝シュンペーターの招いた「文筆上の不幸な出来事」が，モンクレティアンの後世手にしたはずの「不朽の名声」を覆い隠してしまったといっても誇張ではない．なお，以上の点については，Perrot [1992], pp. 63-6; Guery [2011], pp. 13-8 を参照されたい．また，Dooley [2005a; 2005b]; Dostaler [2012a; 2012b]; Faccarello et Murphy [1992]; Gillard [2011]; 中川 [2011]（とくに第2部第4章「ジョン・ロー貨幣論研究」）もあわせて参照されたい．

31) Spengler [1952], p. XLV.
32) Idem.
33) Idem.

論』は「市場経済の一般理論」を解き明かす書物であったといえるかもしれない[34]．カンティヨンの主要な関心は，かれの生きた時代の「商業社会（société commerçante）」の経済分析であり，これをいま一度現代の用語を借りていうならば，「市場経済」そのものである[35]．したがってカンティヨンの著作の標題は，「市場経済の一般的性質に関する理論分析」であるが，あるいはまたブリュワーのいうように「経済学諸原理（principles of political economy）」のほうがよりいっそう適切かもしれない[36]．ジェヴォンズのいわゆる「〔『商業試論』が〕経済学に関する最初の論文」であり，「他のいかなる選り抜きの労作よりも，より際立って『経済学の揺籃』である」[37]との意味も，そのように理解されねばならないであろう．

　もとより，市場経済の一般的性質の分析や解明はカンティヨンの論文が嚆矢というわけではない．サー・ウィリアム・ペティ，トマス・マン，サー・ジョサイア・チャイルドに代表されるイングランドの偉人たちが目指したことは市場経済の一般的性質の分析や解明であり，大陸ヨーロッパでもピエール・ル・プザン・ド・ボワギルベール——公式文書などでは古称の"ボワギユベール（Boisguillebert）"と署名——やヴォーバン侯爵（セバスティアン・ル・プレストル）などが行ったことも，これと同様とみてよい．しかし，カンティヨンの分析の真骨頂はこれを明かすに用いた分析手法の独自性にあり，後世の経済学者と称される研究者たちは，意識するとしないにかかわらず，あるいはこのむとこのまざるとにかかわらず，カンティヨンの分析手法に倣ったといって過言ではない．そしてカンティヨンの分析手法の独自性こそが，ここで注目すべき3番目の論点である．

　『商業試論』全体を貫く論理と分析手法の最大の特徴は，徹底した抽象化と概念構成による論理整合性を重視しつつ，カンティヨンの分析対象である

---

34) Murphy [1997b], p. xviii.
35) Brewer [1986], p. 10 ; Spengler [1952], p. XLV.
36) Brewer [1986], p. 10. この点については，Dostaler [2012b] も参照されたい．
37) Jevons [1881], p. 342. 訳72ページ．

経済社会の諸関係を解明することを試みたところにある．かれはそのために，もっとも抽象的かつもっとも単純な経済社会モデルから出発して，より具体的かつ複雑なモデルへと移行する演繹的論理の手続きに即して現実の経済社会の構造なり運動なりを解明する手法を採用した．次章で詳論するが，『商業試論』の経済分析のオリジナリティは，地主（土地所有者）階級とかれの代理人を中心とする原初的な「監督経済（Economie dirigée)」からスタートして，貨幣流通をともなわない「物々交換経済（Economie d'échannge）」，貨幣の流通をともなう「市場経済（Economie de marché)，「閉鎖経済（Economie fermée）」，さらには「開放経済（Economie ouverte）」というモデルによる理論分析の方法にあるといってよいであろう．ふたたびマーフィーの言葉を借りれば，『商業試論』は「ミクロ経済学」的な「閉鎖経済」にとどまらず，「開放経済」を包括するから，「マクロ経済モデル」をも志向した経済学のテキストといえるかもしれない[38]．

　もちろん，こうした市場経済の理論化の方法それ自体はカンティヨンのオリジナルではない．例えばイングランドの思想家ジョン・ロックがその独自の経験主義にもとづいて定式した"TABVLA RASA（tableau blanc)"に優れた前例を見出すことができるからである．だが，それにもかかわらずカンティヨンにオリジナリティをあえてもとめるとすれば，意図したかいなかはさて措き，結果としてロックのいわゆる"TABVLA RASA"からはじまる理論分析の方法を経済学の領域にはじめて応用したというところにあるといってよいであろう．しかもそれは，『商業試論』最終の第III部が外国貿易や外国為替，紙幣制度をふくむ貨幣や銀行業務などの諸問題の理論分析に割かれていることに示されるように，究極的には現実の経済過程を解明することを目標としていたが，ここにこそ『商業試論』の草稿のいまひとつの，そして隠された意図があったといわなくてはならない．すなわち，ジョン・ローとかれの冒険事業（システム）の批判である．

---

[38]　マーフィーのこの点に関する所説は，Murphy［2009a］が簡便である．

第 1 章 カンティヨンの生涯と作品

ことほどさように,『商業試論』第 III 部の記述は外国貿易や外国為替, 紙幣制度をふくむ貨幣や銀行業務などの諸問題を論じながらも, 最終的にはカンティヨンがパリで銀行家として活躍していた 1710～20 年代, すなわちローがフランスを舞台に実施した経済政策の是非を問う構成になっている. カンティヨンはローやかれの冒険事業(システム)を名指ししているわけではない. けれども, グルネーやフォルボネ, プリュマール・ド・ダンジュールなどカンティヨンの草稿を読みその出版に直接携わった人間たちはもとより, かれの草稿が『商業試論』として晴れて日の目を見たのちこれを手にした当時の知識人たちが, 例えば「大臣」がジョン・ローそのひとであり, 「公立銀行 (banque publique)」がバンク・ジェネラル (Banque Générale)——のちのバンク・ロワイヤル (Banque Royale)——であることに思い至らなかったとはまず考えがたい. その意味からすれば,『商業試論』の究極の目的が, いわゆる「大臣」の経済政策に一時期にせよ協力し, あろうことかそこから巨万の財をなしたカンティヨン一流の「弁明の書」であると見付けるマーフィーの所説はまったく正しいであろう. 同時にまた, かれのモデル分析の結果は「経済政策へのメッセージ」[39]であったのかもしれない.

もとより, カンティヨンは銀行の業務すべてを否定したわけではない. 最大のポイントは, スコットランド出身の銀行家の主導した金融革新——システムの根幹をなす公立の発券銀行の創設と紙幣発行を媒介とする信用創造の評価にあった. 貨幣の積極的機能を容認し, 企業者への経営資金の提供を目的とする中長期信用の効用を強調したローとは異なり, カンティヨンは貨幣の機能を価値尺度, 交換手段や支払手段に限定し, 銀行が顧客から預金を採り入れ, 要求払手形ないし銀行券を発行し顧客に有利子で資金を貸し出すという信用の効用を「貨幣流通を速める」短期の流通信用にもとめた. その意味するところは, 通常の商取引においては「銀行やその提供する信用の助けは一般的に考えられているよりも重要性がはるかに低く, そして安全でもな

---

39) Murphy [1997b], p. xxii.

い」[40]ということにほかならない．詰まるところ，両者の銀行・信用論の根本的な相違はひとえに「資本としての貨幣」の積極的な機能を認めるかどうかにかかっている．

　カンティヨンの「メッセージ」は，ロー・システム崩壊直後であればともかく，『商業試論』というかたちでかれの草稿が日の目を見た1750年代のフランスでは支持者を多く獲得できなかったであろう．ローの「思想が銀行券に対する大衆の信頼をひさしく低調ならしめた」[41]というフランスの経済史家アシル・ドーファン=ムーニエが正しいとすれば，1750年代当時のカンティヨンによるロー批判が『商業試論』の評価を低からしめたといえないこともない．という意味はこうである．すなわち，『商業試論』における貨幣と利子，経済成長と貿易収支，公信用と紙幣発行の是非などをめぐるテーマは，ともにローの元補佐官ニコラ・デュトとジャン=フランソワ・ムロンらによってシステム崩壊後の1720，30年代に議論されたテーマであった．しかも，ローやカンティヨンの時代と比較して，フランスを取り巻く経済状況が変わり，つれて経済思想も変化し新たな学説が誕生している．グルネー・サークルの論客のフォルボネやプリュマール・ド・ダンジュールらの著作に一瞥をくれるだけで，カンティヨンが『商業試論』第III部で論じたテーマの多くは旧聞に属することが理解できるという料簡である[42]．さらに，かれの草稿の出版に熱心であったグルネーでさえ，公立銀行による紙幣発行や信用創造とロー・システムとを区別して前者の効用を容認していた．また国外でも，例えばスコットランド出身の経済学者サー・ジェイムズ・ステュアートはジ

---

40) Cantillon [1755], p. 162.
41) Dauphin-Meunier [1964], p. 94. 訳111ページ．
42) グルネーはサー・ジョサイア・チャイルドの『新商業講話』のフランス語訳に添付する計画で作成した「注釈（Remarques）」——時の財務総監ジャン=バティスト・ド・マショー・ダルヌーヴィルが「時宜を得ない」として「注釈」の公表を差し止め日の目を見ることはなった——のなかで，例えばつぎのようにいっている．すなわち，「われわれの隣国〔オランダ，イングランド〕は公信用の創設とこれを機能させることによって豊かになった」(Gournay [2008 (1754)], pp. 162-3).

ョン・ローの銀行・信用論を高く評価していた[43]．

　そうしたなか，ケネーやかれの衣鉢を継ぐピエール=サミュエル・デュポン，そしてアンヌ・ロベール・ジャック・テュルゴーらがわが"ジョック"の金融革新的手法を否定した——すくなくとも消極的な評価をあたえたにすぎない．なかでもテュルゴーは，サー・ジョサイア・チャイルド，師グルネーの理論を継承・発展させて経済学の最重要概念である「資本（capital）」とその所有者である「資本家（capitaliste）」概念を厳密に定義したうえで，それが富の形成と分配（商品の生産と分配）という近代商業社会ないし資本主義社会の基本的関係を律する担い手であることをはじめて体系的に明らかにしたことで知られ，かつそこには貨幣の積極的機能を容認したローの理論と共通する点がすくなくない．だが，それにもかかわらず中長期信用の効用を消極化させ，カンティヨン流の短期の流通信用の効用を支持した．テュルゴーの信用論はのちにアダム・スミスの継承するところとなり，19世紀の信用論のひな形となったのであるが，この点はあらためて論じることとしたい．

　そのテュルゴーはといえば，価値論や企業者論に一定の影響を受けたことは，名著『富の形成と分配に関する諸省察（*Réflexions sur la formation et la distribution des richesses*）』をつぶさに読めば理解できるが，ペティの系譜に属するカンティヨン流の価値の源泉を土地（または労働）にもとめる客観価

---

43) Meyssonnier [1989], pp. 248-9．グルネーの所説については，このほかにもPerrot [1992]；Meyssonnier [2008] も参照されたい．一方，ステュアートはかれの著書『経済学原理（*An Inquiry into the Principles of Political Economy*）』においてジョン・ローに高い評価をあたえただけでなく，1759年に書き上げたといわれる『銀行および銀行信用原理』（*Principles of Banks and Banking of Money*）』（1810年刊）の「銀行論（Of Bank）」のなかでつぎのようにのべている．「フランスで設立された〔ジョン・〕ロー氏の銀行のさまざまの成果に思いを致すならば，わたしは決して人目を惹くような方法ではないが銀行の効用を示すことができる．この人間〔ロー〕の他に類を見ない卓越した天賦の才が〔1716～1717年の〕2年間に，およそ人間の想像する限りまったくもって驚嘆すべき成果を生んだ．かれは産業を復興し，信頼を回復し，そしてこれを世界に見せつけたのである」（Steuart [1810 (1759)], p. 76)．

値説には与しなかった．時あたかもエティエンヌ・ボノ・ド・コンディヤックが1746年に『人間認識起源論（*Essai sur l'origine des connaissances humaines*）』を，また1754年には『感覚論（*Traité des sensations*）』を出版したほか，1751年にはやがて在仏ナポリ王国大使館付書記官（のちに公使）としてパリに赴任することになるフェルディナンド・ガリアーニの『貨幣論』が刊行され，主観価値説や貨幣数量説がしだいに支持を集めるようになっていたことがその背景のひとつであり，のちのフランス価値論はテュルゴーやかれも参照したジャン=ジョゼフ=ルイ・グラスラン，コンディヤック，ガリアーニらに象徴されるように，今日の効用価値説に近い主観価値説が主流となっていく[44]．その系譜は，19世紀フランスを代表する経済学者ジャン=バティスト・セー，さらにはレオン・ヴァルラス（ワルラス）によってピークを迎えるのである．

　その意味からすれば，カンティヨンの『商業試論』の出版は「遅きに失した」といえるかもしれない．しかし，例えばかれの「内在価値」論はテュルゴーの「基本価値」論を経て，スミスの「自然価格」論として受け継がれ，また企業者論は，テュルゴーやセーらの手を経て精緻化されていった．カン

44）　もっとも，当時の主観価値説の継承関係はそれほど単純な話ではない．例えばジャン=クロード・ペロによると，テュルゴーの価値論はガリアーニやコンディヤックよりは，むしろグラスランに近いという．そしてそのグラスランは，自らの作品のなかでガリアーニやコンディヤックの名を一度も引かなかったが，セバスティアン・ル・プレストル・ド・ヴォーバン，ラ・ブレード=モンテスキューの男爵どの，アンリ・ゴワイヨン・ド・ラ・プロンバニ，フランソワ・ヴェロン・ド・フォルボネらと並んでリシャール・カンティヨンに言及したうえで，グラスランの「知的営みがこれらの先学の業績に負うことを躊躇せず認めている」（Perrot [1992], p. 119）．詰まるところ，テュルゴー，グラスラン，ガリアーニ，コンディヤックらの研究は，それぞれがある程度までパラレルに行われ，ある程度のオリジナリティを有していたと考えなければならず，たとえガリアーニが自著『貨幣論』のなかで先学のジェミニアーノ・モンタナリらの名を挙げなくとも，この分野の研究において，だれが最初で，だれが当時もっとも影響力があったかという性格の話は無意味であるということである．なお，この点については，Hutchison [1982; 1988]；Faccarrello et Cot [1992]；Faccarello [2008]；Le Pichon et Orain [2008]；手塚 [1933] などもあわせて参照されたい．

ティヨンと『商業試論』の名声を不動のものとしたのは、一に企業者論、価値・価格論によるといってよいのであるが、それだけではない。それらの基礎をなす所得流通フロー論として定式化される、有名な「3つの地代論」である。

カンティヨンの「3つの地代論」が評価される一半の理由は、それがケネーの経済表の原型をなすというところにあり、そしてそれが後世の経済学者のいう「フィジオクラート派の先駆的重商主義者カンティヨン」説を生むことになったというのである。オーストリア出身の経済学者ヨーゼフ・A. シュンペーターは『経済分析の歴史』のなかで、『商業試論』の「3つの地代論」の源流はペティに遡り、「カンティヨンは経済表を作成した人物である。〔中略〕かれはそれをグラフ形式に凝縮こそしなかったとしても、それはケネーの経済表と同じものである」とのべていたのちこう引き取っている。すなわち、「ペティ——カンティヨン——ケネー」へと連なる「経済分析の歴史のなかできわめて重要な流れ」[45]を読み取ることができる。詳細はのちにゆずるが、マーフィーやブリュウワーらの研究によってカンティヨン流の所得流通フロー論がジョン・ローのそれに着想を得ていることはよく知られている。マーフィーに倣えば、シュンペーターのいわゆる「経済学の歴史のなかできわめて重要な流れ」は「ペティ——ロー——カンティヨン——ケネー」と書き換えられる必要があろう。逆説的ではあるが、カンティヨンによるロー批判にはライバルのもっとも優れた経済学説の一部が用いられていたことになる。

いまひとつ、そしてより重要な点がある——。後世の経済学者があたかもフィジオクラート派がカンティヨンにシンパシーをもっていたかのように説くのは致命的な誤解であり、ありていにいえば誤謬であるということである。概していえば、ローの経済学体系が資本制約を基礎に成立するとすれば、カンティヨンのそれは土地を生産に対する唯一の制約条件とする体系[46]であ

---

45) Schumpeter [1954], pp. 222-3.
46) Murphy [1997b], p. xix および Brewer [1986], pp. 10 による。ちなみに、ブリ

るが，"フィジオクラート派嫌い"で音に聞こえたコンディヤックの長兄マブリに代表されるとおり，カンティヨンの土地制約をあたかも「農業生産の制約」であるかのように説き，ケネーやフィジオクラート派の学説と同一視したところに，カンティヨンとフィジオクラート派を結び付ける「主要な思想的源泉」があった[47]．マブリと同様のカンティヨンに対する誤解は，程度の差こそあれ，後世の経済学者にも認められる．例えば，カンティヨンの企業者論は，大借地農業者に限定したフィジオクラート派の論客ニコラ・ボードー神父のそれと異なり，あらゆる産業分野の企業者を対象とするものである．カンティヨンと同様にフィジオクラート派と誤解されたテュルゴーにあっても，製造業企業者が土地所有者から土地を借りて企業活動をする場合と，農業企業者が土地所有者と借地契約を結んで農地を借り受ける場合とを比べて，両者のステイタスはともに同じであり，たとえていうならば単なる"借地人（locataire）"でしかないと結論しているように考えられる[48]．テュルゴーは何よりまず，フィジオクラート派とは異なり，農業だけが唯一「生産的（productif）」であって，他の産業はなべて「非生産的（stérile）」とする考えには与しなかった．この点は，『商業試論』を注意ぶかく読んだ読者であれば，カンティヨンにもあてはまることを理解できるはずである[49]．

　ュワーによると，カンティヨンはペティの所説に影響を受けているが，しかしながらペティのように，土地とともに労働もまた生産の制約条件であることを否定した．このことがのちにフィジオクラート派がカンティヨンの主張を支持する材料となったという．これに対して，ブリュワーは，カンティヨンのライバルであるローを生産の制約条件を土地や労働ではなく，資本（貨幣）にもとめて，これを正面切って論じた最初の人物——すくなくともそのひとり——であったといってつぎのようにのべている．貨幣なくして雇用を創出できないとするローは「資本〔すくなくとも流動資本〕の不足が産出の主要な制約であることを説いた最初の経済学者であった」（Brewer [1986], p. 151）．

47) マブリの所説については，Mably [2012(1767)]; Bödeker and Friedemann [2008] を参照されたい．また，かれの思想を解説したものに，Martin-Haag [2012] がある．
48) この点に関しては，例えば，Turgot [1766b], pp. 570-1 を参照されたい．
49) さしあたり，Brewer [2010]; 中川 [2013a]（とくに付論 I「チャイルド—グルネー—テュルゴー」）を参照されたい．

このようにみていくと，カンティヨンとかれの著作『商業試論』の評価と経済学史上への意義と貢献を考えるとき，それらが時代とともに大きく変化していることを理解するのはきわめて容易であろう．要約すれば，ウィリアム・スタンレー・ジェヴォンズのいうように，カンティヨンの『商業試論』が「租税の問題をのぞけば〔中略〕ほとんど経済学の全領域」にわたって記述されている経済学に関する最初の論文」であり，「他のいかなる優れた作品よりも，より際立って『経済学の揺籃』であることは間違いない．経済学の古典的名著のひとつである．

　それはしかしジェヴォンズをしてヒッグズのいうような理由——フランソワ・ケネーをはじめとするフランスのフィジオクラート派の「主要な思想的源泉」という理由からでは断じてない．なるほどカンティヨンの所得流通フロー論はケネーの経済表に着想をあたえ，カール・マルクスの「再生産表式（Reproduktionschema）」論やワシリー・レオンチェフの「産業関連表（Imput-Output Table）」をはじめ多くの経済学者によって受け容れられたことは，周知のことに属する．とはいえ，カンティヨンの所得流通フロー論はジョン・ローの業績に与る力が大であり，さらに遡ればロー自身がペティ，マン，チャイルドなどに負うていることもまたよく知られている[50]．

　カンティヨンの著作が「他のいかなる書物にまして経済学に関する最初の論文」である最大のポイントのひとつは，『商業試論』全体を貫く論理と分析手法にあり，徹底した抽象化と概念構成による論理整合性を重視しつつ経済社会の諸関係を解明することを試みた"最初の経済学テキスト"というところにある．もっとも抽象的かつもっとも単純な経済社会モデルから出発して，より具体的かつより複雑なモデルへと移行する演繹的論理の手続きに即して現実の経済社会の構造なり運動なりを解明する手法を明示的に示した最

---

50)　マーフィーは「カンティヨンはその所得流通フロー論を推敲するさいローに影響されたことは明白である」(Murphy [2009a], p. 115) とのべているが，さらに遡れば，ペティが富（または国民所得）を貨幣と区別し，「所得流通フロー」を説いたことにその淵源をもとめることができる．ローの所説はペティを踏襲し，その後カンティヨンなどもこれに倣ったとみてよいであろう．

初の人物がカンティヨンであったし，後世の経済学の文献は多かれすくなかれ，カンティヨン流のモデル分析を踏襲している．この点，カンティヨンの経済学研究の進展ないし経済学の古典形成への貢献はきわめて大きいといわなくてはならない．

　事実，『商業試論』をつぶさに読み解くと，内在価値論や企業者論はこれを継承・発展させたテュルゴー，セーそれにヴァルラスを引くまでもなく高く評価されている[51]．これらとは対照的に，土地価値論や銀行・信用論はかならずしもそうではない．第1に，カンティヨンが『商業試論』の草稿を完成したといわれる1730年前後から起算してじつに20余年が経過したという時代背景を挙げなくてはならない．コンディヤックの『人間認識起源論』やフェルディナンド・ガリアーニの著書といわれる『貨幣論』[52]などが出版さ

---

51) ピーター・C. ドゥーリーは，『商業試論』に登場する「企業者」は「企業者の定義として広く受け容れられているリスクテイカー（risk-taker）」（Dooley [2005a], p. 63）であるという．その意味するところは，バート・F. ホゼリッツのいうように「自ら冒険を冒して」商品の「流通と交換と生産の調整を行う」（Hoselitz [1951], p. 213）と考えられる．のちにくわしくみるように，英語圏では企業者に相当する単語として"undertaker"があるにはあったが，18世紀中葉にこの言葉は事実上死語と化したといわれ，20世紀に入るまで顧みられることはなかった（それも，フランス語の"entrepreneur"を英訳することなく）．ジェヴォンズやヒッグズがカンティヨンの企業者というタームを一度も用いていないのは，そうした英語圏特有の事情によると考えてよい．

52) これまでガリアーニを『貨幣論』の著者と紹介したが，1751年に出版されたときは匿名の書であった．その後1770年になって，ガリアーニが自ら著者であると名乗りをあげたため，後世ガリアーニの作品と信じられてきた．だが，かれが20年近くを経てからなぜ『貨幣論』の著者であることをおおやけにしたのかはいまだに謎である．研究者の多くは程度の差こそあれガリアーニの作品と認めたうえで評価しているが，その一方でジョン・ラムジー・マカロックをはじめ疑念を表明するものも決してすくなくない．ことほどさように，わが在仏ナポリ王国大使館付書記官と親交のあったアンドレ・モルレが晩年に上梓した自伝・回想録『十八世紀とフランス革命（*Mémoires de l'abbé Morellet inédits sur le dix-huitième siècle et sur la Révolution*）』にガリアーニは幾度となく登場するが，『貨幣論』がかれらの話題となったことはただの一度もない（くわしくは，Morellet [1821] 参照）．ただテュルゴーが1769年の作とされる「価値と貨幣（Valeurs et monnaies）」のなかで，「ガリアーニ神父が20年前かれの著書『貨幣論（*Della Moneta*）』で論じていた」（Turgot [1769], p. 88）云々——と記しているように，『貨幣論』をガリアーニの作品と

れたことともあいまって，フランスをはじめヨーロッパ諸国では主観価値論がしだいに主流派を形成し，ペティの系譜に連なる，価値の源泉を土地や労働にもとめる客観価値説の信奉者の影が薄くなったこととも無縁でないであろう．むろんイングランドでは，アダム・スミス，デイヴィッド・リカードゥそしてロンドンを終の棲家としたカール・マルクスに至るまで客観価値説は支持を集めるものの，大陸ヨーロッパ風の主観価値説が遅ればせながら信奉者を増していった．ただし，それが巷間いわれるような"革命"の名にし負う経済学の歴史の一大転換であったという点に関しては大いに異論のあるところである．

　第2は，カンティヨンの『商業試論』の草稿を執筆する動機に関するものである．この点は上記とも関連するが，カンティヨンがジョン・ローとかれの冒険事業（システム）の批判を企図したくだんの草稿を作成していたシステム崩壊直後に比較して，1750年代のフランスではシステムをめぐる論争を経てローの経済政策の根幹をなす金融革新的手法を評価する政治家や行政官それに経済学者がしだいに多数派を形成するようになっていた．その意味からすれば，カンティヨンの議論は既決に属していた．つまり，『商業試論』の出版は「遅きに失した」といえるかもしれない．ただテュルゴーは，カンティヨンとは異なる理由からローの貨幣論・信用論を忌避し，それがのちにスミスの容れるところとなって19世紀の信用論のひな形となったといっても過言ではない（マルクスはローの中長期信用論を条件付きで支持した数すくない人間のひとりであった）．そしてこのことが結果として金融実務やこれを支える理論

　　　見做していることは興味ぶかい（ただし，この論稿は未定稿で，テュルゴーが存命中は人目にふれることはなかった）．なお，わが国でもガリアーニを『貨幣論』の作者と考えることに懐疑的な研究者はふるくからないではない．例えば手塚壽郎もそのひとりであり，第2次世界大戦前の1929年に発表した論文「ガリアニのDella Monetaに就て」のなかでこういっている——．「當時未だ二十三歳に達せざりしガリアニ〔ガリアーニ〕の筆に成れるものなりし，或る經濟學説史家はそれをガリアニの著作に非ずとする」（手塚［1929］，96ページ）．しかし，のちの研究では『貨幣論』の著者をガリアーニとする説が定説となっている．くわしくは，Tiran ［2005］を参照されたい．

研究の進展を遅らせる一因となったと考えられないでもない[53]．

　逆からいうならば，カンティヨンの経済学史上の功績が「経済学の父（founding father of political economy）」に値する優れたものであったことに異存はないとはいえ，しかしそれは，これまた「経済学の父」の資格を十分に具えるジョン・ローの影響がいかに大きく，そしてひとびとの記憶から容易に追いやられることができなかったことの証左であろう．

---

53) マルクスは『資本論』第 3 部第 5 編第 27 章「資本家的生産における信用の役割」において，現代の投資銀行・企業金融の草分け的存在である 19 世紀フランスのクレディ・モビリエ銀行（Crédit Mobilier）の創始者イザークとエミールのペレール兄弟に言及したのち，中長期信用の重要性を説いたローを「信用の預言者」と評価しているが，同時に「信用の詐欺師（escroc）」とも呼んでいる（Marx [1864–67], p. 1180. 訳 229 ページ）．マルクスのロー評価を全面的に承服するものではないが，中長期信用の重要性を認めた点では評価できる．いずれにせよ，ローの主張が正当に評価されるのはもっぱら 20 世紀に入ってからのことであった．

第2章
カンティヨンの経済理論と『商業試論』

1. 『商業試論』の課題と構成

　今日，リシャール・カンティヨンの『商業一般の本性に関する試論』（以下，『商業試論』と略記）が経済学の揺籃といわれる18世紀の経済学の古典の一巻たることは大方の認めるところである．本書は，サー・ジョサイア・チャイルドの『新商業講話』，サー・ジェイムズ・ステュアートの『経済学原理』，アダム・スミスの『国富論』はいうに及ばず，カンティヨンの"ライバル"ジョン・ローの『貨幣と商業に関する考察』と比較しても小冊である．これよりもさらに小さなテキストといえば，おそらくフランソワ・ケネーの『経済表』やアンヌ・ロベール・ジャック・テュルゴーの『富の形成と分配に関する諸省察』くらいであろう．だが，フランスの経済学者・政治家ルイ゠ガブリエル・レオンス・ド・ラヴェルニュのいう「12折版ほどの大きさの」経済学のテキストは，あまたの浩瀚の書と同様に，あるいはそれ以上に経済学研究に多大の影響を及ぼした不朽の名著でもある．

　その最大のポイントは標題の「商業」という言葉にある．この「商業」という言葉は現代の「経済」ないし「経済活動」を意味するが，「経済一般の本性」を解き明かすことを目的としたカンティヨンの著作（essai）は，アントワーヌ・ド・モンクレティアンがギリシャ語から着想を得て用いたタイトル『経済学要論（*Traicté de l'œconomie politique*）』，サー・ウィリアム・ペテ

ィの『政治算術（*Political Arithmetic*）』や『租税貢納論（*Treatise of Taxes and Contributions*）』のなかで言及しているものと同じである[1]．そしてカンティヨンがそこで市場経済の解明を目指したとすれば，現代の経済学テキストにおけるように，価格，生産，流通や（異なる産業間の）資源配分，所得の源泉と分配，さまざまの経済活動の立地，貨幣の機能と役割，金融機関の行う諸業務に加えて，外国貿易と国際収支，外国為替さらには経済政策といった領域の諸問題に言及しなければならない．この点，ウィリアム・スタンレー・ジェヴォンズが的確にのべているように，『商業試論』は「〔ジョン・ラムジー・マカロックのいうような〕単なる論文であるとか，あるいはまた〔デイヴィッド・〕ヒュームの論文のような相互に連絡のない論文のよせ集めといったようなものではない．本書は，連絡のある論文であり，租税の問題をのぞけば〔中略〕ほとんど経済学の全領域」[2]にわたって経済分析を行

---

[1] 本書では"essai"を「試論」と表記しているが，もとはといえば一種の文学形式ないし文書（論文）の形式であり，スタイルである．例えば16世紀フランスの思想家モンテーニュ城主ミシェル・エイケムは自著のタイトルにこの言葉をあてている（以前は「随想録」と訳されていたが，現在は「エセー」と表記）．モンクレティアンやペティの著作の"traicté"——現代は"traité"と表記——や"treatise"も文章の形式のひとつであり，さらにサー・ジョサイア・チャイルドの著書『新商業講話（*A New Discourse of Trade*）』の"discourse"もこれらと同様と考えてよい．ここではあえてオリジナリティをださず津田内匠の「試論」を踏襲した．戸田正雄の「商業論」あるいは「経済概論」でもよかったと思うが，所詮は"薔薇の名前"にすぎない．本書でカンティヨンの著作の意味するところは，あくまでも市場経済の本質的関係を解き明かす「経済学原理論」であって，「試みの論」でも「随想録」でもない．

[2] Jevons [1881], p. 342. 訳72ページ．ジェヴォンズは，本来であれば「不朽の名声」を手にするはずであったが，「火災と短劔とによって若くして最後をとげたばかりでなく，うちつづく文筆上の不幸なできごとは，まったくかれの名声をおおい隠してしまったのである」（Idem, p. 333. 訳64ページ）といっているが，このうちとくに「うちつづく文筆上の不幸なできごと」がもっぱらマカロックの「誤った説」に起因し，おおいに批判されなければならない」（Idem. 同上）とのべたあとこういっている．すなわち，マカロックの『経済学文献』にあるカンティヨンは"リシャール"ではなく，1759年に著書『貿易，商業，地金等の分析』を上梓したロンドン市の商人"フィリップ"であった．しかも「本書〔商業試論〕はヒュームの見解を種々とりいれて」おり，また「カンティヨンが〔アダム・〕スミスによって引用されたのは，ヒューム〔の『政治論集』のなかの経済学原理に関する論文（1752年）〕に負うてい

っている経済学のテキストである．

　1755年出版の現行版カンティヨン『商業試論』は，全体が3つの部に分かれ，それぞれ17,10,8の計35の章からなる（ただしカンティヨンが本編で言及する「付録（supplément）」をのぞく）．かれの作品は比較的小さな部類に属するとはいえ，そこには他に類を見ない際立った特徴がいくつかある．そのひとつは徹底した抽象化と概念構成による論理整合性の追求にある．そのため，カンティヨンはそれ自体「現実にはあり得ない（irréalisable）」もっとも抽象的かつもっとも単純な社会経済モデルから出発して，より具体的かつより複雑なモデルへと漸次移行しつつ，最終的にはかれの目指す現実の経済社会に到達し，その仕組みや構造それに運動を解明することになる．アントイン・E. マーフィーは，カンティヨンの経済理論の特徴を「マクロ経済モデル」の構築と分析にあるといって高く評価している．マーフィーが以上の観点から『商業試論』の構成を整理し，その結果を図式化したのが図表1-1である[3]．

　それによると，『商業試論』第I部は，ジェヴォンズのいうように一般的序論に相当し，カンティヨンのモデル分析の出発点をなす土地所有者とかれの代理人を中心に据えた原初的な経済モデルである「監督経済（Economie

---

　　る」というが，仮にマカロックの言い分が正しいとすれば，"フィリップ・カンティヨン"氏なる人物が「ヒュームの諸見解をとりいれ，原稿を書き，死亡し，そして最後に，『わが国の貿易の現状に』適応せしめる期間としては，7年という年月は，きわめて不十分である」(Idem, p. 334. 訳65ページ）．以上のような当時の記録から推察される重要な事実は「実際にカンティヨンという人物はふたり存在しており，しかも富裕なフランスの商人というのは，フィリップ・カンティヨンではまったくなく，リシャール・カンティヨンであったということである」(Idem, p. 339. 訳69ページ）．ジェヴォンズはこう結論を下す．「もしもマカロックがふつうの文献上または伝記上の2, 3の参考書に目をとおしていたならば，かれはそのような誤りを犯さなくてすんだであろう．フランスの大伝記書〔中略〕には，『フィリップ』・カンティヨンの生涯について詳細な記述があり，〔リシャール・〕カンティヨンは1733年（より正確には1734年）に死亡したと明記されている．いうまでもなく，この事実は，〔リシャール・〕カンティヨンがヒュームの見解を借用したという〔マカロックの〕考えを消散させてしまうのである」(Idem, p. 334. 訳66ページ）．

　3) Murphy [1997b], p. xviii et suivre.

図表 1-1　カンティヨン『商業試論』のモデル構成図

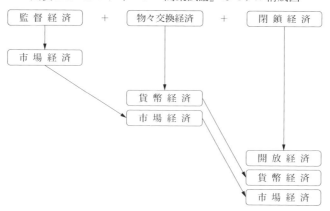

［出所］　Murphy (1997b) p. xix.

dirigée)」からスタートして，貨幣をともなわない「物々交換経済（Economie d'échange)」，貨幣を媒介とする「貨幣経済（Economie monétaire)」と「市場経済（Economie de marché)」への転換とそこにおける企業者と称する経済主体による調整機能や貨幣の機能などにつき分析される．つづく第 II 部では，主として貨幣の流通を媒介とする「市場経済」が考察される．これを受けて，第 III 部では「閉鎖経済（Economie fermée)」の「開放経済（Economie ouverte)」への転換の意味を論じたのち，紙幣発行をふくむ貨幣・信用理論の考察とその実物経済への影響や経済政策などの現実的問題の検討に及んでいる．これらはカンティヨンの『商業試論』における経済理論や分析の方法がさしあたりは現実から捨象された，いってみれば現実とは無縁のものとして考察されるのではなく，あくまでも現実の諸問題を論理整合的に分析するための論理的手続きであることが分かる．

　別言すれば，マーフィーが読み解いたように，カンティヨンにとっての究極の目標であるジョン・ローの経済政策を評価すること——つまりロー・システムを有効とみるかどうか，受け容れられるべきかどうかを判断する材料を提供すること，したがってまた，それはカンティヨンの判断の正しさを証明することにもなるはずのものである．はたしてそうであるならば，カンテ

ィヨンがのちに『商業試論』のタイトルでおおやけとなる草稿に託した「隠された目標」であるロー・システム批判と「経済政策へのメッセージ」[4] の正当性は，一にその正当性を保証するカンティヨンの経済理論の正当性にかかっているといわなくてはならないであろう．それをカンティヨンの所説に即して明らかにするのが本章の以下のふたつの節のテーマである．

2. 市場経済モデルと企業者の調整機構

(1) 土地所有者とその代理人の経済モデル

カンティヨンの経済理論のユニークな点は，土地を富の形成（生産）の唯一の制約条件との考えに立つ基本モデルを構築し，そのなかで独自の価値論——土地価値論（théorie de la valeur-terre）——をもとに体系的な理論展開を試みたところにある．『商業試論』第Ⅰ部第1章「富について」はその出発点であった．すなわち，「土地は人間が富を引き出す源泉もしくは素材である．人間の労働はその富を生む形式である．そして富はそれ自身が食料品，日常の品々や〔衣服，貴金属や宝石類を加工した装身具や家具など〕装飾品のほかの何物でもない」[5)6)]．しかし，カンティヨンはこのすぐあとの第2章

---

4) この点については，Brewer [1986], pp. 10-1 ; Murphy [1997b], p. xii を参照されたい．
5) Cantillon [1755], p. 1.『商業試論』には戸田正雄と津田内匠のふたりの先学の邦訳があり，筆者もこれを高く評価するものであるが，先学とは語感や行文を異にするためあえて拙訳に従った．以下，『商業試論』からの引用は断りのない限り拙訳による．
6) 『商業試論』冒頭の章における「富」の理解がサー・ウィリアム・ペティにまで遡ることができることは，よく知られている．かれは『租税貢納論』で「土地が富の母であるように，労働は富の父であり，その能動的要素である」とのべている．カンティヨンがペティの影響を受けたことはたしかなことである．ジェヴォンズもそのように主張する研究者のひとりであるが，同時にこうもいっている．「ペティの『政治算術』や『租税貢納論』は，当時〔17世紀末〕ではそれなりに優れた著作であった．しかし，カンティヨンの『商業試論』と比較すれば，それらは大雑把な暗示のよせ集めにすぎない」（Jevons [1881], p. 342. 訳72ページ）．これに対して，渡辺輝雄はカンティヨンの「富についての基調をなす思想は，英国古典派の思想であるよりも，むしろフランスのフィジオクラートの思想に近い」（渡辺 [1961], 156ページ）という．

「人間の社会について」でその富を生み出す土地は有限であり，人間たちに土地は平等に分配されないといって，第3章から第5章では村落，町，都市・首府における人間と人間の社会関係を論じ，その後第6章から終章の第17章において農業労働者の賃金と土地と労働との価値関係，あらゆる社会階級の土地所有者への依存，人口増加などが考察されている[7]．これらの考察はカンティヨンの構築した経済モデルの諸要素に関するものであるが，かれのモデルの際立った特徴は，土地が富の形成（生産）に対する唯一の制約条件であるとする経済思想と理論モデルの構築方法にあるといってよい．このことを端的に示したのが『商業試論』第Ⅰ部第14章におけるつぎのパラグラフである．カンティヨンはいう――．

> ここにある大きな土地が存在する〔と仮定しよう〕．わたしは世界中のどこをさがしてもこれ以外の土地が存在しないと考える．そしてこの土地には所有者が存在し，かれ自身がこれをもしも耕作するとするならば，その用途はかれの嗜好（fantasies）に従うであろう[8]．

もちろん，これはあくまでも仮定の話であって現実にはあり得ない．けれども，カンティヨンはこのような抽象によって土地所有者とその代理人である「監督者（inspecteur）」――または管理人（bailiff）ともいう――そして労

　渡辺説の解釈について，櫻井毅は的確にこうのべている．カンティヨンの富の思想は「ペティを超え」た「フィジオクラートの発想に近いものがある．まことにカンティヨンはペティの後継者以上の存在であるといってもよい」（櫻井 [2009]，191ページ）．

7)　ここでのカンティヨンの議論のうち，王国を構成する村落，町，都市それに首府のそれぞれの関係，あるいはそれぞれの相互関係の分析は，のちに第12章の標題である「一国のすべての階級およびこれに属する人間たちは土地所有者たちの支出によって生存しあるいは富裕となる」（Cantillon [1755], p. 25）の基礎を提供するものであり，一国における市場の成立や構成に関する経済分析といってよいのであるが，やがて「地域経済学（Economie régionale）」とも「空間経済学（Economie spaciale）」ともいわれる分野のパイオニア的研究と評価されている．

8)　*Idem*, p. 33.

第2章　カンティヨンの経済理論と『商業試論』　　63

働者の3つの経済主体からのみなる原初的な舞台装置——監督経済モデルを導出する．そこでは，土地所有者が支配的な経済主体であるから，かれらの嗜好に応じて土地の使用方法が決定される．こうした土地所有者の「嗜好（fantasies）」と「選好（préférences）」を実現するために，かれらは代理人である土地の監督者とコミュニケーションをとり，かたや監督者は土地所有者の下知を受けて農業労働者（または農夫）を実際の耕作に就かしめる．そしてその農業労働者ではあるが，カンティヨンはかれらの生存に必要な生活必需品の生産に要する一定の土地が分配される限り，富の生産の制約とは考えない．『商業試論』第Ⅰ部第12章の標題「一国のあらゆる社会階級およびこれに属する人間たちは土地所有者たちの支出によって生存し富裕となる」[9]という一文が以上のことを示しているからであるが，つづく第15章のパラグラフはよりいっそう鮮明に伝えている．すなわち，

　　生存の手段は土地の使途に依存し，また土地の使途は君主と，とりわけ土地所有者たちの意向と嗜好と生活様式に依存している．人口の増減が土地所有者たちに依存することはけだし明らかである[10]．

　みられるように，『商業試論』の冒頭の章ではサー・ウィリアム・ペティを踏襲した土地に富または価値の源泉をもとめる客観価値説に立ちながらも，土地とともに労働を富の生産に対する制約とは見做していない．そのことは他方同時に，フィジオクラート派がカンティヨンの主張に飛びつく材料を提供しているといえなくもない[11]．しかし，のちにくわしくみるように，富の

---

9)　*Idem*, p. 25.
10)　*Idem*, p. 45.
11)　例えば，Brewer [1986], p. 11 を参照されたい．ちなみに，ジェヴォンズは同時代人であるフランスの経済学者・政治家のルイ=ガブリエル・レオンス・ド・ラヴェルニュの『18世紀フランスの経済学者（*Les économistes français du dix-huitième siècle*）』のなかの言葉を借りてこういっている．すなわち，『商業試論』については，「レオンス・ド・ラヴェルニュ氏の言葉をもってつぎのようにいってもけっしていいすぎではない．〔中略〕『およそ経済学者たちのあらゆる論理はまえもってこの書物

生産を土地の耕作，したがってまた農業から説き起こしたのは「現実にはあり得ない」抽象的かつ単純な監督経済からカンティヨンの作業仮説を展開しているためであって，貨幣をともなわない「評価による物々交換（troc par estimation）」——そしてこれを仲介する経済主体の「企業者（entrepreneur）」が監督者に取って代わるが，さしあたりはヴァルラス的"競売人（commissaire-priseur）"に似た機能をもつ——や貨幣流通を媒介とする「市場経済」へとモデルが漸次転換されるにつれて，農業，工業，商業に特有の土地利用を説明しているから，カンティヨンの議論を明らかに誤解したものといわざるを得ない．同様に，ジェヴォンズも『商業試論』第Ⅰ部第12章のタイトルのなかに「カンティヨンの重商主義的要素」を見出すのであるが，第15章の一文のなかにトマス・ロバート・マルサスの「人口理論のほとんど完全な先駆形態」[12]を認めることができたと思うといって，むしろカンティヨンを擁護している．そのカンティヨンはこういっている——．

　人間はもしも自身の生存手段を無限にあたえられれば，穀倉のハツカネズミのようにふえつづけるであろう．そして植民地のイングランドの人間たちは，本国で30世代かかるよりもすくない，わずか3世代後にははるかに増殖するであろう．かれらは植民地で未開の民を駆逐して，そこに新たな土地を開墾することが可能だからである[13]．

〔『商業試論』〕に収められている」と，〔中略〕なおまた，偉大なフランスの経済学者の学派の創始者たる〔フランソワ・〕ケネーが彼の主要な理論的着想を〔『商業試論』〕から実際に得たということについても，その積極的な証拠に欠けているわけでもない」（Jevons [1881], pp. 353-4. 訳86ページ）．ちなみに，ジェヴォンズのいわゆる「レオンス・ド・ラヴェルニュ氏の言葉」は，Léonce de Lavergne [1870], p. 167からの引用である．ジェヴォンズがカンティヨンの『商業試論』を評して「租税の問題をのぞけば〔中略〕ほとんどの経済領域」にわたって記述されている「経済学の最初の論文」というとき，レオンス・ド・ラヴェルニュの所説を実質的に踏襲しているといってよいであろう．

12) Jevons [1881], p. 347. 訳78ページ．
13) Cantillon [1755], p. 47. 詳細は他にゆずるが，カンティヨンはジェヴォンズの指摘したパラグラフに限らず，人口問題についてふれている．それが「マルサス人口

この点，ブリュワーのいうとおり，カンティヨンに分があるとしても，フィジオクラート派がカンティヨンの先に引用したパラグラフに依拠したのは，当時のフランスの農業がその潜在能力を下回る生産物を産出するにとどまり，それゆえフィジオクラート派は農業生産を増大するために（追加的）資本投資が必要であり，そしてそのためには一方で国内の需要を喚起し，生産物の価格を引き上げるなどの措置を主張したのである．フィジオクラート派の政策的主張がアイルランド出身の銀行家のそれとは相容れないことはみやすい事実である[14]．

(2) 市場経済モデルと企業者

カンティヨンの提示した「現実にはあり得ない」，あるいは原初的な諸条件のうえに成立する経済的営みである「監督経済」モデルでは，経済主体はある程度まで自給自足を想定し，土地所有者は自らの意向と支出をかれのエージェントである監督者に伝える．監督者はこれを受けて農業労働者をして作業に就かしめるのであるが，土地所有者の嗜好が限られていれば，雇用される労働者の数も多くはない．監督経済とは，マーフィー流に解釈すれば，土地所有者の命令一下でことが決定される「ホッブス的世界（Hobbesian world）」といえるかもしれない．ところが，土地所有者が庭園や園芸，狩猟などをこのむようになると，土地の用途は耕地に限られず，園芸や狩猟にふり向けられ，かつこれらを維持・管理する人間たち，土地を借りて生産物などを生産する人間たちの数は増加する[15]．そして土地所有者の嗜好がさらに

理論の先駆形態」かどうかはともかく，人口理論のパイオニアとしてカンティヨンを評価する研究者がすくなくない（例えば，Tarascio [1981] がそうである）．『商業試論』の復刻に与る力が大であり，編者を引き受けたアルフレッド・ソーヴィーはフランスの人口理論の泰斗であり，『商業試論』の復刻版がINEDにより発刊されたのもゆえなしとしない．なお，この分野の研究のいくつかは本書末尾の「参考文献」にリストアップしているので参照されたい．

14) Brewer [1986], p. 11.
15) Murphy [2009a], p. 79. カンティヨンは『商業試論』第Ⅰ部第12章でつぎのようにいっている．すなわち，土地は土地所有者たちに帰属するとはいえ，「耕作されな

多種多様になれば，それにともなって雇用される人間の数は増加する．

　だが，それは一方で市場の成立を準備することにもなる．土地所有者たちが必要なものを入手するためにはかれらの間で生産物と生産物の物々交換が行われるか，生産物の交換に貨幣が介在する取引が行われるかのどちらかである．しかしながらそのいずれであろうと，生産物の持ち手はそれぞれ単なる生産物ではなく，売り買いの対象としての「商品」の所有者として相互に交換または取引のステージである市場に登場することになる[16]．こうしてカンティヨンは監督経済から市場経済へとモデルの転換をはかるが，それは市場での交換や取引を成立させる新たな経済主体としての「企業者」の導入によって担保されることを暗示している．

　もちろん，市場経済モデルにあっても，経済活動が土地所有者の「意向や嗜好や生活様式」によって影響を受ける．ただ貨幣が介在しない物々交換経済の場合には，監督者は市場で土地所有者のエージェントとして依頼人の「意向や嗜好や生活様式」にもとづく商品の交換をある程度まで実現できるかもしれない．ところが，貨幣が介在する市場経済モデルのなかにあっては，企業者は土地所有者のエージェントとしての監督者とは異なって土地所有者とダイレクトに交渉することはない．反対に，企業者は土地所有者の代理人に取って代わり諸商品の市場での価格を商品の売り手と買い手とに提示する

　　ければ，かれらにとって無用となるであろう．そしてこれを耕作すればするほど，他のすべての事情に変わりがなければ，その土地はますます多くの生産物を生み出す．しかもまた，これらの生産物を加工すればするほど，他の事情が不変であれば，これらの生産物を販売するとき，その生産物はより多くの価値を有する．したがって，土地所有者たちは他の住民たちを必要とし，同様に後者は前者を必要とする」(Cantillon [1755], p. 27)．

16)　今日「商品」を意味する言葉でもっともよく用いられるフランス語の単語は"marchandise"である．この単語が生まれたのは12世紀後半以降といわれるが，このほかにも"article"，"produit"，あるいは"denrée"といった単語もある．うち，『商業試論』にもしばしば登場する"denrée"はわが国では「物品」，「生産物」などと訳されている．しかし，フランスの経済学者アルノー・オランは"denrée"を"marchandise"と区別しないどころか，むしろ"marchandise"と同義と考えてよいとのべている（Orain [2014], p. 25）．本論ではオランに倣い，断りのない限り上記の単語を「物品」，「商品」と訳出した．

第2章 カンティヨンの経済理論と『商業試論』

機能を有するようになる．その意味からすれば，企業者は"deus ex machina（機械仕掛けの神）"といえるかもしれない．

こうしてカンティヨンは監督経済と物々交換経済から，市場経済や貨幣経済へと転じる．これまである程度説明してきたように，カンティヨンのいう企業者とは，生産者から大商人，小売業者，都市の職人，労働者，はてはこじきに至るさまざまの人間たちをふくむ概念である[17]．そのうえでカンティヨンは企業者に定義をあたえるのである．そうとはいえ，企業者とは，概していえば，市場で商品を一定の価格で買い取り，これを一定しない価格で販売する経済主体のことであるが，それゆえにかれらこそ諸商品の価格を形成する主体であるというのである[18]．仮に企業者が商品の買い手の意志を予測するのに成功し，買い手に適切な価格を提示すれば，それによって利益を引き出すであろう．反対に，企業者が買い手よりも高い価格を提示すれば，その価格以下の低い価格で売るほかなく，利益をあげるどころか破産するであ

---

17) 企業者が多種多様であるといっても，カンティヨンの関心は「借地農業者（fermiers）」それも大規模な借地農業者にあることは論をまたない．ちなみに，ヘンリー・ヒッグズはフランス語の"entrepreneur"を英訳するさい，英語圏にある"undertaker"——邦語で「請負人」の意——という単語を充てている（Higgs [1931] 参照）．のちにくわしくみるように，フランスをはじめとする大陸ヨーロッパとは異なって，イングランドでは18世紀前半の段階でこの単語は事実上"死語"と化したといわれ，20世紀に入るまで顧みられることはなかった．

18) Cantillon [1755], p. 29. 詳細はのちにゆずるが，カンティヨンの企業者論にはいまひとつ大切な機能と役割がある．現代の経済用語でいうなら「経営者（manager）」がそれであり，カンティヨンは『商業試論』第Ⅰ部第13章のなかで企業者のいまひとつの機能と役割についてこうのべている．「〔企業者たちは〕自らの事業をやりくりするための資財をもって自立しようと，あるいは資財をまったくもたずに自らの労働によるだけの企業者であろうと同じことである」（Idem, p. 31-2）．カンティヨンがこのパラグラフの前段の一節で「企業者は一定しない給与者」（Idem, p. 31）といっているのはそのためである．要するに，カンティヨンはこの章で原初的なかたちではあるが，そしてそれはかれがはじめてではないにせよ，企業の所有と経営との分離に言及したものと考えられる．アントイン・E. マーフィーは「自らの事業をやりくりするための資財をもって自立」した経営者の給与を「人的資本（human capital）に対する報酬」（Murphy [1997a], p. 188）にたとえ，一般労働者の労働賃金と明確に区別している．なお，以上の点については，マーフィーのほか，Hoselitz [1951]；Andreau [2011] もあわせて参照されたい．

ろう．

　ことほどさように，カンティヨンにとっての企業者はつねに不確実性と向き合っているのであって，『商業試論』第Ⅰ部第13章の標題がいみじくも語っているように，企業者とはヨーロッパでは，諸商品の「生産と同じように，流通と交換（la circulation et le troc des denrées et des marchandises, de même que la production）」を「自ら危険を冒して行う」経済主体であると定義される．いってみれば，企業者とは土地所有者の代理人ではなく市場の触媒であり，カンティヨンが一国における諸商品の「生産と同じように，流通と交換」のすべては企業者たちの「冒険」[19]によって行われるという意味もそのように理解することができるように思われる．

　このようにカンティヨンは企業者を市場経済という回転台の中心に据えたあと，さらに進んで価格が変動するさい社会的諸資源がどのように分配されるかを検討する．そのために，他のさまざまの諸商品の価格との比較考量を可能とする参考価格が必要とされるのであるが，カンティヨンはそうした価格を「内在価値（valeur intrinsèque）」と呼んでいる．『商業試論』第Ⅰ部第10章によれば，内在価値とは「〔諸商品の〕生産に入り込む土地と労働の量の大きさ」であり，これらに「土地の豊度あるいは労働の質が加味される」[20]．ところが，カンティヨンはこれにつづくパラグラフにおいて「内在価値」についてつぎのようにいっている．すなわち，

　　実際には多くの商品は内在価値を有していながら，市場ではその価値どおりには販売されないこともたびたびあり得る．それは人びとの気分や気紛れや嗜好そして消費行動に依存する[21]

　要するに，カンティヨンのいう市場での諸商品の価格ないし内在価値は，

---

19) Cantillon [1755], p. 28.
20) *Idem*, p. 17.
21) *Idem*.

第 2 章　カンティヨンの経済理論と『商業試論』　　69

需要と供給によって決定されるということである．それによれば，内在価値は商品の生産に必要とされる土地の数量で尺度された価値の唯一の「共通項」[22]であるが，それはまた商品生産に必要な土地および労働の数量に「正常利潤（profit normal）」を加えたものである，といい換えることもできる[23]．

　ところが，商品の市場価格はしばしば内在価値から乖離する．ある商品がもしも市場でその内在価値よりも低い価格でしか販売できないとすれば，企業者はその商品の生産に要する資源の分配をより高い価格で販売できる他の商品にふり向けるであろう．反対に，ある商品の市場価格がもしもその内在価値を上回る高い価格で販売可能であるとすれば，企業者はこの商品の生産に必要な資源をより多く割り当てるであろう．

　いずれのケースであれ，市場における商品価格の不断の変動とは，市場における商品の供給を需要に順応させることができないために出来（しゅったい）するものであって，企業者は市場の調整者として需要と供給のミスマッチを修正し，いわば意図せざる結果として社会的諸資源の分配を適正に行わしめるのであ

---

22) ジェヴォンズはカンティヨンが内在価値を論じた如上の第 10 章の議論を高く評価してつぎのようにいっている．すなわち，「〔第 10 章の〕わずか数ページには，単に生産価格すなわち故〔ジョン・エリオット・〕ケアンズ教授のいわゆる正常価値と対照的な市場価値のすべての教義がふくまれているのみならず，リカードゥやスミスその他のひとびとが無視してしまった困難な問題についても〔カンティヨンは〕それとなく言及している」（Jevons [1881], p. 345. 訳 75 ページ）．

23) カンティヨンは「土地の価値と労働の価値との等価または関係」と題された第 11 章において，「日々の労働の価値は土地の生産物とある関係をもっており，ある生産物の内在価値はその生産に用いられる土地の量と土地に加わる労働量とによって計量することが可能である．〔中略〕その労働に従事したひとびとに割り当てられる生産物の生産に必要な土地の量によって計ることができる」（Cantillon [1755], p. 24）とのべ，土地の価値と労働の価値は「等価」と考えているかのようである．とはいえ，カンティヨンの価値論が土地を富の生産の唯一の制約条件とする以上，労働の価値は土地の価値に翻訳されなくてはならない．この意味からすれば，カンティヨンの理論を「フィジオクラート派の源泉」とみることもできないではないが，反面，アントニー・ブリュワーのいうように，その逆の読み込みをすることも可能である．その場合，カンティヨンの所説を「リカードゥ的労働価値説」へと翻訳することも可能である．この点については，Brewer [1988a]; Dooley [2005b; 2005c] を参照されたい．

る．テュルゴーの「基本価値（valeur fondamentale）」や「基本価格（prix fondamental）」の理論がカンティヨンの内在価値論に影響を受けたこと，そしてスミスの「自然価格（natural price）」がカンティヨンに依拠していることはつとに知られるところである[24]．

(3) 市場経済と貨幣の機能

カンティヨンが，原初的な経済モデルである監督経済から市場経済への転換を論じるさい，これと並行して貨幣をともなわない交換経済ないし物々交換経済から貨幣経済への転換についても言及し考察を加えている．そのポイントは，カンティヨンが貨幣を所得流通フローの分析に関連させているところにある．かれは『商業試論』第Ⅰ部第13章でつぎのようにいっている．

> 企業者はなべて，それぞれが交互に消費者となり顧客となる．ラシャ商人はワイン商人の顧客であり，ワイン商人はラシャ商人の顧客である．かれらは国内ではかれらの顧客すなわちかれらの消費者に相当する[25]．

カンティヨンは商品の売り手と買い手の相互性に着目して，生産物と所得が相互に依存し合う流通過程の検討に目を向けることになった．すなわち，かれの市場経済モデルにおいて経済社会を構成する経済主体は土地所有者，

---

24) 一種の主観価値説である「心理経済価値説（théorie psychologique de la valeur）」または「感覚的価値説（théorie sensualiste de la vleur）」に立つテュルゴーではあるが，かれの「基本価値」論がカンティヨンの内在価値のロジックに着想を得たことは想像にかたくない（例えば，Faccarello et Cot [1992] 参照）．これに対して，マーフィーは「アダム・スミス『国富論』第1篇第7章における「資源分配」論をカンティヨンから借用していることは明らかであるが，スミスはこのことを認めていない」（Murphy [1997b], p. xxii）といっている．ブリュワーもこの点を認めたうえで，カンティヨンの「市場価格と内在価値との区別は，スミスやリカードゥなどの古典派経済学者の著作における市場価格と自然価格，あるいはカール・マルクスの市場価値と〔市場〕生産価格との相違と明らかに同一のものである」（Brewer [1986], p. 63）とのべている．

25) Cantillon [1755], p. 30.

第2章　カンティヨンの経済理論と『商業試論』　　　　　71

企業者，労働者であったが，貨幣経済モデルでは，土地所有者，企業者のカテゴリーにふくまれる借地農業者および労働者の三者からなる．したがって，新たな分類では，土地生産物は3つの地代（rente）――所得――に分割されることになる．これが有名な「3つの地代」論である．カンティヨンは『商業試論』第Ⅱ部第3章「貨幣の流通について」のなかでこういっている．

　借地農業者は3つの地代を生み出さなくてはならないことが，イングランドでの常識とされてきた．すなわち，第1の地代は本来の地代，つまり借地農業者が〔かれに土地を貸している〕土地所有者に支払う必要のある地代である．この地代はかれの経営する農場の生産物の3分の1の価値に相当すると考えられている．その第2は，借地農業者自身の生計の維持とかれが借り入れた土地の耕作に必要なひとと馬の維持に要する地代である．そして最後の地代は借地農業者の手もとに残って，かれとかれの事業（entreprise）に利益をもたらすために用いられるべき地代である[26]．

こうしてカンティヨンは，これら3つの地代（所得）の流通するプロセスへと導くのであるが，しかしながらかれ一流の「所得流通フロー」論ともい

---

26)　*Idem*, pp. 68-9. カンティヨンはこのあとこういっている．「一般的にいって，一国の住民の半数は都市に仕事をもって都市に居住する．他の半数は田園地帯の仕事に従事しそこに住まうものと想定される．そうであれば，土地生産物の3分の2，すなわち6分の4を手にする借地農業者は直接・間接に都市住民に6分の1にあたるのと引き換えに都市の〔企業者の生産した〕商品を受け取るであろう．当該部分は，土地所有者が都市で支出する3分の1，したがってまた6分の2とあわせるならば，土地生産物の6分の3，つまり2分の1をなす」（*Idem, p.* 26）．このあとさらにカンティヨンは，この計算は「大雑把な検討を付け加える」（*Idem*）だけのものと断りを入れているが，「大雑把」どころか，あまりに単純な「検討」といわざるを得ない．それでも櫻井毅のいうように，「〔社会のさまざまの〕階級間の商品流通に分析を加え，社会的再生産の循環をある程度問題にすることによって，のちのケネーの『経済表』の構想を先取りしているようにすら見える」（櫻井［2009］，194ページ）というのは正しいであろう．

うべき3つの地代の関連を掘り下げて分析するのではなく，実際には実物経済の安定に必要な貨幣量の定義を行っているにすぎない．かれはいう——．

　一国の〔商品の〕流通に必要とされる現金の量の比率を把握することはむつかしいことではない．その量はその国のひとびとの暮らしぶりや〔商品購入に要する貨幣の〕支払い速度に応じて異なる．〔中略〕流通貨幣量を判断するには，貨幣の流通速度をつねに計算しなければならない[27]．

ここでカンティヨンが貨幣の流通速度に言及したのは，一国の富の数量とその富から生ずる所得のフローとを区別するためであるが，もとより所得流通フローや貨幣の流通速度はかれ個人の独創の賜物ではなく，サー・ウィリアム・ペティ，ジョン・ローのアイディアに着想を得てこれを精緻化したものである[28]．そしてかれの所得流通フロー論は，フランソワ・ケネーが『経済表』を作成するうえでヒントとなったのみならず，のちにアダム・スミスやデイヴィッド・リカードゥを経て，カール・マルクスの「再生産表式（Reproduktionschema）」論やワシリー・レオンチェフの「産業関連表（Input-Output Table）」などのかたちで多くの経済学者が踏襲したことは，つとに知られている[29]．

---

27) Cantillon [1755], pp. 73-4. ちなみに，ヒッグズはかれの翻訳した英語版『商業試論』のなかで，カンティヨンの"vitesse de circulation de la monnaie"を"rapidity of circulation of the money"と訳出しているが適訳とはいえない．いずれにしても，現代の経済用語でいう貨幣流通速度の「速度」をあらわす"velocity"がカンティヨンに由来することは，大方の認めるところである．
28) Murphy [1997a], pp. 129 ff；[2009a], pp. 50-1.
29) 例えば，シュンペーターは『経済分析の歴史』のなかでこういっている．すなわち，「カンティヨンは経済表を作成した最初の人物である．そしてほとんど本質的でないいくつかの相違をのぞけば，カンティヨンはかれのアイディアをグラフ形式に凝縮しなかったとしても，それはケネーの経済表と同じである」（Schumpeter [1954], pp. 222-3）．なお，このほかにも，Brewer [1986], pp. 160-2；Dooley [2005c], pp. 81-6；Murphy [1997a], pp. 191-3を参照されたい．

アントニー・ブリュワーのいうとおり，カンティヨンおよび後世の人間たちにあっても，土地所有者の所得の基礎となる地代の源泉が，剰余生産物ないし余剰生産物——ケネーのいわゆる「純生産物 (produit net)」であると認識されていたことはたしかである[30]．しかし，カンティヨンとケネーとの間には純生産物の位置づけに大きな差異がある．すなわち，ケネーが純生産物を経済成長のベースと考えたのに対して，カンティヨンはこれをもっぱら人口増加の基礎と捉えた．それゆえ，カンティヨンの場合には，所得形成のダイナミズムに，したがってまた租税政策への影響に強い関心をそそられたケネーとは異なり，流通貨幣量の実物経済に及ぼす影響——価格，貨幣数量と貨幣需要の関連，国際貿易など——といったマネタリーな分析をこととしている[31]．それというのも，カンティヨンは貨幣数量の増加が経済主体の支出を増加させ，それが価格を漸次押し上げると考えていたからである．もちろんだからといって，土地価値論者のカンティヨンが，主観価値説に特有な貨幣数量説に与したというわけではない．例えば，『商業試論』第II部第7章中のつぎの記述はその証左であろう．

> ある国で貨幣の量がいまよりも2倍に増えるとすれば，〔中略〕価格が2倍になるとはかならずしもいえない．川底をうねって流れる川も，2倍の水量になれば2倍の速さで流れるというわけではない[32]．

---

30) この点については，さしあたり，Brewer [1988a]; Dooley [2005b] を参照されたい．
31) このことから，アメリカの経済学者マイケル・D. ボルドは，カンティヨンの議論のなかに現代の「マネタリスト」的要素を見出すことができるという研究者のひとりである．くわしくは，Bordo [1983]; Dostaler [2012b]; 原 [1959] を参照されたい．
32) Cantillon [1755], pp. 98-9. この点に関して，ジェヴォンズはこういっている．「〔カンティヨンとヒューム〕のふたりはいずれも，一国の貨幣は急速に増加または減少するものと想像している．しかし，ヒュームはこの問題に漠然とした文学的優雅さをもって論じているのに対して，カンティヨンの場合は，物価に及ぼす影響を当代のケアンズあるいは〔アントワーヌ・オーギュスタン・〕クールノーのような科学的正確さをもって分析している」(Jevons [1881], p. 353. 訳86ページ).

カンティヨンはつづく第 8 章において貨幣の増加が経済主体の消費に及ぼすさまざまの経路の考察に目を転じ，貨幣増加の要因を 3 つ指摘している．すなわち，①現金の増加（金銀の採掘），②（外国からの）資本の流入，そして③外国貿易における輸出超過——の 3 つである[33]．ここで特記すべきことは，何よりもまずカンティヨンが『商業試論』第 II 部第 6 章で，スコットランド出身の思想家デイヴィッド・ヒュームのいわゆる「物価正貨流出入メカニズム（price-specie flow mechanism）」に類似する理論に依拠して，貿易収支尻の自動調整作用ないし均衡回復作用を説明している点にある．ただしかれは，国際収支を貿易収支に狭く定義するわれらが"ジョック"とは異なり，貿易収支と資本収支の和（財輸出－財輸入＝資本輸出－資本輸入）と広く定義している[34]．この点，ふたたびアントニー・ブリュワーの言葉を借りれば，アイルランド出身の国際的銀行家は現代の経済学用語の「マーシャル＝ラーナー条件（Marshall-Lerner Condition）」に言及していないけれども，後世の研究者の多くがカンティヨンを高く評価するのもそのためである[35]．実際，

---

33) Cantillon [1755], pp. 101-8.
34) 本書の冒頭で紹介したオーストリア出身の経済学者フリードリヒ・フォン・ハイエクも，その論文「リシャール・カンティヨンの生涯と作品（Richard Cantillon, sa vie, son œuvre）」でのべているように，カンティヨンとヒュームのアプローチの近似性を評価するひとりである（例えば，Hayek [1936] 参照）．それによると，ヒュームが『政治論集（*Political Discourses*）』（1750 年刊）の執筆に取りかかる前にカンティヨンの草稿に目を通す機会を得たことがその理由とされる．だが，マーフィーはこれに真っ向から異を唱える．すなわち，本文で指摘したとおり，ヒュームにはカンティヨンのように国際収支を貿易収支と資本収支とからなるという発想がないからである（Murphy [2009e], pp. 105-6）．また，マーフィーによると，カンティヨンの草稿はすくなくとも 4 種類あったとされるが，ヒュームがイングランドでも，あるいは赴任先のフランスでも草稿に目を通したという記録は存在しない．とくにドーバー海峡対岸のフランスでは，経済思想史家ジャン＝クロード・ペロの詳細な研究をしても，カンティヨンの草稿のひとつをひさしく借り受けていた大ミラボーの草稿貸出リストのなかに，テュルゴー，モルレ神父，コンディヤックらと並んで，わが"ジョック"の名を見出すことはできない（Perrot [1992], pp. 163-4）．
35) Brewer [1986], p. 86. ちなみに，マーフィーの整理によれば，マネタリーな面から貿易収支や国際収支にアプローチを試みたパイオニア（Bordo [1983]）であるとか，資本収支が国際収支の均衡にタイムラグを生じさせること——いわゆる「カンティヨン効果（Effet Cantillon）」——を明らかにした最初の人物（Blaug [1991]；

第2章　カンティヨンの経済理論と『商業試論』　　　　　　　　　75

ジェヴォンズ自ら，カンティヨンの貨幣論には「富を貨幣と考える重商主義的誤謬（Mercantile fallacy）の痕跡はいささかも存在しない」[36]と絶賛している．

ことほどさように，カンティヨンは如上の第6章で貨幣経済と実物経済との関連についてつぎのような結論を導いている．それはまた『商業試論』第III部の主要なテーマである「開放経済」モデルと外国貿易・外交為替などのテーマに道を開くことにもなる．アイルランド出身の国際的銀行家はいう．すなわち，

Spengler [1954]）であるといったカンティヨン評価があるが，このほかにもイタリアの金融研究者フィリッポ・チェーザラーノのように，「合理的期待の先駆者」という評価もある（Cesarano [1976]）．このほか，Cesarano, Filippo, "The rational expectation hypothesis in retrospect", *American Economic Review*, March 1983 を参照されたい）．ちなみに，ジル・ドスタレールはかれの死後刊行されたアンソロジー『経済思想の巨匠たち（*Les grands auteurs de la pensée économique*）』のなかでカンティヨンを「18世紀の重要な金融経済学者（théoricien monétare majeur du XVII [I]^e siècle）」と呼んでいることから，かれもまたカンティヨン理論のマネタリーな面を評価するボルド，チェーザラーノらと同じ系譜に属するといえるかもしれない．くわしくは，Dostaler [2012b], pp. 46-9 を参照されたい．

36) Jevons [1881], p. 348. 訳80ページ．もっとも，カンティヨンは『商業試論』第II部第8章において「わたしはつねづね諸国家の相対的富はそれぞれの国家が主として保有する貨幣数量にあると考えている」（Cantillon [1755], p. 101）ともいっている．それは耐用性に優れた金や銀の価値保蔵手段としての属性に着目したからであって，これをもってただちに「重金主義」や「重商主義」の誤謬とすることはできない．富それ自体したがってまた「実質的富」は，カンティヨンが『商業試論』第I部第1章冒頭でのべているように，「食料品や日常の品々や〔衣服，貴金属や宝石類を加工した装身具や家具など〕装飾品のほかの何物でもない」（*Idem*, p. 1）からである．しかるに，山川義雄が『経済学史講義〔改訂版〕』において，「相対的富」である貨幣を論じたことがかれの「思想の重商主義的側面」（山川 [19--]，154ページ）と断じるのは正しくないであろう．カンティヨンは『商業試論』第I部最終の第17章で「共通の価値尺度の必要と性質を論じ，この能力に役立つにはさまざまの物がどれくらい適当であるかを論じ，穀物，ぶどう酒，ラシャ，宝石，鉄，鉛，錫，銅などが通貨としてどれくらい適当であるかをすべて比較検討するうえにおいて，きわめて正確な思想を示している．これらの点は貨幣についての最近の諸著作とまったく同じである」（Jevons [1881], p. 348. 訳79ページ）といったジェヴォンズに山川よりも分があることは明らかである．

> ひとびとがもし鉱山から銀を採掘しつづけるならば，この銀によってすべての商品の価格は上昇するであろう．その結果，土地所有者たちは〔銀鉱の〕貸借契約が満期到来しこれを更新するさい，地代を引き上げ，かつこれに応じてかれらに奉公する人間たちの給与を増額して，かれらが従前と同じ生活することができるようにするであろう．ばかりか，職人や労働者たちもかれらの生産した製造品の価格を高い水準に維持するようになるので，かれらよりもはるかに安く生産する外国から製造品を購入して利益を引き出すであろう．このことが当然にも外国で生産された安価な製造品を大量に輸入することを決意させ，ためにこの国の職人や製造業者たちは貧窮に追い込まれるであろう．なぜならば，かれらは物価上昇のせいで安くなった賃金では生活できないであろうからである[37]．

こういってカンティヨンはあとを引き取る．曰く，

> 〔銀の大量採掘の結果〕当初は大量に出回っていた貨幣の流通が途絶え，貧困と悲惨がそのあとを追う．鉱山の事業はそこで雇用されるひとびとと，そこから利益を上げる外国人たちだけが有利であるようにしか見えないのである[38]．

3. 「開放経済」下の外国貿易・銀行業務の経済分析

(1) 開放経済モデルへの転換

リシャール・カンティヨンの『商業試論』第III部は，外国貿易，外国為替，国際銀行業務そしてこれらを踏まえて「経済政策へのメッセージ」を論じているが，いってみれば，カンティヨンはここで「開放経済」下のマクロ

---

[37] Cantillon [1755], p. 92.
[38] *Idem.*

第2章　カンティヨンの経済理論と『商業試論』

経済の諸問題を取り扱ったといえるかもしれない．ことほどさように，ウィリアム・スタンレー・ジェヴォンズはその論文「リシャール・カンティヨンと経済学の国籍」のなかで，つぎのような賛辞を送っている．すなわち，「当時の知識と経験とから判断するならば，とくにこれ〔『商業試論』第III部〕は，まったくのところ称讃する言葉がないくらいであって，いまなお時事評論家たちが論争したり誤りを犯したりしてかれら自身が他者を困惑させている多くの問題について，リシャール・カンティヨンが確実でかつほぼ完全な理解をもっていたことを示すものである．〔マカロックのいうように『商業試論』は〕単なる論文であるとか，あるいはまた，〔デイヴィッド・〕ヒュームの論集のような相互に連絡のない論文のよせ集めといったようなものではさらにない」[39]．

さて，カンティヨンはこれまでみてきた『商業試論』第III部冒頭の第1章「外国との貿易について」において閉鎖経済モデルから開放経済モデルへの転換をこう説明している．すなわち，

> 一国が少量の土地生産物を外国の大量のそれと交換するとすれば，商業上の利益をもたらすように思われる．そして一国の貨幣流通が外国のそれよりもはるかに多ければ，よりすくない自国の土地生産物をより多くの外国のそれと交換するであろう[40]．

ここで何よりもまず特記すべき点は，土地が生産に対する唯一の制約条件とするカンティヨンのロジックがここでも貫かれていることである．とどの詰まり，かれが「閉鎖経済」で分析した市場経済とそこでの貨幣機能の分析が第2章以下で外国貿易，外国為替そしてこれらを支える銀行業務の問題として論じられるのである．

もっとも，カンティヨンは『商業試論』第II部において外国貿易と外国

---

39) Jevons [1881], p. 342. 訳72ページ．
40) Cantillon [1755], p. 125.

為替との関連についてすでに言及してはいた．ヒュームのいわゆる「物価正貨流出入メカニズム（Price Specie Flow Mechanism of the Balance of Payments)」がそれであるが，カンティヨンが国際収支を貿易収支と資本収支の和と定義したのに対して，ヒュームがもっぱら貿易収支に限定したことは，すでにみたとおりである．だが，両者を区別するより大きな相違点は，カンティヨンが貿易財と非貿易財とを明確に区別しつつ貨幣（正貨）の流通量の増大の国内物価への影響を考察しているところにある．それによれば，貨幣流通量の増加が価格に及ぼす影響は一国の「開放度」に依存する．カンティヨンは第II部第7章でつぎのようにのべている．

> 貨幣の増加は，商品や物品の輸送が許されているときに生じ，その輸送費の差額分だけがこれらの商品や物品の価格を押し上げる[41]．

もとより，開放経済モデルでは，国と国が取引するのは財・サービスだけではない．貨幣もまたそれにともなって取引の対象となり，外国為替や銀行のオペレーションについても詳細に論じられるのであるが，国際的銀行家リシャール・カンティヨンの面目躍如である．実際にも，ジェヴォンズは前出の論文においてつぎのようにのべている．すなわち，「外国為替の問題は，〔ジョージ・〕ゴッシェン氏の有名な論文においてさえも，カンティヨンの著作におけるような明晰さや科学的正確さをもって論述されたことはかつてない．〔中略〕例えば，『商業試論』〔第III部第3章〕では為替投機に関する説明がみられるが，それはゴッシェン氏の賞賛すべき論文からの抜粋かと見まごうばかりである」[42]．

---

41) *Idem*, p. 100. ちなみに，カンティヨンはこのあとつぎのようにいっている．すなわち，「多くの場合，この輸送に取り引きされる商品の価値以上の費用がかかるので，木材は多くの場所で役に立たないものである．〔外国貿易上の〕輸送の問題が存在するからこそ，牛乳や新鮮なバターやサラダ菜や狩猟の獲物などは首府からはるかに離れた遠隔の地ではまったく価値を有さないのである」(*Idem*)．

42) Jevons [1881], p. 348. 訳80ページ．しかし，このあとジェヴォンズはカンティ

しかしながら，かくいうジェヴォンズは気づいていないが，じつはここにこそ『商業試論』のいまひとつの，そして「秘められた」意図があったのである．すなわち，ジョン・ローとかれの経済政策に対する批判であり，時の為政者たちに送る「経済政策へのメッセージ」である[43]．その意味からすれば，第8章の標題「バンク・ジェネラルの信用業務の巧緻(こうち)」は言い得て妙と考えてよいであろう．そこでつぎにエール出身の天才銀行家によるスコットランド出身の天才銀行家への批判の基礎をなす銀行論および信用論についてみていきたい．

(2) 銀行・信用論

カンティヨンは『商業試論』第III部第6～8章において「銀行」と「銀行信用の効用」を論じている．それによると，銀行とは顧客から預金を採り入れ，要求払手形もしくは銀行券を発行し，そして顧客の必要とする資金を一定の利子をとって貸し付ける機能をはたす経済主体であると定義される．イングランドの経済学者アントニー・ブリュワーはカンティヨンのいう「銀行」とその業務はいずれも今日の「商業銀行 (commercial bank) ないしリテールバンク (retail bank) の主要な機能と役割と見做されているもの」[44]であると考えている．

ヨンの銀行・信用論にはほとんど言及していない．わずかにエティエンヌ・ボノ・ド・コンディヤックが自著『商業と統治〔*Commerce et Gouvernement*〕』の執筆のさいに「貨幣流通にかんする章の論拠，ならびに他の諸章において利用された若干の所見」を『商業試論』に依拠したとのべていたと紹介しているほか，カンティヨンの金銀複本位制を論じた記述についてのコメントを評価しているだけである (Jevons [1881], pp. 349-50. 訳81-4ページ)．なお，この点については，つぎの第3章であらためて論じる所存である．

43) ジェヴォンズの論文のなかで，ジョン・ローの名が登場するのはわずかに一度だけである．曰く，「カンティヨンがこれを書いた当時には，銀行技術は未発達な状態にあったにもかかわらず，この問題に関するかれの見解はその限りにおいて正確である．また，かれは〔ジョン・〕ローの紙幣の投機によって数日のうちに数百万〔リーヴル〕の財産をつくったといわれる」(*Idem*, p. 353. 訳85ページ)．

44) Brewer [1986], p. 102. ブリュワーの指摘するとおり，カンティヨンは『商業試論』第III部第2章の「外国為替とその性質について」のなかで外国貿易にかかる

つぎに銀行信用の効用であるが，それは要するに，「銀行家ないし金匠たちは貨幣の流通に貢献」[45]するところにあり，また銀行家ないし金匠は顧客があらゆる不測の事態に備えて自らの資金を預けることにある．そしてその「不測の事態」とは「将来の土地ストックの購入のために蓄えた貨幣を自宅で保管することの面倒を避け，盗難を防ぐ」といったことなどがふくまれる．一方の顧客サイドは，銀行に預けられた自らの資金の見返りとして銀行券を受け取り，将来の支出について自らの預金を引き出すことを銀行家に伝えるというのである[46]．それゆえ，銀行家は顧客が預金を引き出すまでの期間，自らの金庫に保管することになる．しかしながら，実際にはそのすべてを保管する必要はなく，顧客の引出し要求分を保管すれば，それで十分である．残余はこれを顧客への貨幣貸出に充てることが可能となるのであるが，「通常は〔銀行家に〕預けられた金額の 10 分の 1 も金庫に保管すれば事足りる」[47]．カンティヨンは，銀行に預けられた銀 10 万オンスのうち 1 万オンス

「為替取扱業務」も銀行の重要な業務のひとつとのべている．その意味するところは，外国為替も内国為替もある地点から別の地点への顧客資金の振替を行うという点で基本的に同じであるということである．したがってカンティヨンの銀行の機能をみる場合，預金の採り入れ，手形ないし銀行券の発行，商業貸出とともに，為替取扱業務（あるいは資金振替業務）をふくめる必要があろう．ちなみに，ブリュワーはカンティヨンの外国為替に関する記述は，ジョン・ローの代表作『貨幣と商業に関する考察』におけるそれとの「近似を思わせる」(Idem, p. 98) と評しているが，それは「金融市場におけるふたりの共通する経験を映した」(Idem) にすぎないといって，ローの影響を強調するマーフィーほどにはローのカンティヨンへの影響を大きくみていない．ともあれ，マーフィーにしろ，ブリュワーにしろ，ローとカンティヨンとの間の理論的継承関係を考える点では共通している．そしていまこのような解釈がもしも可能であるとすれば，外国為替の問題は「ゴッシェン氏の有名な論文においてさえも，カンティヨンの著作における明快さと科学的正確さをもって論述されたことはなかった．〔中略〕例えば，〔『商業試論』〕第 III 部〔第 3 章〕では外国為替の投機に関する説明がみられるが，それはゴッシェン氏の賞賛すべき論文からの抜粋かと見まごうばかりである」(Jevons [1881], p. 348. 訳 79 ページ) との評価は，ローにも等しく分けあたえられてしかるべきであろう．

45) Cantillon [1755], p. 161.
46) Idem, p. 161-2.
47) Idem, p. 162. ここでは示唆するにとどめるが，カンティヨンが銀行に預け入れられた金額の「10 分の 1 も金庫に保管すれば事足りる」というとき，サー・ウィリア

を保管し，9万オンスを流通に投じる例を引いたのち，つぎのようにいっている——．

> 以上がわたしの第1に考える銀行の効用である．銀行家あるいは金匠〔銀行家〕たちは貨幣の流通を速めることに貢献する．かれらはそれぞれ自己の責任と危険とを引換えに，利子を取って貨幣を貸し出す．しかし，かれらは顧客の要求と手形の提示にさいしていつでも預金の引出しに応じるか，あるいはそのようにする義務を負う[48]．

　もっとも，顧客が自らの資金の保管者として認めるかどうかは銀行の信用力に依存する．ある銀行家たちは顧客預金をほとんど金庫に保管する必要がないかもしれないし，反対の場合もあり得る．一方，顧客の振り出す手形の信用力が高ければ高いほど，これを保有する取引のカウンターパーティーは手形を銀行に持参して換金する必要がないかもしれないが，逆のケースも考えられる．このことから，銀行家や金匠たちが顧客に利子を取って貸し付けたりしてかれらの金庫から利用可能な金額は，かれらの顧客たちの実際の資金の出入に依存する．だから，「ある銀行家たちが自らに預け入れられた預金の10分の1で顧客の支払い要求に応じているかたわら，別の銀行家たちは前者と同様の高い信用をもちながらも，〔顧客預金の〕半分または3分の1相当を金庫に保管するだけで充分とはいえない」[49] ということになる．カンティヨンはここで銀行業務が「偶発的事情」に左右されやすく，鴨の浮き寝よろしくいかに危険かつ不安定なものであるかを力説したと考えられる．それゆえ，かれはつぎのような結論が導かれるといってこの章を締めくくっている．

　　ム・ペティの，「貨幣は国民的富とその構成要素に比例するに相違ない——すなわち貨幣の額は支出（または総所得）の10分の1に相当するはずである」という一節を彷彿とさせる．この点に関する解釈は，さしあたり，Mahieu [1997] を参照されたい．
48) Cantillon [1755], p. 162.
49) *Idem.*

あるひとたちはある銀行家を信頼し，別のひとたちはまた別の銀行家を信頼する．もっとも恵まれた銀行家とは，自らの貨幣の安全かつ確実な使途をつねにさがしもとめていて，そうした使途が見出されるまでの間は利殖をもとめない富裕な貴族たちを顧客にもつ銀行家たちにほかならない[50]．

以上はもっぱら個人銀行家や金匠の信用の効用であるが，カンティヨンは『商業試論』第III部第6章後半を「国立銀行（banque nationale）」あるいは「公立銀行（banque publique）」のそれへの言及に割いている．それによると，「国立のバンク・ジェネラルは個人銀行や金匠たちよりも劣っている」といって国立銀行の効用を結論づけたのち，つづく第7章ではその効用を「別の観点」からあらためて論じている．それは何よりもまず国立銀行の個人銀行や金匠銀行家に対する優位性であり，別言すれば「ひとがつねに国立銀行に〔個人銀行や金匠銀行家よりも〕よりいっそう高い信頼を寄せる」[51]理由を考察するところにある．

のちにくわしくみるように，カンティヨンがここでいう「国立銀行」や「公立銀行」，あるいはまた「国立のバンク・ジェネラル」は，固有にはジョン・ローの冒険事業の一方の柱をなすバンク・ジェネラル（のちのバンク・ロワイヤル）のことであるが，より一般的には，11世紀のイタリアの諸都市で誕生した「公立銀行（banco pubblico）」や，16世紀から17世紀のスウェーデンやイングランドで誕生した「高度の公共的使命をもつ普遍的な」銀行――後世「中央銀行（banque central/central bank）」と称される国営または半民・半官の金融機関のことである[52]．カンティヨンの考えによると，国立

---

50) *Idem*, pp. 163-4.
51) *Idem*, p. 164.
52) 本文でのべたように，公立銀行とは固有の意味ではイタリアの諸都市国家で誕生した銀行をいうのであるが，カンティヨンにとっての公立銀行とは，オランダのアムステルダム銀行（Amsterdamsche Wisselbank），世界最古の中央銀行であるスウェーデン王立銀行（Sverges Riksbank）の前身ストックホルム銀行（Stokholms-

銀行の効用は，国家に多額の貨幣が預け入れられているので資金力とこれを基礎とする貸出業務において個別の個人銀行や金匠銀行家をはるかに上回り，しかも国立銀行での「支払が〔中略〕顧客間の口座振替によって行われるとすれば〔手形などの〕偽造の被害を受けにくくするという利点」[53]もある．そのうえさらに，国立銀行券が「広く行きわたっていれば，銀行券の〔銀行の店舗からの〕遠近にかかわらず使用される」[54]というのである．

以上を要するに，カンティヨンは国立銀行，個々の個人銀行のいずれであろうが，銀行の効用は「貨幣の流通を速めること，そして当然何度もくり返し生じる〔であろう〕貨幣不足が生起しないようにすることである」と結論を下すのである．しかし，カンティヨンの理解では，国立銀行は利点とともに欠点をもつ組織体である．かれはこの種の銀行は大国の場合には小国よりも貨幣流通の加速に貢献しないといってその理由をこのようにのべている．

---

bank)，ブリテン島のイングランド銀行（Bank of England）などと同種の機関と考えてよい．「バンク・ジェネラル（banque générale）」もまた固有の意味ではジョン・ローの提案によって1716年にフランスで設立されたバンク・ジェネラル（Banque Générale）もしくはバンク・ロワイヤル（Banque Royale）をいうのであるけれども，ラテン語の"generalis"を語源とする"général"の語義は，14世紀初頭にフランス国王フィリップ4世（美男王）と争ったボニファティウス8世の「法王は全人類を代表する」と称する有名な教書の一節にもとめられるという．要するに，バンク・ジェネラルとは，高度の公共性を帯びた普遍的銀行——すなわち全人類的銀行を意味する．カンティヨンは『商業試論』のなかで，バンク・ジェネラル，公立銀行，国立銀行をほとんど区別なく用いているが，それでもその意味するところは「公的かつ普遍的」または「公的かつ全人類的」な銀行——カンティヨンの時代は"公的"とは法王ではなく国王であったが——であり，やがて「中央銀行」と呼ばれる機関となる．ここでは"banque générale"に「一般銀行」といったおよそ適切とは思われない訳語はこれを充てなかったが，さりとてわざわざオリジナリティをだす必要もないと見付けてカナ表記の「バンク・ジェネラル」としたゆえんである．ちなみに，ロー失脚後のフランスでは，国立銀行ないし公立銀行は，財務総監時代のテュルゴーの置き土産ともいうべき割引金庫（Caisse d'Escompte）をベースに，時の執政官ナポレオン・ボナパルトが1800年に設立したフランス銀行（Banque de France）まで待たねばならなかった．なお，これらの銀行の歴史については，Dauphin-Meunier [1964] が簡便である．

53) Cantillon [1755], p. 164.
54) *Idem.*

すなわち，

　　国立銀行が大国の首府に一行のみであると仮定しよう．この銀行は地方から遠く離れているために小国の場合よりは〔貨幣〕流通を速めるという効用に貢献することがすくないであろうと考えられる．そしてもしもこの大国で貨幣が近隣諸国におけるよりも豊富に流通しているとき，国立銀行は利益よりも多くの害をもたらす．貨幣が豊富にあるという虚構や空想が実際に流通する貨幣の増大と同じ不利益を生ぜしめ，この国の土地と労働の価格を高くし，あるいはのちに反落する危険をともなって加工品と製造品の価格を高騰せしめる．しかしこのひそかな豊富さはひとたび信用不安の風が吹けば，たちまち消え失せて混乱を速めることになる[55]．

かくいうカンティヨンではあるが，大国における国立銀行の効用をまったく認めないというのではない．公債などの証券売買操作における国立銀行券の効用がそれであり，とくに公債の保有者が「投機」的売買に精通しているような場合，本来であれば膨大な貨幣（正貨）を必要とし，これを流通から引き出さなければならないとすれば，流通を速めるどころか，むしろ反対に流通を阻害することを，つぎのような興味ぶかい事例を紹介しながら説明している——．

　　ここに銀1000オンスを保有する土地所有者がいる〔と仮定しよう〕．いまかれがもし公債証券〔または公債の持ち分〕を200オンスで購入し，残余の800オンスを自身の消費に支出するとすれば，この1000オンスはつねに正貨（espèces）であらねばならないであろう．つまり，この土地所有者は800オンスの買い物をするであろうし，公債の保有者たち

---

55)　*Idem*, p. 170.

第2章　カンティヨンの経済理論と『商業試論』

は200オンスを公債証券の購入に充てるだろう．ところが，公債の保有者が投機（agio）——公債の売買操作に精通していれば，当該売買操作のための現金（argent comptant）をまったく必要としない．銀行券で十分である．もしも〔公債保有者たちが〕公債の売買操作に用いる正貨を流通から引き出さなければならないとすれば，莫大な金額にのぼるであろうし，そうなればしばしば流通を阻害するであろう．そのような場合にはこの種の証券〔公債〕の売り買いはそれほど頻繁には行われない可能性がある[56]．

カンティヨンがここでいわんとすることは，公債の「源泉，あるいは銀行に預けられた〔中略〕貨幣」[57]のことである．それはまた，例えば，証券の保有者が何らかの取引に少額の売買のための貨幣を必要とする以外はめったに引き出されないものであり，ために銀行は自らの発行する「銀行券の4分の1ないし6分の1見当の貨幣をしか自らの金庫に保管しない」ということになる．だから，カンティヨンはいうのである．すなわち，「もしも銀行が〔公債〕を保有しなければ，この銀行は通常の流通過程において，個人銀行の預金引出し要求に応じるために手元に現金の半分を保管しなくてはならないであろう」[58]．このことから，かれが「ある国がまったく負債のない状態にあり，かつ証券〔公債〕売買の必要がないような場合には，〔国立〕銀行の助けを要しない」というのは正しいであろう．別のパラグラフから引用すれば以下のとおりであるが，それはまた，カンティヨンのこの章での結論でもある．かれはいう——．

　　公立銀行，個人銀行を問わず銀行の手形や信用は，衣料品や食料品など家族の生活必需品のための通常の支出と無関係なところで驚異的な効果

---

56)　*Idem.*
57)　*Idem.*
58)　*Idem.*

を発揮する可能性がある．しかし，通常の流通過程にあっては銀行やその提供する信用の助けは一般的に考えられているよりもはるかに重要度が低く，そして安全でもない．流通の鍵（nerf de la circulation）を握るのは銀〔あるいは正貨〕だけである[59]．

(3) 経済政策へのメッセージまたはロー・システム批判

みられるとおり，カンティヨンは銀行とその信用の効用を認めてはいるものの，それはあくまでも限定された範囲内での，いわば「例外的状況」を想定してのことであった．こと国立銀行の場合がそうであり，この種の銀行を設立した国では混乱の原因となるとまでいい切った．『商業試論』第III部最終の第8章は国立銀行を設立して紙幣を発行した経済政策の問題点を検証することに割かれているといっても誇張ではない．

すでにみたように，カンティヨンにとって，国立銀行が紙幣発行によって貨幣を追加供給して貨幣不足を感じさせないようにしたとしても，それは「流通貨幣が実際に増加する」のとは別問題である——つまり貨幣が豊富にあるというのは「虚構」であり，「空想」でしかなかった．前段の第7章におけるカンティヨンのつぎの記述はその端的なあらわれであろう．かれはいう——．

> 1720年には，公債（capitaux des fonds publics）と南海会社（Mer du Sud）の株券〔の価額〕は8億ポンド・スターリングにのぼった．〔中略〕莫大な富をもっているという考えがひとびとの支出を増大させ，かれらに外国製の調度品や亜麻布や絹製品を購入させるやいなや，これらの商品の支出——わたしのいう趣向の出費——のために現金が必要となり，ために〔貨幣を追加供給するという虚構の〕システムがいっきに粉々に砕け散ったのである[60]．

---

59) *Idem*, p. 171.
60) *Idem*.

カンティヨンはこれと同様の趣旨のことをつづく第 8 章でつぎのように記している．すなわち，

> イングランドの国立銀行〔であるイングランド銀行〕はきわめて堅実な組織であるにもかかわらず，預金取付け騒動が起こり，銀行券の所有者たちはかれらの預金を引き出すべく大挙して銀行に押しかけたのが目撃された．1720 年の南海会社（Mer du Sud）の崩壊時にも同じことが起きた[61]．

これらはともに銀行信用が貨幣流通を速め，実質的に貨幣を追加供給することが可能であっても，それはあくまでも限定的，一定の範囲内のことであるという，カンティヨンの持論のくり返しのように思われるが，決してそうではない．実際にもカンティヨンはつぎのようにのべている――．

> なるほど〔イングランドの国立〕銀行は大臣と前もってひそかに話し合い，その操作に慎重を期すならば，当該大臣の思惑どおりに公債の価格を高値につり上げてこれを維持し，かつ国内の利子率を低下させることが可能であろう．またそうすることによって，公債を償還することもできる．しかるに，そうした巧妙な操作は個人の莫大な資産を築く道を開くことにもなっても，国家の利益のために用いられることはごくまれにしか起こらないし，このような操作に関与する人間たちの多くは堕落してしまうのである[62]．

カンティヨンはここではイングランドの経験を論じている風を装っているものの，「銀行」をバンク・ジェネラルに，また「大臣」という言葉を時の財務総監ジョン・ローに置き換えて読むことができるし，むしろそう読むほ

---

61) *Idem*, pp. 171-2.
62) *Idem*, p. 172.

うが自然であろう．もちろんだからといって，ローが「個人の莫大な資産を築く」べく冒険事業を立案・指揮したといっては公平を欠くことになろう[63]．それにまた，カンティヨンは銀行券の発行がつねに流通を攪乱するといっているわけでもない．なぜなら，銀行券は公債売買の例に示されるように，「衣料品や食料品など家庭の生活必需品のための通常の支出と無関係なところで驚異的な効果を発揮」する可能性がはるかに高いからである．

　ともあれいずれにしても，『商業試論』第 III 部の最終章におけるこのパラグラフこそ，カンティヨンのジョン・ローとかれの経済政策批判である．アントイン・E. マーフィーが的確に指摘したように『商業試論』の稿を最終的に完成させるきっかけは，直接的にはローの冒険事業がらみの裁判沙汰へのカンティヨンの弁明のためであったかもしれない．そしてかれの経済理論とそこから導かれた経済政策のメッセージは，ロベール・ルグランのいう「ローの対極」をなすものとみることができる[64]．しかし，はたしてそうで

---

63)　アントイン・E. マーフィーによると，ジョン・ローは晩年（1727 年ころ），ロー・システムと称される自らの政策を回想してつぎのようにいったとされる──．「わたしの直面したのがもしも貨幣（金融）危機だけであったならば，その解決策は容易であったろう．しかしながら，フランス王国がかつての繁栄をとりもどすことを可能にするならば，わたしは貨幣危機と財政危機の双方に立ち向かわなければならなかった」（Murphy [2009 a], pp. 62-3）．この言葉は，バンク・ジェネラルの設立されるほぼ半年前の 1715 年末，ローがかれの理解者でもあり保護者でもあったオルレアン公フィリップ 2 世にいったという「わたしが職務にはげめばはげむほど，わたし〔とわたしの計画〕に反対する人間たちがふえるでありましょう」（*John Law : Œuvres complètes* (éd. Paul Harsin, Paris, Librairie du Recueil Sirey, 1934 ; reprint, Vaduz/Liechtenstein, Topos Verlag AG, 1980), tome 2, p. 268.）のくだりに端的にあらわされているように，経済政策が政治改革と密接不可分の関係にあり，したがってまたかれが改革を進めれば──その手法のよい悪いはともかくとして──進めるほど，これをこのましく思わないかれの政敵たち──パリス兄弟をはじめとする有力徴税請負人，大商人，大貴族，大土地所有者など──が行く手に立ちはだかり，やがてはかれらとの政治権力闘争の深みにはまり込んでいくことが避けられないということであったのかもしれない．それというのも，「ジョン・ローの冒険」とは，とどの詰まり，この国の政治・経済・社会システムを根底から変革する"フランス革命"の実験であったからでもある．なお，以上に関しては，中川 [2011]（とくに第 1 部第 1 章「ジョン・ローの生涯」）も参照されたい．

64)　くわしくは次章にゆずらざるを得ないが，カンティヨンの研究のパイオニアであ

あったとしても,『商業試論』のなかで展開されたかれの経済理論と分析の方法は,そのすべてというわけではないにしても,経済学の歴史を大きく前進させたことに変わりなく高く評価されねばならないであろう.同世代の人間たちだけでなく後世の経済学研究者ジェヴォンズのいわゆる「経済学の揺籃」も,そのような意味で理解される必要があると考えられる.

るロベール・ルグランによると,ローが『貨幣と商業に関する考察』のなかで銀行信用論の出発点を「可能な限り貨幣を増加する」手段としたところに,カンティヨンの銀行・信用論との際立ったコントラストを認めることができるという (Legrand [1900], p. 151).ちなみち,ブリュワーはルグランの著作を参照していないけれども,かれと同じ結論を導いている.ブリュワーのこの点に関する解釈については,さしあたり,Brewer [1986], p. 104 を参照されたい.また,中川 [2011] の第2部第6章「ジョン・ローの銀行・信用論研究」もあわせて参照されたい.

第3章
『商業試論』の諸問題

　前章では，リシャール・カンティヨンの現存する限り唯一の著作『商業一般の本性に関する試論』（以下，『商業試論』と略記）をもとにその経済理論と分析方法についてみてきた．土地を生産の唯一の制約条件とする体系的かつ包括的理論分析は，近代経済学の対象である市場経済の本質の理論的分析とその理解を可能とするものである．『商業試論』は，ウィリアム・スタンレー・ジェヴォンズが自らの論文「リシャール・カンティヨンと経済学の国籍」のなかでいう「経済学の揺籃」の名に恥じない古典的名著といわなくてはならない．あるいはまた，アントニー・ブリュワーのいわゆる「経済理論のパイオニア（Pioneer of Economic Theory）」といい換えることもできよう．
　もっとも，カンティヨンが「経済学の揺籃」，「経済理論のパイオニア」であるといっても，その立ち入った理解や解釈となると経済思想史や経済学史の研究者の間で異なり，しかも解釈自体が時代とともに変化してきた．その一半の理由はカンティヨン自身に帰すものであり，『商業試論』がいかに優れた著作であろうと，そこになおさまざまの問題点を見出さざるを得ない．そしてそれらの問題点が遠因となって，後世の経済学の研究者にカンティヨンの経済理論に異なる解釈をさせたと考えられる．本章では以下，カンティヨンの『商業試論』における問題点を検討することによって，かれの経済理論の意義と限界を明らかにする．それはまたカンティヨンの経済学史上の，あるいはまた経済学の古典形成への貢献と意義をあらためて問う前提的な作業でもある．

1. 価値・価格論の問題

　カンティヨンの価値・価格理論は，かれの経済理論のなかでもっとも注目すべきものである．ウィリアム・スタンレー・ジェヴォンズもカンティヨンの価値・価格論を高く評価していることはすでにみたとおりであるが，遡れば，ヴァンサン・ド・グルネーやフランソワ・ケネーの協力者たちによって『商業試論』の草稿をミラボー侯爵から借り受けて読まれていた時代から，カンティヨンの価値論に関心を抱く人間がすくなくなかった[1]．

　それというのも，価値論が商業社会あるいは市場経済の規範である価格論の基礎をなし，しかも価値論が富の源泉と相互に密接不可分の関係にあるとする論理に，カンティヨンの価値論や価格論の際だった特徴を認めることができるからである．19世紀さらに20世紀と時代が下るにつれて，カンティヨンの価値論の評価はしだいに高くなった．なかでも，ジョゼフ・J.スペングラーは1952年に発表した「カンティヨン──経済学者(エコノミスト)・人口学者(Cantillon: l'économiste et le démographe)」と題する論文でカンティヨンの経済学研究の進展への貢献は多岐多端にわたるとしながらも，その最大のものは「価格メカニズムの働き（workings of the price mechanism）」にあるとまでいい切っている[2]．この論文は初期のカンティヨン研究のなかにあって秀逸といわれるが，いまスペングラーの所説にもとづいてカンティヨンの価

---

[1] 例えば，ジャン=クロード・ペロは「カンティヨン〔の草稿〕の読み方はさまざまであったが，〔アンヌ・ロベール・ジャック・〕テュルゴー，〔アンドレ・〕モルレ，〔フランソワ・ヴェロン・ド・〕フォルボネ，〔ルイ=ジョゼフ・〕プリュマール・ド・ダンジュールなどのヴァンサン・ド・グルネーの門弟(ディシブル)たちは価値論，利子率，貿易収支に興味を抱いた」(Perrot [1992], p. 165) とのべているが，テュルゴーはその筆頭であったかもしれない．かれの「基本価値」論がカンティヨンの「内在価値」論に着想をえたものであることは，周知の事実である．この点については，中川 [2013b] を参照されたい．

[2] Spengler [1952], p. XLIX. スペングラーの所説については，中川 [2006/2007] もあわせて参照されたい．

値・価格論の要点を整理すればつぎの3点に要約することができる．

① カンティヨンはリスクの重要性や土地（不動産）以外の資本の存在を認めていたとしても，土地と労働のみを生産要素として認識していた．ここから導かれる結論は，物の内在価値はその生産に入り込む土地と労働であり，これに土地の豊度と労働の質が考慮される，
② 物の市場価値ないし価格は内在価値以上または以下にも変動する．市場価値は生産費ではなく，市場状況の変化に影響された需要と供給を映しているからにほかならない．そして，
③ 市場，あるいはまた現代の経済用語でいう価格システムは，労働者の空間的（地域的）かつ業種上の移動——ひいては社会的諸資源の（再）配分を容易にする[3]．

スペングラーが①で指摘している点は，サー・ウィリアム・ペティに倣って富の源泉を「土地と労働」（『商業試論』第Ⅰ部第1, 10章）にもとめ，土地と労働に物の価値形成の決定をゆだねていることである．そして土地の価値と労働の価値とが「等価」（同第11章）であるという点でもペティを踏襲しているところにある．例えば，カンティヨンはつぎのようにいっている．すなわち，

> ペティ卿は1685年の小さな手書きの草稿（マニュスクリプト）のなかで，土地と労働の等式において両者が等価であるということを政治算術上もっとも重要な問題と見做している[4]．

---

3) Spengler [1952], p. XLIX.
4) Cantillon [1755], p. 25. なお，INED版『商業試論』の編集者によると，カンティヨンのいう「ペティ卿の1685年の小さな手書きの草稿」とは1691年刊行の『アイルランドの政治解剖（*Political Anatomy of Ireland*）』である．

もっとも，カンティヨンの議論はここで終わり，土地の価値と労働の価値の「原因や原理」に踏み込んで研究しているわけではない[5]．すなわち，カンティヨンは，農業労働者の労働をその労働者の消費する土地生産物と等しいものと見做して，土地の生産物の価値を労働に還元したのであろう．それでは労働の価値とは何か，その生産物に投入された労働（量）なのか，あるいは自己の労働によって土地生産物をどれだけ支配できるか——という価値の「原因とその原理」をかれ自ら究明したのかというと，そうではない．

　それどころか，カンティヨンは「日々の労働の価値（la valeur du travail journalier）は土地生産物とある関係を有している．そしてある物の内在価値はその生産に用いられる土地の量と土地に結び付けられた労働の量とによって尺度することが可能である」[6]といって，商品の「内在価値」を単なる「生産費（coût de production）」へと話をすり替えているのである．そのうえしかも，「物と物の交換において諸価値の比率を見出すのは銀または貨幣であり，それこそが土地と労働とが等価であることを判断するための〔中略〕もっとも確実な尺度である」[7]と本末顛倒もはなはだしい結論に至るのであ

---

5) Cantillon [1755], p. 25. この文章のすぐあとで，カンティヨンは「この研究は〔ペティが〕ついでにふれただけ」で「原因や原則にではなく，ただ結果にのみ取り組んだ」といってペティを批判している．そうとはいえ，かくいうカンティヨンであるが，本文でみるように，かれがペティを超える理論を提示しているとは考えられない．もっとも，ジェヴォンズはかれの論文のなかで違った見方をしている．かれはいう．一国の土地と労働という言葉は「その後にあらわれたほとんどいかなる論文よりも公平に，生産の二要素間の平衡を保っているのである．〔フランソワ・〕ケネーは〔中略〕カンティヨンのある見解に不当な重要性をあたえ，土地のみに依存するまったく一面的な経済学の体系をつくったのである．スミスは，他の方向に進んでしまい，『諸国民の年々の労働』をば，生活のあらゆる必需品と便益品を各国民に供給する資源としたのである．カンティヨンこそは，これを適切に解釈するならば，おそらくいままでのところではもっとも正確な所説であろう」（Jevons [1881], pp. 342-3. 訳 73 ページ）．

6) Cantillon [1755], p. 24.

7) Idem, p. 25. 櫻井毅がその著書『資本主義の農業的発展と経済学』において，カンティヨンの「ペティ卿は 1685 年の小さな手書きの草稿（マニュスクリプト）のなかで，土地と労働の等式において両者が等価であるということを政治算術上もっとも重要な問題と見做している．だが，かれの研究は事のついでにふれたにすぎず，不可解かつ自然の諸法則から

る．

　この点は重要である．それというのも，カンティヨンの土地価値説あるいはこれを労働に還元した労働価値説——それがはたして等価労働価値説であるのか，それとも支配労働価値説であるかはさて措くにしても——は，フランソワ・ケネーの価値論を「名目的（nominatif）」主観価値説と見付けたフィリップ・ステーネルやジルベール・ファッカレロらの説が正しいとすれば，これに倣ってカンティヨンの価値論を「名目的」客観価値説と特徴づけることができるからである[8]．カンティヨンの問題関心はあくまでも商品の「内

もかけ離れたものである」（Cantillon［1755］, p. 25）のパラグラフについて，これは「明らかにペティ批判である．ただ，カンティヨンの批判にもかかわらずペティを超える視点を彼〔カンティヨン〕自身が示しているとは見えないが，ただカンティヨンは労働者の労働をその労働者が消費する土地の生産物と等価のものとして，事実上，土地生産物の価値に労働を還元しているように見える」（櫻井［2009］，192ページ）とのべていることは正しいであろう．しかも，カンティヨンの「物と物の交換において諸価値の比率を見出すのは銀または貨幣であり，それこそが土地と労働とが等価であることを判断するための〔中略〕もっとも確実な尺度である」のくだりに至っては，「論理を逆転させた方向に進むのであって，これでは最終的な解決に程遠いことは改めていうまでもないであろう」（同上）という点についても，筆者は同感である．

8）ケネーは未発表の論文「人間（Hommes）」論のなかでさまざまの財が富となるのは人間の欲求に比例してであり，しかもその比例によって財の価値が変化する．そして人間の欲求が最終的に商品の価格を，したがってまた金銭的価値（valeur vénales）——ケネーの場合，市場価格と同義——を決定するといっている（Quesnay［1757］, p. 272 et suivre）．ケネーは富とその価値の源泉を土地にもとめる価値観の持ち主ではなかった．その意味からすれば，ケネーとかれの信奉者たちは主観価値論者——すくなくとも主観価値説の萌芽を見て取った——と考えられているのであるが，フィリップ・ステーネルやジルベール・ファッカレロらの主張するように，かれの思想的背景には，啓蒙主義思想家・哲学者のエティエンヌ・ボノ・ド・コンディヤックらの主張の影響が一定程度あったといえるかもしれない（Steiner［1992］, pp. 230-4；Faccarello et Cot［1992］, p. 254．なお，山川［19--］，315-8ページも参照のこと）．見方を変えると，ケネーの思想形成に時の啓蒙思想なり感覚的認識論が一定程度影響していたことを認めることができるということである．イタリアの経済学者アレッサンドロ・ロンカッリアは自著『発想の宝庫——経済思想史（Wealth of Ideas : A History of Economic Thought）』のなかで「多くの点でケネーよりはアダム・スミスに近い」といったテュルゴーを「啓蒙思想の申し子」であり，「啓蒙思想の経済学者」と考えることができるといっている（Roncaglia［2006］, p. 106）．はたしてそのように考えられるとするならば，アメリカの歴史家リアーナ・ヴァーディが自著『フィジオクラート派と啓蒙思想の世界（The Physiocrats and the World of the Enlighten-

在価値」したがってまた商品の生産に要する土地と労働の量であり、しかも両者は等しく尺度されるということにほかならない。かれにとっての土地の価値と労働の価値はともに「名目的土地価値」論であり、「名目的労働価値」論でしかないといわなくてはならない。それゆえ、アントニー・ブリュワーが単純な投入―産出モデルを用いてカンティヨンの土地価値論の「検証」を試みたものの成功しなかった一半の理由もここにある[9]。

だが、カンティヨンの価値論の問題はそれにとどまらない。かれは『商業試論』第Ⅰ部第10章において、内在価値とは「〔諸商品の〕生産に入り込む土地と労働の量の大きさ」であり、「これらに土地の豊度あるいは労働の質が加味される」[10]とのべていた。もしカンティヨンのいうことが正しいとすれば、「土地の豊度あるいは労働の質」はこれをどのように評価すればよいのであろうか、あるいはまた評価することができるのであろうか。それというのも、カンティヨン流の価値論における諸商品の生産に入り込む「土地と労働の量の大きさ」は、アダム・スミスやデイヴィッド・リカードゥ、さらにはカール・マルクスらの主張した労働時間や労働の支配量によって計量可能となるであろうし、実際、そこではもっぱら計量可能なものをベースにしており、土地の豊度や労働の質が実質的にはふくまれていないことは確実である。

以上のことは、「実際には多くの商品は内在価値を有していながら、市場

---

ment)』でケネーらの思想はそのユニークさのあまり啓蒙思想と切り離して独自性ばかりが強調されてきたことは正しくなく、「啓蒙思想の世界」と関連づけてあらためて評価する必要があるというのは、あながち間違いとはいえまい。ケネーとフィジオクラート派の思想が、一方で特異性を持っていたことを認めるにしても、他方同時に思想としての普遍性を追求していたからこそ、のちにアダム・スミスやカール・マルクス、さらにアレクシス・ド・トックビルからミシェル・フーコーに至るまで広く支持されたのである。以上、ヴァーディの所説については、Vardi [2012], pp. 1-20 を参照されたい。

9) この点については、Brewer [1986; 1987; 1988a] を参照されたい。ちなみに、客観価値説に批判的なピーター・C. ドゥーリーは、カンティヨンの土地（または労働）価値論の不十分性を指摘している（Dooley [2005b] 参照）。

10) Cantillon [1755], p. 17.

ではその価値どおりには販売されないこともたびたびあり得る．これはひとびと〔土地所有者など〕の気分や気紛れや嗜好そして消費行動に依存する」[11]というカンティヨンの記述を念頭に置いて考えるとよりいっそう問題である．かれがここでいう市場での諸商品の価格ないし内在価値は，要するに，需要と供給によって決定されるということであって，スペングラーもこのことを「価格メカニズムの働き」を採り入れたものとして高く評価している．それだからこそ，商品の内在価値はその供給サイドだけでなく需要サイドの評価が問題となるのであるが，カンティヨンはこの点についてはまったく言及していない．経済主体は，たとえそれが君主や土地所有者といわず，労働者・職人といわず，多様な欲求や欲望の充足をもとめて自らの欲する商品を売ったり買ったりする．そのさい，需要サイドまたは消費者は商品のもつ（実用的な）使用価値，したがってまた「意向や嗜好や生活様式」，あるいは商品の直接的な「効用」のほか，「希少性」や「卓越性」などの要素を加味して商品の購入を決定することになる．これらは「客観的」に計量可能な土地や労働の量とは異なり，「主観的」なものであるから，直接的な効用とは異なるロジック，評価や計測を必要とするはずである．

　このような商品価値の「主観的」評価に実際に取り組んだのは，エティエンヌ・ボノ・ド・コンディヤック神父，フェルディナンド・ガリアーニ神父，ジャン=ジョゼフ=ルイ・グラスラン，そしてアンヌ・ロベール・ジャック・テュルゴーであった[12]．たしかにカンティヨンの内在価値論に強く惹かれたテュルゴーではあったが，カンティヨンとは違って，現代の効用価値学説に近い心理経済価値説ないし感覚的経済価値説を拠り所としつつ「基本価値（valeur fondamentale）」論，「基本価格（prix fondamental）」論を構築したことは，周知のことに属する[13]．もちろん，カンティヨンとテュルゴーとの相

---

11) *Idem.*
12) Jessua [1991], Faccarello et Cot [1992]; Perrot [1992]
13) テュルゴーの価値論については，Turgot [1753-1754a, 1759; 1766b; 1767a: 1767b; 1767d; 1769] を参照されたい．またその研究として，Faccarello et Cot [1992]; Ravix et Romani [1997] を参照されたい．なお，邦語研究としては，さし

違については，馬場敬之助のように，テュルゴーの「主観性」を重視する価値論を，シャルル・ジードおよびシャルル・リストの『経済学説史』に倣って，究極的には，人間の欲求する対象の「獲得のために投入される時間や犠牲や苦痛によって計られるのだから，労働価値であるとも見られる」[14]と考えられるとすれば話は至極簡単であるかもしれない．しかしながらこれは，いわゆる効用関数を導出するために人間の欲求を一面化した捉え方であって，このような考え方が今日では行動経済学（Behavioral Economics）の研究者たちから批判の集中砲火を浴びていることもまたつとに知られるところである[15][16]．

ここで思い出されるのが，テレンス・ウィルモット・ハチソンの言葉である．カンティヨンの内在価値論は，一方ではテュルゴー，のちにジャン=バティスト・セーやレオン・ヴァルラスらによって，また一方ではスミス，リ

あたり，手塚［1933］；中川［2013a］などを参照されたい．
14) 馬場［1958］，77-8ページ．なお，ここでのジード＝リストの『経済学説の歴史』からの引用は1926年版による．
15) 行動経済学の理論的見解については，Wilkinson［2007］を参考にした．
16) 比喩的ではあるが，スロヴェニア出身のラカン派精神分析家・哲学者のスラヴォイ・ジジェックが『初めは悲劇，二度目は笑劇（*Après la tragédie, la farce!*）』（邦題『ポストモダンの共産主義』）のなかでいうことは示唆にとむ．すなわち，「われわれが商品を買うのは，そもそも利便性のためでも，地位の象徴としてでもない．商品が提供する経験を得るため，生活を楽しく有意義なものにするためだ．これら三組の関係性から，〔精神分析家・哲学者のジャック・〕ラカンの三つの『界』がいやおうなく連想される．〈現実界〉としての直接の効用（おいしくて健康にもよい食品，自動車の品質，など），〈象徴界〉としての地位（特定の車種を買うことで自分の地位を示す――ソースティン・ヴェブレンの視点），〈想像界〉としての楽しく有意義な経験，である．／ポール・ヴァーホーヴェン監督のディストピア映画『トータル・リコール（*Total Recall*）』には，脳に理想の休日の記憶を埋めこむサービスが登場する．もはや実際にべつの場所へ旅行するまでもない，旅の記憶を買うだけのほうが，はるかに実用的なうえに安くてすむというわけだ」（Žižek［2011］, p. 85. 訳92-3ページ．ただし引用は邦訳と同じではない）．ジジェックの言い分に即していえば，数量分析の対象，したがってまた効用関数として導出できるとすれば，それは「〈現実界〉としての直接の効用」のみであって，対する「〈象徴界〉としての地位」や「〈想像界〉としての楽しく有意義な経験」は数量化が不可能とはいえないまでも，「直接の効用」とは異なるアプローチが必要となるであろうことはたしかであろう．なお，この点については，つぎの脚注17もあわせて参照されたい．

カードゥ，マルクスらによって継承された．前者は主観価値説の一種である感覚的経済価値説ないし心理経済価値説の形成と発展に，後者は労働価値説のそれに通じているが，ハチソンは「テュルゴーとスミス（Turgot and Smith）」と題する論文のなかでテュルゴーを「新古典派の先駆者」と見做し，価値論におけるテュルゴーのスミスに対する優位性を強調している[17)18)]．

以上みてきたように，カンティヨンの価値・価格論には問題がすくなくないが，かれが一商品の価格ないし市場価値は内在価値以下にも以上にも変動する理由について，市場価値は単なる生産費ではなく，市場状況の変化に影響された需要と供給の比率を映したものとして「価格メカニズムの働き」を解き明かしたことは，ジョゼフ・J. スペングラーならずとも，評価すべきであろう．そしてカンティヨンの価格メカニズムがそのようなものとして評価される最大のポイントこそ，ジェヴォンズが一顧だにしなかった「企業

---

17) この点に関して，さしあたり，Hutchison [1982; 1988] を参照されたい．このほかにも，Jessua [1991]; Faccarello et Cot [1992] も参照されたい．なお，わが国でも手塚壽郎が戦間期の1933年に発表した「心理的經濟價值說の歷史的硏究の一節——チュルゴーの Valeurs et monnaies の想源に就いて」において，テュルゴーの心理経済価値説を18世紀の「頂点」といって高く評価している（テュルゴーの価値論については，Turgot [1753-1754a; 1766b; 1767b: 1767d; 1769] を参照されたい）．これらに対して，馬場と同様にマーシャリアンのピーター・D. グレーネヴェーゲンは，テュルゴーの心理経済価値説の根幹をなす「有用性 (bonté)」について，「効用」のほかに「保蔵性」や「希少性」などをふくむ概念であること，またヴァルラスと異なり「効用を保有される商品の数量の関数」と見做していないなどの理由から，テュルゴーが「新古典派の先駆者」とする解釈に異を唱えている．グレーネヴェーゲンによると，テュルゴーの学説はマーシャル実質費用説 (real cost theory) の原初形態」(Groenewegen [1970], p. 125) にすぎないという．

18) スペングラーは「スミスおよび彼の後継者である古典派，新古典派はともに，ガリアーニの〔主観価値〕学説よりもむしろ〔中略〕カンティヨン〔の客観価値説〕を受け容れた」(Spengler [1952], p. XLIX) といっている．ただスミスの労働価値説には投下労働価値説と支配労働価値説の両面がある．これに対して，リカードゥはスミス学説を前者の投下労働価値説によって首尾一貫させ，さらにマルクスがリカードゥを批判的に継承してかれ独自の労働価値説（剰余価値学説）を大著『資本論』において展開している．その一方で，ジョン・スチュアート・ミルのように，主観価値説，客観価値説のいずれにも属さない研究者も散見される．

　以上の点についてくわしくは櫻井 [1988] を参照されたい．

者」の概念であった[19].

そこでつぎに，カンティヨンの企業者の定義とその問題点についてみていくことにしたい．

2. 企業者論の問題

本章の前節でみたジョゼフ・J. スペングラーのいわゆる「カンティヨンはリスクの重要性や土地（不動産）以外の資本の存在」云々のくだりのうち，「リスクの重要性」とは『商業試論』第Ⅰ部第13章の表題「ヨーロッパでは諸物および諸商品の生産と同じように，その流通および交換はすべて自ら危険を冒す企業者たちの仲介によって行われる」を意識したものであることは，見やすい事実である．そして，カンティヨンの価格メカニズム論において企業者は決定的な機能と役割を演じることになる．すなわち，カンティヨンの価値・価格理論は商品の価格ないし内在価値の決定を一時接近であるとすれば，二次接近として内在価値と市場価格との乖離そしてその乖離の調整者としての企業者の機能や役割を分析するという構成になっていると考えられる．

アメリカのシカゴ大学でひさしく教鞭を執ったバート・F. ホゼリッツが1951年に発表した論文「企業者論初期史（The early history of entrepreneurial theory）」によれば，経済学の世界に企業者概念をいち早く採り入れた人

---

19) ジェヴォンズは前掲論文で「価格の絶えざる変動〔または上昇・下落〕は，供給を需要に順応させることが不可能なために起こり得る．要するに，これらの〔『商業試論』第Ⅰ部第1章における〕わずか数ページには，ただ単に費用価格すなわち故〔ジョン・エリオット・〕ケアンズ教授のいわゆる正常価格と対照的な市場価格の全教義がふくまれるばかりでなく，〔デイヴィッド・リカードゥ〕や〔ジェイムズ・〕ミルやその他のひとびとが無視してしまった問題に関してもそれとなく言及されている」(Jevons [1881], p.345. 訳75ページ) とのべている．ジェヴォンズの言葉にいまはあえて異を挟まないけれども，しかしカンティヨンがつづく同第13章においていう「ヨーロッパでは諸物および諸商品の生産と同じように，その流通および交換は自ら危険を冒す企業者たちによって行われる」は，ジェヴォンズによって完全に無視されてしまった．なお，この点については，Higgs [1897; 1931] もあわせて参照されたい．

物は，別人ならず，リシャール・カンティヨンであった[20]．だが，それにもかかわらず20世紀がなかばにさしかかる時分まで，経済学者の多くにあって，ジャン＝バティスト・セーによって考案された概念であると信じて疑われることがなかった——悪くいえば，"ふたりのシャルル"すなわち，ジード＝リストによってそのように信じ込まされていたのである[21]．そして，カンティヨンこそが企業者の生みの親として認められるという——いわばコペルニクス的転回によって経済学史の世界に大混乱をもたらした張本人たちはまたしても"ふたりのシャルル"であった[22]．

---

20) Hoselitz [1951], p. 193.
21) Idem. 企業者という言葉はかなりふるくから用いられており，その起源は15, 6世紀にまで遡るといわれる．アントイン・E. マーフィーによると，18世紀にはカンティヨンだけでなく，例えばかれのライバルのジョン・ローが1706年に作成したといわれる貨幣を論じた小稿（Mémoire touchant les monoies [monnaies]）のなかでも "entrepreneur" というタームが登場する（Murphy [2009a], p. 59）．もちろん，ローはこれを理論的に論じたものとはいいがたい．その意味からすれば，ホゼリッツが「わたしの調査の限りでは，カンティヨン以前に企業者理論が存在したという証拠はまったく発見できなかった」（Hoselitz [1951], p. 191）というのは間違いではないであろう．
22) Idem. ホゼリッツがここでいっているのは，シャルル・ジードおよびシャルル・リストの共著『経済学説史』であり，1909年にその初版が発行されてから版を重ねて10数年が経過して第7版がお目見えしてはじめてカンティヨンが経済学の論文で企業者論を論じた人物であることを認めた．同書は当時もっともポピュラーで広汎な読者を獲得したテキストのひとつであり，わが国のすくなからぬ研究者も本書を参照していた．しかし現在ではほとんど顧みられることはない．それはこういうことである．例えば，わが国の経済学史家・杉本栄一がその著書『近代経済学史』のなかで提起した3つの「経済学史の類型」のひとつ——「過去の時代に属する経済学者たちを，学派別または国別に，ほぼ年代順に並べて，かれらの生涯を語り，その重要な著書および執筆された時期や出版された年，諸種の版本の異同などを考察し，進んでは，その内容を概説するといった型」こそ，ジード＝リストの共著に相当するものであった．それは，ドイツの哲学者ゲオルク・ヴィルヘルム・フリードリヒ・ヘーゲルが「阿呆の陳列室」と呼ばわり忌み嫌った型とほぼ同じものであり，そこには「歴史を見透かす判断基準そのものが欠落している」と評価している．これに関連して，櫻井毅が『経済学史研究の課題』のなかで，ジード＝リストの著作にそうした判断基準が「ないとはいえないが，希薄であるとはいえるだろう」（櫻井 [2004], 4-5, 8ページ）とコメントしている．なお，セーと企業者理論との関連については，さしあたり，Goglio [2003]; Hollander [2005] を参照されたい．

もちろん，だからといって問題がこれで解決したというわけではない．その後もカンティヨンの企業者論は正当に評価されなかった．とりわけイングランドでは，「カンティヨン（再）発見」にあずかる功の大であったウィリアム・スタンレー・ジェヴォンズや英語版『商業試論』の出版などカンティヨン研究に尽力したヘンリー・ヒッグズに象徴されるように，企業者論は完全に無視された．ホゼリッツによると，その理由はさしあたり「企業者」というタームにあったという．すなわち，カンティヨンのいわゆる「企業者」がフランス語であり，その来歴を調べれば15，6世紀にまで遡り，大略つぎのような意味で用いられていた——．①修道院の尼僧のように何か浄なることをなす人間，②軍人など暴力的（あるいは生命の危険を賭した）行為を旨とする人間，③国王や教会関係者のための公共的土木建設工事を請け負う人間（請負業者）——英語の"undertaker"に相当——などである．ところが17世紀に入ると，③の公共事業などの事業の請負業者の語義で用いられることが多くなり，さらにカンティヨンの生きた17世紀末から18世紀になるとそうした用法が定着したようである[23]．

かたやドーバー海峡の対岸のブリテン島でも，17世紀から18世紀の初頭にかけてフランス語の"entrepreneur"に相当する言葉が存在していたという．この島ではそのような人間たちを当時"undertaker"と呼ばわったようであるが，その用法は15世紀以降の"merchant adventurer"にもとめることができ，やがてそれが転じて"merchant banker"として流通するよ

---

23) Hoselitz [1951], pp. 194-200. ホゼリッツは「公共事業請負業者」という意味に転じる最終段階として，ベルナール・F. ド・ベリドールの『技師論（*La science des ingénieurs*）』が1729年に刊行されたことをあげている．ベリドールの著書はさまざまの公共事業における「企業者（公共事業請負業者）」の役割とその「土木技師」との関連を論じたもので，当時もっとも権威あるテキストと考えられていた．その功もあって，1716年にルイ15世摂政オルレアン公フィリップ2世が，ジャン=バティスト・コルベール時代の公共業者団体を改組して創設した公共事業技師団体（Corps des ingénieurs des ponts et chassées）をベースに，1747年に土木技師養成機関——のちに高等土木学校（Ecole des Ponts et Chassés）と命名，現在の国立土木大学校（Ecole Nationale des Ponts et Chassées）の前身——が設立されており，ベリドールは最高責任者に就任している．

うになったと伝えられる．しかしそのいずれのタームであろうと，フランスと同様に，「請負業者」という語義を共有しており，公共事業や農業灌漑事業，投機などに携わる人間たちという意味をもっていたといってよい[24]．もっとも，隣国フランスとは違って，イングランドでは"undertaker"というタームはきわめて限られた範囲でしか用いられず，しかもフランスでは公共請負業者が「公式用法」であったのに対して，あくまでも「非公式用法」であり，時を経るにしたがって廃れ，18世紀中葉——とくにマルキー・ポスルスウェイトやアダム・スミスの活躍した時代には姿を消した[25]．カンティヨンの『商業試論』に影響されたポスルスウェイトやスミスであったが，カンティヨンの企業者論に興味や関心を示さなかったのはけだし当然といえるかもしれない[26]．

　もとより，カンティヨンは『商業試論』において長い歴史のなかで発展をとげてきた"entrepreneur"を字義のまま採用し論じているわけではない．それは高度に抽象化されたかれの経済モデルを形成するにあたって，土地所有者やその代理人である監督者などと同様に，さまざまの現実的要素を捨象して生み出された抽象概念としての「企業者」である．そのことは『商業試論』第I部第13章のつぎの一節をみても明らかである．かれはいう——．

　　一国において君主と土地所有者のほかの住民たちはすべて〔土地所有者の〕従属者である．そしてかれらは，企業者と給与所得者のふたつの階級に分類される．かれらはまた，変動きわまりない給与の取得者たちである．ほかの人間たちはそれぞれの職能や地位によって多種多様である

---

24) Hoselitz [1951], pp. 200-1.
25) Idem, pp. 204-5.
26) ホゼリッツは意識していないようであるが，はたしてイングランドで"merchant adventurer"や"merchant banker"などのかたちでフランス語の"entrepreneur"が受容され定着したとすれば，のちにみるように，それはカンティヨンの企業者の一面である"risk-taker"がかたちを変えたものと考えられないでもない．ちなみに，19世紀に全盛を誇った"merchant banker"ではあるが，20世紀末の英金融改革と銀行再編成の過程で消滅し今日では死語も同然となった．

が，かれらが雇用される期間中は，いずれも一定した給与を手にする[27].

このあとすぐ「俸給を受ける将軍や年金受給の廷臣たちや召使は，〔ふたつの階級のうち〕後者〔給与所得者〕に分類される」といったうえで，カンティヨンはつぎのように記している．すなわち，

> 〔君主と土地所有者のほかの〕人間たちはすべて企業者である．かれらは自らの事業をやりくりするための資財（fonds）をもって自立しようが，あるいは資財をまったくもたず自らの労働によるだけの企業者であろうと同じことである．かれらはみながみな一定しない生計を営む人間たちと見做されるといってよい．乞食も盗賊もこの階級に属する人間たちである．要するに，一国における住民はなべて土地所有者の資財から自らの生活の糧や報酬を引き出す従属者である[28].

---

27) Cantillon [1755], p. 31.
28) *Idem*, pp. 31-2．引用文中の「かれらは自らの事業をやりくりするための資財をもって自立しようが」云々のくだりで「資財」——器材や原材料などのストック——と訳出したが，原文はいずれも "fonds"，英語の "stock" に相当する単語である．これを「資本ストック（avance/capital stock）」と訳出することもできるが，カンティヨンにあっては，のちにアンヌ・ロベール・ジャック・テュルゴーが『富の形成と分配に関する諸省察』のなかで定式化した「資本（capital）」のような明確な定義を行っているわけではないので，ここではあえて「資財」と訳出した．もっとも，ヘンリー・ヒッグズは英語版『商業試論』のなかで "fonds" や "avance" に "capital" の語を充てているし，わが国でも戸田正雄も津田内匠も「資本」と訳出している．これを受けて，藤塚知義は自著『アダム・スミスの資本理論』において "fonds" や "avance" のほか "capital" のタームが 5 箇所登場することに着目して，カンティヨンの "capital" は事実上「資本」ともいえる「元本の意味で使われていることが多い」（藤塚 [1990]，105 ページ）といっており，馬場宏二も「資本―資本家―資本主義」と題する論争的論文のなかで藤塚説を支持している（馬場 [2008]，354-5 ページ）．順序は逆になるが，藤塚説からみていくと，かれのいう「5 箇所」のうち 1 箇所は翻訳者たちによる訳文の乱れ——「公債証券」または「公債持ち分」と訳すべきところ「資本」と誤訳——をもとにしたものであり，残余の 4 箇所はいずれも貸し付けられた貨幣または「元金」の意であって，「資本」と翻訳することには無理がある（藤塚説や馬場説の難点の詳細については，本論の付論 II『資本』概念成立探究」を参照されたい）．問題は "fonds" や "avance" であって，『商業試

一見すると，カンティヨンはここで個別具体的な経済主体に言及しているようにみえるけれども，この章の最後で「わたしはつぎのことを原理として確立したい」[29]というように，企業者の定義こそが，かれの一義的な関心事なのである．そしてそこから得られた企業者とは諸商品の生産，交換や流通を「自ら危険を冒して」行う経済主体であり，そうした危険を負担する行為が市場経済において企業者にあたえられる経済機能なのである．だからこそ，カンティヨンはいうのである――．「世間では，企業者とはなべて，その職業上可能なことはなんでもごまかし，また顧客に一杯食わせようとする連中と考えられているに違いない．しかし，それ〔を論ずること〕は本書〔『商業試論』〕の主題ではない」[30]．

かくいうカンティヨンであるが，『商業試論』における企業者とは主要には大規模借地農業者であり，かれらが市場経済において「自ら危険を冒して」諸商品の生産，交換や流通を行うという経済的機能と役割の分析が「主題」であることは明らかである．その意味するところは，『商業試論』第II部第3章でみた「3つの地代」論におけるように，借地農業者は自らの収穫の一部を土地所有者に地代として支払い，一部を自らの費用を支弁し，残りの一部を自らの利潤相当として受け取るということである．そしてかれは，「ヨーロッパの借地農業者と〔町や都市の〕親方職人はすべて企業者であり，

論』が日の目を見た1750年代であれば，これらはともに「資本ストック」――すなわち器材や原材料のストックの語義として定着していたとはいえ，カンティヨンの生きた時代はかならずしもそうではなかった．そのさいの決定的転換をなすのは，サー・ジョサイア・チャイルドやヴァンサン・ド・グルネーらの研究により「資本」概念が形成されつつあり，これをテュルゴーが継承・発展させ「新しい富の概念」資本として確立したことである．ちなみに，アントイン・E. マーフィーもまた，ヒッグズのように，カンティヨンのいう"fonds"や"avance"に"capital"の語を充てることは，「資本」概念の形成をめぐる経済学の研究史を混乱させることになるといって，この領域におけるカンティヨンの理解と解釈には慎重を期すべきであるとのべている（Murphy [2009a]，p. 77）．なお，この問題に関連して，Brewer [2010]; Murphy [2009d]; 中川 [2013a] もあわせて参照されたい．

29) Cantillon [1755], p. 33.
30) *Idem*, p. 31.

かれらは自ら危険を冒して働く」[31]といったのち，つぎのように論じている．すなわち，

> 都市は借地農業者の生産物の過半を消費する．借地農業者はかれらの生産物を都市の市場へと運び，あるいは最寄りの町で販売する．あるいはまたある種の人間たちは企業者となって生産物の輸送を自ら手掛ける．これらの人間たちは借地農業者に対してその生産物の一部を〔中略〕ある一定しない対価で受け取るのであるが，それでもその対価は〔生産物の〕輸送費を償い，かつかれら〔借地農業者たち〕の事業のために利潤をもたらさなければならない．しかるに，都市における生産物の日々の価格がそれほど大きく変動しないにしても，それこそがかれら〔町や都市の企業者たち〕の利潤を不確かなものにするのである[32]．

こうして先に引用した「一国において君主と土地所有者のほかの住民たちはすべて〔土地所有者の〕従属者である．そしてかれらは，企業者と給与所得者のふたつの階級に分類される．かれらはまた，変動きわまりない給与の取得者たちである」という結論が導かれるのである．それは，カンティヨンのいわゆる企業者が諸商品の生産，交換や流通を「自ら危険を冒して行う」経済主体であるということに由来する．すなわち，企業者は市場における供給を需要に順応させることができないために生じる商品価格の不断の変動の調整者として需給のミスマッチを修正する機能をはたし，いわば意図せざる結果として社会的資源の配分を適正に行うのである．

もしもある商品が市場で内在価値よりも低い価格でしか販売できなければ，

---

31) *Idem*, p. 23.
32) *Idem*, p. 29. ここでの議論は『商業試論』第II部第3章のつぎのパラグラフでいっていることと平仄が合う．すなわち，「一国の商品はすべて直接・間接に借地農業者たちの手ずから生じる．商品を生産する原料のすべてもそうである．魚以外のすべてを産出するのは土地である．しかしその魚を獲る漁師たちもすべて土地生産物によって扶養されなくてはならない」(*Idem*, p. 69)．

企業者はその商品の生産に必要な資源をより高い価格で販売できる別の商品の生産に割り当てるであろうし，反対にある商品がその内在価値を上回る価格で販売可能とみるや，企業者はより多くの資源をこの商品に配分するであろう．そしてこれをさらにつき詰めていうなら，企業者が「自ら危険を冒」して，したがってまた競争を通じて社会的資源の適正配分を実現するのみならず，自ら得る（であろう）利潤も平準化した利潤として受け取るということ——つまり荒削りではあるがカンティヨンなりの「均衡理論」へと導くことになるのであるが，ここでは示唆するにとどめる[33]．本節の冒頭で，カンティヨンの価値・価格理論は商品の価格ないし内在価値の決定を一時接近であるとすれば，二次接近として内在価値と市場価格との乖離，そしてその乖離の調整者としての企業者の機能や役割を分析するという構成になっているというのは，そのような意味においてである．

　もっとも，カンティヨンのいわゆる「企業者」はいまひとつ，別の定義をあたえられ，その機能をどのように考えるかという問題がある．カンティヨ

---

[33] ここで「カンティヨンなりの『均衡理論』へと導く」といったことの意味はこういうことである．すなわち，企業者による市場の調節が『国富論』第4篇第2章におけるアダム・スミス流の「見えざる手に導かれて，みずからは意図していなかった一目的〔社会一般の利益の増進〕を促進することになる」(Smith [1776], p. 423. 訳388ページ）とは異なり，いうなれば「企業家の見える手」によって導かれるものであるということにほかならない．カンティヨンがいうように，世間一般で考えられている企業者が「その職業上可能なことはなんでもごまかし，また顧客に一杯食わせよう」という挙に及ぶ連中であるとすれば，もちろんその限りではない．つまり，市場の調整者としての機能を失うであろう．反対に，企業者たちが「リスクテイカー」としての経験や勤勉や才覚に依存して行動すれば，市場の調節者たり得るであろう．要するに，カンティヨンにあっては，スミスと異なり，企業者の市場調節者としての行動がその利己心——営利目的行動にもとづく以上，これをどのような場合にも排除することはできない．ばかりか，カンティヨンが『商業試論』で試みた原理の枠を超えて，この問題をさらにつき詰めて究明していけば，市場はアプリオリに効率的で「予定調和」的であるどころか，いつでも機能不全——いうところの「市場の失敗（market failure）」に陥るリスキーで，不安定かつ不確かな性質をそれ自身に内包していると考えられる．それゆえ，市場の均衡と市場の失敗とは同じコインの裏表といえるかもしれない．そしてそのいずれの面が出ようとも，それは一に企業者の手によって生み出されたものである，ということにほかならないのである．

ンは『商業試論』第Ⅰ部第13章の終わりのパラグラフで「〔君主と土地所有者のほかの〕人間たちはすべて企業者である」といったあとこう引き取っている．すなわち，「かれらは自らの事業をやりくりするための資財をもって自立しようが，あるいは資財をまったくもたず自らの労働によるだけの企業者であろうと同じことである．かれらはみながみな一定しない生計を営む人間たちと見做されるといってよい」と．

　この点について，アントイン・E. マーフィーは，カンティヨンの「企業者」のもうひとつの機能として「経営者（manager）」を指摘していた．カンティヨンはこの章において原初的なかたちではあるが，そしてそれはかれがはじめてではないにせよ，企業の所有と経営との分離に言及したものと考えられる[34]．そのうえでマーフィーは「自らの事業をやりくりするための資財をもって自立」した経営者の給与を「人的資本（human capital）」に対する報酬にたとえ，一般労働者の労働賃金と明確に区別していた．

　しかしながら，ピーター・D. ドゥーリーは，カンティヨンの「企業者」はあくまでも「企業者の定義として広く受け容れられているリスクテイカー（risk-taker）」[35]であるという．その意味するところは，ホゼリッツのいうように，カンティヨンの「企業者」が「自ら危険を冒」して諸商品の生産・交換・流通の調整を行うという点にある．それでは，カンティヨンは「資財をまったくもたず自らの労働によるだけの」企業者にどうして言及したのであろうか．これを読み解く鍵が『商業試論』第Ⅱ部第3章「貨幣について」にある．以下に引用するパラグラフが，それである．カンティヨンはいう――．

　　借地農業者が自らの農場を企業としてやりくりするための貨幣をもっている場合には，土地所有者はその農場を生産物の3分の1で〔借地農業者〕に貸しても，その支払いには安心であろう．〔中略〕農場が大きけ

34）　Murphy [1997a], p. 188.
35）　Dooley [2005b], p. 63.

れば大きいほど，借地農業者の暮らし向きは快適であろう．これはイングランドでみられるところである．イングランドの借地農業者の暮らし向きは，他国の小規模な借地農場のそれよりも通常ははるかに快適である[36]．

このパラグラフの解釈は，カンティヨンがイングランドの大規模借地農業者を想定して「企業者」を論じていたことを示していたということであるかもしれない．なるほどカンティヨンは『商業試論』第Ⅰ部第13章の標題では「ヨーロッパでは」とのべていたが，借地農業者については，そのじつほとんどが「イングランドの実情」を紹介しその経済的意味を論じる内容となっている[37]．この点は重要である．それというのも，カンティヨンが仮にイ

---

36) Cantillon [1755], p. 69.『商業試論』第Ⅰ部第13章では「自らの事業をやりくりするための資財」であった記述が，ここでは「やりくりするための貨幣」となっている．ともに"fonds"がオリジナルであるが，前者は単数形，後者は複数形であるので，それぞれ「資財」，「貨幣」と訳出した．それはこの言葉の訳出に当たって，フランスの権威ある辞書（*Le Grand Robert*）に従ったというよりは，むしろヴァンサン・ド・グルネーがサー・ジョサイア・チャイルドの名著『新商業講話』のフランス語版の訳出に倣った結果である．すなわち，グルネーは英語の単語"stock"について，それが"stock"と単数形の場合には「資財」あるいは「動産的財産」，また"stocks"と複数形の場合には「貨幣」あるいは「貨幣的資産」と使い分けて訳をつけている．この点について，くわしくは，Meyssonnier [2008]; 中川 [2013a]（とくに付論Ⅰ「チャイルド－グルネー－テュルゴー」）を参照されたい．

37) この点を重視するのは，櫻井毅である．櫻井によると，「カンティヨンはイングランドのみに見られる大規模農場経営が企業者としての借地農を富ませるものであることをはっきり指摘していた．そのことがカンティヨンの分析をして，農業を基本産業とし市場原理によってその再生産を保証させるようなイギリス農業資本主義の三肢構造〔地主，借地農業資本家，農業労働者の三分割制〕を不十分ながら明らかにしたものとして，評価できる理由がある」（櫻井 [2009]，197ページ）．櫻井の所説には基本的に同感である．とくにカンティヨンが『商業試論』の原稿を書いていた1720，30年代はそういってよかったと考える．しかし時代が下って18世紀も半ばを過ぎるころには，イングランドに比較して相対的に遅れていたヨーロッパ諸国，とくにフランスでも大規模農業経営がある程度まで発展してきたことは，例えばテュルゴーが1767年に作成した「大規模耕作と小規模耕作の性質について（Des caractères de la grande et de la petite culture）」と題する論稿のなかで，大規模農業経営についてふれていることからみても明らかである．テュルゴーは，カンティヨ

ングランドの農業経営を指して「企業者」と考えていたとすれば，例えば櫻井毅のいうように，「土地という生産手段は初めから地主〔土地所有者〕のものであって，借地農業者は初めから企業者として出発せざるを得ない．初めから〔農業資本主義の〕三肢構造〔地主，借地農業資本家，農業労働者の三分割制〕で農業の資本主義化は始まる．搾取が直接の目的というより〔中略〕市場の拡大に対応する生産力の向上の努力の結果として，そのような大農場の資本家的経営がイギリスで次第に導入されたのであり，その経営形態が〔中略〕十八世紀末から十九世紀初頭の産業革命に見られるように，やがて他の産業にも及んでいったのである」[38] と考えられるからである．

いまはたしてそのように考えることができるならば，カンティヨンの「企業者」は事実上「資本家」を指すものであったといえないこともない．すくなくともテュルゴーの「農業資本家企業者（capitaliste-entrepreneur de culture）」を彷彿とさせる．そしてそうであるとすれば，「資財〔または貨幣〕をまったくもたず自らの労働によるだけの」企業者は，結局のところ「自らの事業をやりくりするための資財〔または貨幣〕をもって自立した」企業者，

ンが「農耕馬と土地を肥沃にするための家畜」とを区別した点を取り上げ，あえて「農耕馬」を使用するのは大規模借地農業者であって，中小の借地農や分益小作（métayer）などはその限りではないといい，実際にも 18 世紀の北フランスでは大規模農業経営は農耕馬を用いていたと記している（Turgot [1767e], p. 228）．また，アメリカの歴史家リアーナ・ヴァーディは 1993 年に上梓した『耕地と織機（*The Land and the Loom*）』のなかで 18 世紀フランス経済の実情を詳細に調査しているが，そのサブタイトル「北フランスの農民と利益——1680〜1800 年（*Peasants and Profit in Northern France 1680-1800*）」が示すように，当時の経済先進地帯における借地農業者や親方職人企業の実情を伝えている（Vardi [1993] 参照）．要するに，18 世紀を通じて北フランスの企業者経営が増加していることに疑いの余地はない．ヴァーディの所説は，テュルゴーが『富の形成と分配に関する諸省察』第 64 節において「フランス北西部のノルマンディーやイル=ド=フランスの諸州では豊かな借地農業者によって耕作されている．対照的に，リムーザン，アングーモワ，ブールボネなどの中西部諸州では，土地は大方が貧しい分益小作によって耕作されている」（Turgot [1766b], p. 572）という記述を裏づけることになり興味ぶかい．なお，この点については，テュルゴーが 1766 年 12 月にデュポンに宛てた書簡（Turgot [1766c]）も参照されたい．

38) 櫻井 [2009], 196-7 ページ．

したがってまた農業資本家あるいはまた農業資本家的企業者のなかに吸収されてしまうのであろうか．はたしてそのように理解することができるとすれば，カンティヨンの企業者論の際立った特徴のひとつとして高く評価された「経営者」ないし「マネージャー」の機能を事実上否定することになるであろう．

　例えば，バート・F. ホゼリッツによると，カンティヨンの企業者論における「マネージャー」機能とは，テュルゴーの「生産の計画者」としてのそれであり，とどの詰まり，企業者とは自ら危険を冒して諸商品の生産・流通・交換の調整を行う——リスクテイカー機能に加えて，「生産の計画者」としての機能をあわせもつ経済主体ということが可能である[39]．それゆえ，ホゼリッツの所説に従えば，「資財〔または貨幣〕をまったくもたず自らの労働によるだけの」企業者を排除して，「自らの事業をやりくりするための資財〔または貨幣〕をもって自立した」企業者に一元化すれば，カンティヨンの企業者とリスクテイカーとは同義反復ということにならないとはいえないであろう[40]．

---

39) Hoselitz [1951], p. 213. テュルゴーは『諸省察』第61節のなかで「企業者は，たとえそれが農業企業者であれ，製造業企業者であれ，自らの前貸しと利潤を回収するのは，土地生産物あるいは製造品の販売によるほかないのである」(Turgot [1766b], p. 572) と記している．テュルゴーにとって企業者とは「勤勉な人間」のことであり，カンティヨンの表現を借りれば「資財〔または貨幣〕をまったくもたず自らの労働によるだけ」の人間であるが，自らはその事業の所有権をもたない「経営者」である．これに対して，ほかの箇所では「農業資本家的企業者」(第63節)，「貨幣貸付企業者」(第93節) などの表現もあるが，いってみれば，「自らの事業をやりくりするための資財〔または貨幣〕をもって自立した」企業者，あるいはまたオーナー経営者である．

40) アントニー・ブリュワーは「企業者がリスクテイクするのは，かれ〔または彼女〕が自立した取引を行い，したがってまた自らが主体的に意思決定して計画を作成しているからである」といって，「ホゼリッツの企業者論は機械的にすぎる」(Brewer [1986], p. 51) と批判している．ちなみに，ブリュワーは意識していないようであるが，ホゼリッツへの批判はドゥーリーのつぎの一節に対しても有効である．カンティヨンの「企業者とは，企業者の定義として広く受け容れられているリスクテイカーである．対照的に，レオン・ヴァルラスの企業者は，技術水準を所与とすれば，生産と価格とを調整する組織者 (organiser) であり，カール・マルクスの資本家，

もちろん，カンティヨンがそのように考えていたとはいえまい．むしろイングランドの農業経営の実情が，かれの企業者，とくにその中核をなす借地農業者——より正確にいうならば大規模借地農業者——の「自ら危険を冒して」商品の生産・流通・交換の調整機能を説明するうえで好適な事例であったとの推測も成り立つからである．そして，大規模借地農業者による農業経営がじつのところひとりイングランドに限定されることなく，やがてはヨーロッパの他の諸国においても移植され定着するとの見通しをもっていたのかもしれない．ことほどさように，カンティヨンは『商業試論』第Ⅰ部第13章でこういっている．すなわち，

　　大規模な企業者〔が〕もしも財または富を節約して〔蓄積した〕とすれば〔中略〕かれはその資財（fonds）を保有する限りにおいて，正真正銘の自立したひとりの人間として見做されることは明白である．かれは自らの資財を自由に処分できる．すなわち，土地の抵当権（hypothèque）を手に入れることもできるし，土地や公債（fonds de l'État）に対する地代や利息を得ることもできる．かれの暮らしぶりは，小土地所有者のそれよりもはるかに上かもしれないし，いくばくかの土地さえ購入することが可能かもしれない[41]．

　実際にも，テュルゴーのいうとおり，フランスでは北西部のノルマンディーやイル=ド=フランスなどの諸州を中心に大規模借地農業者の経営がしだいにふえているから，イングランド風の大規模借地農業者による資本家経営がカンティヨン一流の"deus ex machina（機械仕掛けの神）"であるとばか

　　　ヴィルフレード・パレートやヨーゼフ・A. シュンペーターの企業者は，生産や販売に関する新しい方法を生み出す革新者である」（Dooley [2005b], p. 63）．
　41）　Cantillon [1755], p. 32. カンティヨンはこれにつづくパラグラフで企業者の「自立性」についてこういっている．「〔企業者たちが〕稼いだり，蓄えたものがすべて現存する土地所有者の資財から引き出されたものであることは変わることのない真実である」（Idem, p. 33）．

りいえないと考えられよう．もしそのように考えられるとすれば，なおのことつぎのような疑問を払拭することができない．つまり，「資本家」を「資本家」たらしめる「資本」とは一体何か，それはどこから，どのようにして生まれたのか——．これらの問いへの明確な解答があたえられなければ，農業資本家なる経済主体はこれを論じることはできないであろう．そしてこのことがつぎの課題となるのであるが，その解答は次節でみるカンティヨンの銀行・信用論のなかにある．

3．銀行・信用論の問題

すでにみたように，リシャール・カンティヨンの『商業試論』第III部は，「閉鎖経済」の「開放経済」への転換の意味を論じたのち，紙幣発行をふくむ貨幣・信用理論の考察とその実物経済への影響や経済政策などの現実的諸問題の検討に及んでいる．これらはカンティヨンの経済理論や分析方法がさしあたりは現実から捨象されるが，しかし現実とは無縁のものとして考察されるのではなく，あくまでも現実の諸問題を整合的に分析するための論理的手続きである．換言すれば，アントイン・E. マーフィーらの読み解いたように，カンティヨンにとっての究極の目標であるジョン・ローの経済政策への批評・批判によって，かれの判断の正しさを証明することにもつながるという寸法である．はたしてそうであるとするならば，カンティヨンが『商業試論』に託したものは，かれの「隠された目標」であるロー・システム批判とそこから引き出される（はずの）後世への「経済政策へのメッセージ」であったといえるかもしれない．

(1) カンティヨンとローの銀行・信用論をめぐる見解の相違

さて，リシャール・カンティヨンが「開放経済」を論じる『商業試論』第III部は，概していえば，外国貿易論と外国為替論および銀行・信用論のふたつからなる．前者に関して，ウィリアム・スタンレー・ジェヴォンズがか

れの論文「リシャール・カンティヨンと経済学の国籍」のなかで最大級の称賛をあたえている。このうち外国為替の諸問題は「〔ジョージ・〕ゴッシェン氏の有名な論文においてさえも，カンティヨンの〔『商業試論』〕におけるような軽快さと科学的正確さをもって論述されなかった」といい，なかでも為替投機に関する説明は「ゴッシェン氏の賞賛すべき論文からの抜萃とまちがえてしまうくらいであ〔る〕」[42]と驚嘆しきりである。つづく貨幣および貨幣制度についてもしかりであり，とくに金銀複本位制をめぐる解釈は，時の英造幣局長官アイザック・ニュートンとの遣り取りを交え「金銀比価を永久に固定することを試みることは無益である」[43]というカンティヨンの解釈を評価している。

だが，ジェヴォンズの話はここまでである。かれは，カンティヨンが『商業試論』第III部の最終の6，7，8の3つの章で展開している銀行・信用論にはまったくといっていいほど言及していない。ジェヴォンズは自らカンティヨンの『商業試論』の「価値ある諸点をすべて論じ尽くしたわけではない」[44]とのべており，それはそれとして理解できないではない。実際にも，かれをしてカンティヨンの経済理論のすべてを語らしめることは，正直，酷な話ではある。しかしながら，ジェヴォンズがカンティヨンの銀行・信用論に言及しなかったことには，別の意味が込められているように推測される。それはこういうことである。すなわち，かれがカンティヨンの銀行・信用論を評価しなかったこと，これである。

前章でみてきたように，カンティヨンの銀行・信用論の核心は，現代の用語を借りれば，狭義の（商業）銀行業務ないしリテールバンキング（Retail banking）に相当する。それゆえ，カンティヨンは，銀行が顧客から預金を採り入れ，要求払手形ないし銀行券を発行し，顧客に有利子で貨幣（または資金）を貸し付けるという銀行信用の効用を「貨幣の流通を速める」ところ

---

42) Jevons [1881], p. 349. 訳80ページ．
43) Idem, pp. 352-3. 訳84ページ．
44) Idem, p. 352. 訳83-4ページ．

にあるとした．これに対して，ローは銀行の信用創造を重視する立場から「貨幣を可能な限り増加する」と説いた．前者の銀行信用はあくまでも短期の流通信用に限定され，信用創造を背景とする後者の中長期信用，とくに企業金融・投資銀行業務はこれを「危険」視して積極的に容認しなかった．

このように，カンティヨンの銀行・信用論は，かれのライバルであるジョン・ローのそれの「対極」をなすものであり，ローの主張し実行した経済政策——主要には紙幣発行による貨幣供給をつうじて，需要を喚起し経済成長を増進する政策を指し，「冒険事業」とも「ローの実験」ともいわれた経済政策——を批判するための理論であったし，それこそが『商業試論』の稿を起こす最大のきっかけであった．なるほどカンティヨンの主張はローの政策が失敗に帰した1720, 30年代であれば支持者を多く獲得したかもしれない．ところが時代が下るにつれて，ローの政策のあり方には批判的であっても，かれの銀行・信用理論はのちに「再評価」され，ジェヴォンズの生きた19世紀末にはローの銀行・信用理論は正当に評価されるに至った[45]．その意味からすれば，カンティヨンが『商業試論』の草稿を作成していた当時とはまさに様変わりといってよかった．

ここではカンティヨンの銀行・信用論をジョン・ローのそれと対比させながらその特徴を論じたうえで問題点を明らかにすることにしたいが，前章でカンティヨンの銀行・信用論を紹介しているので，無用の重複をできるだけ避ける意味でポイントのいくつかを指摘し，ローの銀行・信用論と比較考量

---

45) 例えば，ジェヴォンズとはほぼ同世代のイングランドの経済学者ジョゼフ・シールド・ニコルソンは「ジョン・ローと歴史上最大の投機的熱狂（John Law and the greatest speculative mania on record）」と題する論稿のなかでつぎのようにいっている．すなわち，「当時〔1710, 20年代〕の貨幣や金融事情に関する理論がまったくといっていいほど未発達であり，しかも経済主体の間で信用取引の経験がほとんどなかった状況を考慮すれば，かれ〔ジョン・ロー〕はまれに見るオリジナリティと優れた判断力の持ち主であることを証明した．〔中略〕ジョン・ローは〔ロー・システムの崩壊という〕大惨事にもかかわらず，おそらく卓越した金融家であった．それは，ワーテルローの戦いで敗れはしたものの，ナポレオンが偉大な軍人であったことに変わりのないのと同じである」（Nicholson [1888], p. 112）．

するにとどめることにする．その第1は銀行信用の効用をめぐるカンティヨンとのローの見解の相違である．すでにみたように，カンティヨンにあっては，銀行が顧客から預金を採り入れ，要求払手形ないし銀行券を発行し，顧客に有利子で貨幣（または資金）を貸し出すという銀行信用の効用を「貨幣の流通を速める」ところにあるとした．これに対して，ローは銀行の信用創造を重視し「貨幣を可能な限り増加する」と説いた[46]．両者はまったく正反対の主張をしているのであるが，この根底には貨幣機能に関する見解の相違があった．カンティヨンの貨幣はその定義を明確に行っていないものの，価値尺度，交換手段，支払手段に限定されるのに対して，ローはそれにとどまらない，より積極的な貨幣の機能——いうところの「資本としての貨幣」の機能——をはたすことを容認していたといってよい．

　もちろん，カンティヨンはローの貨幣を増加することを旨とする銀行信用の効用をまったく認めないというのではない．しかし，概していえば，カンティヨンの銀行信用とは「短期」の信用であり，かたやローのそれは「中長期」の信用を志向していた．すなわち，前者は日常的商業取引のほか，将来必要となる生産資材や土地ストックなどの購入のためのファンド形成といっ

---

46) ローにあっては，貨幣と商業との間には密接な関係があり，貨幣の増加が商業や雇用や産出を増大させるとの考えから，信用とは商業や雇用や産出を増大させるための「可能な限り貨幣を増加する」手段であるとされる．ローはこのことを『貨幣と商業に関する考察』のなかでつぎのようにのべている．すなわち，「国内商業は貨幣に依存する．つまり，〔貨幣の〕数量が多ければ，多くの人間を雇用することができ，その数量が限られれば，限られた人間をしか雇用できない．貨幣量が過少な国において，法律によって貧しい人間たちや無為のひとびとを雇用することにほとんど成功しないのはこのためである．よい法律とは可能な限り貨幣を供給するものであり，そして貨幣の使用をその国のもっとも利益になる雇用に充てることであろう．だが，それだけでは，どのような法律を制定しようとも，その先に歩を進めることはできないであろう．可能な限りより多くの賃金を支払うためにより多くの貨幣を流通させることであり，それなしには，より多くの人間たちをして労働に就かしめることは不可能である．信用で多くの人間を労働に就かしめることができる．しかしながら，労働者に必要な物資を提供するための十分な信用が供給されていなければおよそ実行不可能である．この仮定では，信用とは貨幣のことであり，そしてそれは国内および国外に対して貨幣と同じ効果を生むであろう」（Law [1705], pp. 15-7）．

た意味合いもないではないが，一義的には商取引にともなう資金決済の効率化・円滑化を優先するものであった．かたやローのそれは労働者をより多く雇用するという言葉に象徴されるように，借地農業者や商工業の企業者への経営資金の供与を目的とするものであったということが許されるであろう．

いま両者の銀行信用をめぐる主張をそのように整理することが許されるならば，顧客が預け入れた資金の出し入れ行動と，その資金の保管者としての銀行の信頼とに銀行の提供する信用は依存する，とカンティヨンがいうのは理の当然である[47]．それゆえ，かれは「〔銀行は〕顧客の要求と手形の提示にさいしていつでも預金の引出しに応じる用意をするか，あるいはそうしなければならない」[48]という．なぜなら，通常の流通過程においては，「銀行やその信用の助けは一般に考えられているよりもはるかに重要性が低く，しかも安全でもない．流通の鍵を握るのは銀〔あるいは正貨〕だけである」[49]からにほかならない．

みられるように，カンティヨンとローの間の銀行・信用論は大きく異なるが，それは両者の貨幣の基本的な理解——貨幣機能に関する見解の相違に帰着するということであり，しかもそうした相違が銀行・信用論に反映しているということでもある．カンティヨンの議論がローの主張を批判するものであったとしても，ローの議論とかならずしもよくかみあっていないのもそのためである．そしてそれがために，カンティヨンは結果としてローの銀行・信用論に自説を一方的に対置する展開となっている．それは，カンティヨンがローなる人物などはなから存在しない風を装った物のいいようではある．だが，それにもかかわらず短期の流通信用の意義を論理整合的に説いたのはカンティヨンがはじめてであり，けだしかれのこの面での功績はむしろ讃えられるべきであって，非難を投げつけてはならない．

こうしたカンティヨンとローとの銀行信用の効用をめぐる理解の相違を解

---

47) Cantillon [1755], p. 162.
48) Idem.
49) Idem, p. 171.

明する鍵を提供したのは，アントニー・ブリュワーである．それによると，カンティヨンの「貨幣」とは，あくまでも商取引の支払いに必要な貨幣であり，銀行の提供する貨幣は商取引から派生する資金決済を確実にし，かつ加速するものである．一方，ローのいわゆる「貨幣」とは，そうした交換手段，支払手段という本来の機能にとどまらないより積極的な機能，すなわち「資本」——すくなくとも「流動資本」——としての貨幣と同一のものであり，したがってまたローの主張する「貨幣の追加供給」の意味するところは資本の追加供給ということにほかならない[50]．

はたしてブリュワーのいうようであるとするならば，両者の銀行・信用に関する根本的な相違はもっぱら「資本としての貨幣」や紙幣発行を媒介とする信用創造などの貨幣の積極的な機能を認めるかどうかに依存するといっても過言ではない．実際，ローはスコットランドの経済改革を提案した『貨幣と商業に関する考察』を世に問うて以来，労働者を雇用するのに必要な貨幣の不足を重要視し，貨幣の追加供給は一義的には労働者の追加雇用を目的とするものであるというのであるが，この点こそローの議論の最大のポイントをなすといってよい．けだし，ローがつぎのようにいうことは至極もっともなことと評価しなければなるまい．すなわち，

> 国内商業は貨幣〔の数量〕に依存する．つまり，その〔貨幣の〕数量がより多ければ多いほど，より多くの人間を雇用することができ，その数量が限られれば，限られた数の人間しか雇用できない．貨幣の量が過少な国において，法律によって貧しい人間たちや無為のひとびとを雇用することにほとんど成功しないのはこのためである．よい法律とは可能な限り貨幣を提供するものであり，そして貨幣の使用をその国でもっとも利益になる雇用に充てることである[51]．

---

50) Brewer [1986], p. 148.
51) Law [1705], p. 15.

ローがつづくパラグラフで「信用で多くの人間を労働に就かしめることができる。しかしながら、労働に必要な物資を提供するためには十分な信用が供給されていなければ、およそ不可能である。この仮定では、信用とは貨幣〔の創造〕のことであり、そしてそれは国内および国外の商業に対して貨幣と同じ効果を生む」[52] であろうといっていることからも知れるように、貨幣の追加供給が雇用の創出を目的としていたことは明らかである。しかるにローにあっては、紙幣の発行によって貨幣供給を増加することを拒むことは、とりも直さず「わずかな貨幣をしかもたない商人が無利子で貨幣を供給することを拒む」[53] のに等しいということになる。そうであるとすれば、ローが1711年から翌年にかけて作成した論稿「トリノ銀行設立のための提案 (Projet d'établissement d'une banque à Milan)」のなかからつぎの文章を引用したマーフィーはまったく正しいであろう。すなわち、

> ひとびとを雇用する十分な金属貨幣〔金や銀〕が存在しない——限られた額の貨幣しかなければ、その額に応じた数の人間たちをしか労働に就かしめることしかできない。つまり、貨幣量が一定不変であれば異なる場所で同時にこれを用いることができないのである[54]。

もっともローがかく主張したからといって、貨幣と資本とを明確に区別していたかどうか、しかも両者を区別するロジックがあったのか——などの諸点については疑問なしとしない。しかしながら、前後の文脈から類推するにローのいわゆる貨幣を事実上の資本と理解することはできるし、実際にも紙幣の発行が資本ストックの追加供給に直結していることはたしかである。はたしてそのように考えられるとすれば、ローは「資本不足が産出の主要な制約であることを説いた最初の経済学者であった」[55] というブリュワーの主張

---

52) *Idem*, p. 17.
53) *Idem*, p. 55.
54) Law [1711-1712], p. 212.

には一理あるといわざるを得まい．ローの銀行・信用論は資本不足を解消する有力な解決策として展開されたと考えられるからである．この点，貨幣の積極的機能を容認することを潔しとしないカンティヨンのそれと際立ったコントラストをなしている．

(2) 国立銀行とその効用をめぐる問題点

　銀行・信用論をめぐるリシャール・カンティヨンとジョン・ローのコントラストはそれだけではない．いまひとつ，そしてより重要な点であるが，カンティヨンのいわゆる「国立銀行」の評価をめぐる見解の相違である．すでにみたように，かれは『商業試論』第III部第6章でイングランドやオランダの国立銀行を例にとり，個人銀行や金匠が顧客に提供する信用の効用は国立銀行のそれと基本的に同じであり，しかも前者の信用よりも後者のそれのほうがはるかに高いといっているが，それはローの主張と大きく変わらない．国立銀行には国家や大貴族や大商人たちが資金を預け入れ，したがってこの種の銀行の行う貸出業務の規模が個人銀行や金匠たちのそれをはるかに凌駕するからである．加えて，国立銀行での支払いが口座振替によって行われれば，銀行券や手形の偽造の被害を受けにくくなるから，銀行券が全国津々浦々に行き渡り，その流通が広範囲に及ぶという利点も考慮しなければならない．

　だが，それはあくまでも「貨幣の流通を速めること，そして当然いくどもくり返し生じるであろう貨幣不足が起きないようにする」[56]限りそういえるのであって，カンティヨンの見るところでは，そうした国立銀行の効用は「小国や貨幣の不足がちな国」[57]ではきわめて大きく，反対に，大国では「利益よりも多く害をもたらす」[58]といってローを論難する．すなわち，

---

55) Brewer [1986], p. 150.
56) Cantillon [1755], p. 164.
57) *Idem*, p. 168.
58) *Idem*, p. 167.

第3章 『商業試論』の諸問題

「〔大国では〕貨幣が豊富にあるという虚構や空想が実際に流通する貨幣量の増大と同じ不利益を生ぜしめ，この国の土地と労働の価格を高くし，あるいはのちに反落する危険をともなって加工品と製造品の価格を騰貴せしめる」[59]のである．カンティヨンはそういったのちつぎのような結論を下す──．「このひそかな〔貨幣の〕豊富さはひとたび信用不安の風が吹けば，たちまち消え失せて混乱を速める」[60]と．

かくいうカンティヨンではあるが，かれの考えでは，「可能性はきわめて低いけれども，大国でも国立銀行が驚異的というほどの効果をもつ」[61]ケースを想定していたこともまたたしかであった．証券売買がそれであり，公債の投資家がその売買に精通していれば，そのための「現金をまったく必要としない．銀行券で十分である．もしも〔公債の保有者たちが〕公債の売買操作に用いる正貨を流通から引き出さなければならないとすれば，膨大な金額にのぼるであろうし，しばしば流通を阻害するであろう」[62]というのがその理由であった．要するに，貨幣流通の加速に銀行信用の効用をもとめるカンティヨンにあっては，貨幣の増加は基本的に容認できないのである．いわんや強力な信用力をバックに銀行券の発行によって貨幣の数量を増加せんとする国立銀行は，それがたとえ小国において一定の効用を有するにしても，大国では百害あって一利なしという料簡である．

このような主張は，カンティヨンが「今日ではもっとも強力」かつ「きわめて堅実な組織」と高い評価をあたえたイングランドの国立銀行（イングランド銀行）においても認められ，同行でも銀行券の「取付け騒ぎが起こり，銀行券の保有者たちはかれらの預金を引き出すために大挙して〔イングランド〕銀行に押しかけたのが目撃された．1720年の南海会社の崩壊時にも同様の騒ぎが起きた」[63]といっているものの，それが実際にはロー・システム

---

59) *Idem*, p. 168.
60) *Idem*.
61) *Idem*, p. 169.
62) *Idem*, p. 170.
63) *Idem*, pp. 171-2.

の崩壊への評価であることは明らかであろう（ちなみに，アメリカのコロンビア大学大学院で 18 世紀イギリス文学と金融史との関係を研究したのち作家に転じたデイヴィッド・リスのヒット作『紙の謀略（*Paper Conspiration*）』（邦題『紙の迷宮』上・下，松下祥子訳，ハヤカワミステリ文庫，2001 年）は，南海泡沫の騒動を見事に再現している）．

　しかしながら，カンティヨンの議論にはいくつか難点がある．その第 1 は，フランスの国立銀行——バンク・ジェネラルは預金の取り付け騒動によって消滅したもの，イングランドの国立銀行が生き延びてその業務を漸次拡大していったことに思いを致せば，安全性の問題と並んで，国立銀行やその信用の助けが「一般に考えられているよりもはるかに重要性が低〔い〕」とはたしていえるかどうかというところにある．しかもそのフランスにあってさえも，タイムスパンを広げて検（あらた）めるなら，テュルゴーが財務総監の職にあった 1776 年設立の割引金庫（Caisse d'Escompte）の名称で国立銀行と公信用を復活させている．その後 1800 年に時の執政官ナポレオン・ボナパルトがテュルゴーの置き土産ともいうべき割引金庫を母体にフランス銀行（Banque de France）を設立した．これらの事実は，カンティヨンの意に相違して，イングランド，フランスといった大国でも国立銀行——のちに中央銀行（central bank/banque centrale）と称される機関——が貨幣と商業（経済活動）に重要な役割を演じることになったと考えなくてはならない．

　第 2 は個人銀行と国立銀行とを問わず「銀行やその信用の助けは一般に考えられているよりもはるかに重要性が低〔い〕」という理由づけである．カンティヨンは日常的な小口取引では銀行券が支払手段として用いられることを指摘したうえで，銀行券はそうした日常の小口取引とは無縁のところでその信用の効力を発揮するといっている[64]．なるほど当時の銀行券はイングランド銀行を例にとるなら，最低券面額 50 ポンド（650〜700 リーヴルに相当），バンク・ジェネラルでも同 10 銀行エキュ（約 35 リーヴル）と比較しても高

---

64) *Idem*, p. 171.

額であった．それゆえ，銀行券が庶民レベルの小口取引で用いられることはまずなかったといってよく，それが結果として銀行券が日常場面で流通しなかった一半の理由であった．しかし，初期の銀行券はイングランドやフランスに限らず，高額面の銀行券が主流であったし，そのこと自体が国立銀行とその信用供与の結果とはいえまい．カンティヨン自身がそのことを百も承知していたはずである．イングランドの銀行券のほうがフランスのそれよりもはるかに高額面であったにもかかわらず，イングランド銀行を「今日ではもっとも強力」[65]であると評価していた．

　もちろんだからといって，カンティヨンよりもローの理論に分があるということにはならない．ローとかれの理論が責を負うべき最大の理由は，バンク・ジェネラルを創設したわがスコットランド出身の銀行家がオランダやイングランドに比較して当時のフランス経済のもつ相対的後進性を顧みず，もっぱらマネタリーな面から経済改革を推し進めたところにあった．ローの理論はオランダやイングランドの経験とその省察に依拠しているが，かれは理論的に掘り下げる作業はこれをほとんど行っていない．

　だが，それにもかかわらず後世の研究者は，ローの代表作『貨幣と商業に関する考察』や政策提言にかかる草稿や書簡などにみられる貨幣論，銀行・信用論を高く評価している．先に紹介したジョゼフ・S．ニコルソンもそのひとりであり，さらにはカール・マルクスやヨーゼフ・A．シュンペーターたちもいる[66]．なかでも特記すべきは，20世紀前半のアメリカの経済学者マックス・J．ワッサーマンとフランク・H．ビーチが1934年に米学会誌『アメリカン・エコノミック・リヴュー（*American Economic Review*）』に寄稿した「ジョン・ローの貨幣理論とそこで無視された諸相（Some aspects of monetary theorie of John Law）」と題された論文のなかで，「われわれの知る

---

65) *Idem*, p. 164.
66) ニコルソンのローの評価については本章の脚注45を，またマルクスによる評価に関しては本書第1章の脚注53を参照されたい．ちなみに，シュンペーターはローについてこういっている．すなわち，ローこそは「あらゆる時代をつうじて最良の貨幣理論を構築した人物」（Schumpeter [1954], p. 295）である．

限り,〔ジョン・〕ローは近代的な銀行紙幣の理論, 銀行の供与する信用業務, 銀行の準備金などを理論的に解説した最初の人物」[67]であるとまれに見る高い評価をあたえていることが何よりの証左である.

(3) ロー・システムの評価をめぐる問題点

リシャール・カンティヨンの国立銀行批判は,『商業試論』第III部最終の第8章の標題「ジェネラル・バンクの信用の巧緻」に示されるように, その創始者ジョン・ローへの批判が主要なテーマである. ただ問題は, カンティヨンの議論がはたしてどこまで本意であったか, というところにある. すでにみたように, ミシシッピー・バブルとは, ローが自らの財産を築くためのものではなく, むしろローの政敵である支配層——大商人や徴税請負人や公証人それにかれらと気脈を通じていた大貴族たち——が, かれを政治の中枢から引きずり落とす手段として利用した政治権力闘争によって引き起こされた"政治的事件"であり, ローは最終的にこの闘争で一敗地にまみれたのである.

いやしくもカンティヨンともあろうひとがこのことを知らないはずがない. かれ自身が一時期とはいえローやかれの政策の協力者であったがゆえに, システム崩壊後に自らの保身に意を砕く必要に迫られたし, 実際にも当時のかれとかれを取り巻く英仏の政治・経済状況に思いを致せば, かつてのローの政敵たちとの衝突はなんとしてでも避けなくてはならなかったはずである. カンティヨン自身はもとより, システム崩壊とともに復権をはたした有力者たちにとって不利となるような証拠は極力表沙汰にならないよう心がけたであろうことは推察にかたくない. 機を見るに敏なり——天才銀行家カンティヨンの面目躍如というべきであろう.

ことほどさように, 先に引用した『商業試論』からの一節——「なるほど〔イングランドの国立〕銀行は大臣と前もってひそかに話し合い, その操作

---

67) Wasserman and Beach [1934], p. 646.

に慎重を期すならば，当該大臣の思惑どおりに公債の価格を高値につり上げて維持し，かつ国内の利子率を低下させることが可能であろう．またそうすることによって，公債を償還することもできる．しかるに，そうした巧妙な操作は個人の莫大な資産を築く道を開くことになっても，国家の利益のために用いられることはごくまれにしか起こらないし，このような操作に関与する人間たちの多くは堕落してしまう」[68]——は，カンティヨン自身の保身を意図したものであるが，しかしだからといってローが「堕落」したなどとは一言もいっていない．そんな妄言を吐くのは，有力徴税請負人のジョゼフ・パリス=デュヴェルネーに代表されるローを不倶戴天の敵とみるような連中だけであろう．

　ここでむしろ強調しておかなければならないことは以下の点である．すなわち，バンク・ジェネラル/バンク・ロワイヤルとミシシッピー会社を両輪とするロー・システムの破綻がかれの経済政策運営のあり方に多分に問題があることを示したとしても，それ自体はロー理論の必然的帰結ではなかった，ということである．カンティヨンによるロー批判はフランス社会の将来を展望した場合，誤解や思い違いをすくなからず孕んでいたことは，すでにみたとおりである．ところが，カンティヨンの経済理論をもとにした銀行・信用理論の難点がやがて後世の経済学研究における貨幣の役割や銀行・信用論の進化を制約することになった．という意味はこうである．すなわち，カンティヨン流の短期の流通信用をベースにした信用論は，ローの重視した貨幣の追加供給（または資本の追加供給）にとどまらず，証券市場をつうじた資金調達のあり方，さらには金融派生商品（financial derivative products）の取引といった，現代の経済学では当たり前のこととして受け容れられているテーマの多くが，すくなくとも18, 19世紀の経済研究のなかではほとんど無視されたことが，何よりの証左である．その見直し作業は20世紀に入ってから開始されたといっても決して過言ではあるまい．

---

68) Cantillon [1755], p. 173.

もっとも，『商業試論』第III部第8章におけるカンティヨンの問題提起は，見方を変えてこれを読むならば，つぎのような興味ぶかいテーマを提起しているように考えられる．それはこういうことである――．すなわち，現代の問題に即していうならば「政府の失敗（government failure）」が，それである．カンティヨンは，一方では市場の調整者としての企業者による自由な競争を尊重しながらも，他方同時にかれらが市場機能を損なう危険性を指摘していたのであるが，企業者とは諸商品の生産，交換や流通を「自ら危険を冒して行う」経済主体であり，それは市場経済において企業者にあたえられる経済機能に起因するからにほかならない．

　ところが，「世間では，企業者とはなべて，その職業上可能なことはなんでもごまかし，また顧客に一杯食わせようとする連中と考えられているに違いない」[69]．つまり，市場は本来的に効率的でもなければ自律調整的でもない．いってみれば，市場は自らを先験的に（a priori）効率的であると根拠づけることができないし，いつでも機能不全――いうところの「市場の失敗（market failure）」――に陥るリスキーで，不安定かつ不確かな要素をそれ自身に内包しているから，市場が十全に機能するためには法律やルールや行動規範によって担保されなくてはならないと考えることができる．そしてそうしたカンティヨンの主張は，かれの「開放経済」モデルにおける保護貿易や幼稚産業の育成などの主張をみれば，よりいっそう鮮明になっていくことが分かる[70][71]．

---

69) *Idem*, p. 31.
70) カンティヨンに富国強兵的「重商主義政策の提言者」のイメージがつきまとうのもそのためである．たしかにカンティヨンを重商主義者とする見解は決してすくなくないし，筆者もかれの政策的主張にそうした一面をみてとれることを否定しない．けれども，その場合の問題は，アントニー・ブリュワーが的確に指摘するとおり，重商主義にどのような定義をあたえるかにある．周知のように，今日に至るもその定義はさまざまであり，例えば政治経済史のコンテキストでいうなら，重商主義とは近代国民国家の建設や生まれ出ずる諸国家間の政治的・経済的・軍事的競争と結びついた一連の政策であって，保護貿易や幼稚産業の育成だけが重商主義を定義する要素ではあるまい．またその主張も多種・多様であり，貿易，産業，貨幣，軍事

だからといって，カンティヨンが為政者や立法者の法律やルールに万全を期すことができると考えるほどナイーヴでもなければ楽観主義的な人物でなかったこともまたたしかなことである．それどころか，一国の為政者や立法者が経済を大混乱へと導くうえで決定的な役割を演じることを忘れてはならない．カンティヨンは『商業試論』のなかでは言明していないけれども，ロー・システムや南海泡沫が，フランスやイングランドの経済を混乱に陥れた端的な事例であったと考えていたといえないこともない．

　しかしながら，どこまでも現実主義者のカンティヨンは，自由と競争をモットーとする市場という世界に住まう企業者などの経済主体はもとより，為政者や立法者に対して正義だの，倫理だの，道徳だのをもとめることなく，あくまでも市場経済に特有な営利を追いもとめて熾烈な競争を展開し，強い者が生き残りそうでない者が淘汰される世界——市場の原風景とでもいうべき弱肉強食の「マキャヴェッリ的世界（Machiavellian World）」に，あるいはまたトマス・ホッブスのいわゆる"Bellum omnium contra omnes（万人の万人に対する闘争）"を旨とする自然状態に固有の解決策をもとめざるを得

などにわたる（Brewer [1988b], p. 282）．それゆえ，「カンティヨンの重商主義」をどのように考えるかは，それほど簡単な作業ではないであろう．例えば，久保田明光や山川義雄などがカンティヨンを「フィジオクラート派確立直前」の先駆的重商主義者と評したのもゆえなきことではない（例えば久保田 [1965]；山川 [19--] を参照されたい）．また，津田内匠はカンティヨンを「フランス・ディリジスムの先駆者」と位置づけたうえでその評価を試みている（津田 [1992]）．

71) 櫻井毅が『イギリス古典経済学の方法と課題』において的確にのべているように，例えばアダム・スミスは『国富論』第4篇を重商主義の紹介と批判に割いているが，経済学（ポリティカル・エコノミー）が「諸国民の富の性質と原因を扱うものであるといいながら，他方でこれを『政治家や立法者なるもののおこなうべき学問の一部』と考えており，ポリティカル・エコノミーの目標が『国民の富を増大させる』ことにあることをあきらかにしている」（櫻井 [1988], 43-4ページ）．もちろん，カンティヨンとスミスとでは目標に向かう手段も方法も異なるが，「国民の富と力〔あるいは強大さ〕」をもとめる政策的主張が，ただちに重商主義とレッテルを貼る根拠とならないことだけはたしかであろう．なお，以上のような観点から重商主義の再検討を試みた研究として，さしあたり，Colemann [1957]; Viner [1948]; Wilson [1958]; Maucourant [2011] を参照されたい．

ないということを教えてくれたのかもしれない[72]．企業者たちにとっての自然状態とは，畢竟，かれらの本分である営利を追求する競争が自由に行われる，または行うことを保証された状態にほかならないからである．

[72) ここで「市場の原風景」といったが，カンティヨンの時代の企業者のみならず現代の市場参加者の行動を分析するさいにもあてはまる．1990年代に"ヴァンダル軍団（ヘッジファンド）"の総大将として勇名を轟かせたブダペスト生まれのハンガリー系アメリカ人投資家ジョージ・ソロスが『朝日新聞』(2006年10月18日付) とのインタビューのなかでいった言葉はまさに箴言である．曰く，「市場参加者として，利益を上げることに注力したことは不道徳なことではない．市場というところは道徳が支配しているところではない」からである．ただし，こうもいっている――．「私はつねに〔市場の〕ルールに沿って行動してきたし，ルールを改善することにも関心を持ってきた」（同上）．ソロスの伝に従えば，今世紀初頭のITバブル崩壊後のアメリカで企業スキャンダルの象徴となったエンロン社（Enron）の元CEO（最高経営責任者）ジェフリー・スキリングにMBA（経営学修士）をあたえたハーバード・ビジネススクールがその責任を感じたから（であろう）か「倫理」コースを設けるなどのカリキュラム改革を実施したのを機に，他の名門スクールがこれに追随した．時流に乗ることに長けた名門ビジネススクールらしい素早い対応といえばそれまでだが，『ロイター・ブレーキングヴューズ（Reuters-Breakingviews）』で健筆をふるうコラムニストのエドワード・チャンセラーのいうように，ビジネススクールとは「若者が大枚をはたいて罪の意識を取り除くために集う場所」（Chancellor [2015]）――さながら魅力的な女性（または男性）目当てに男（女）が集まる"ホットスポット（hotspot）"または"セクシースポット（sexyspot）"という定義が正しいとすれば，君子ならぬ名門ビジネススクール経営陣の豹変ぶりがまったくもってナンセンスと決めつけるわけにもいかないが，さりとて根本的な問題解決にならなかったのも否定のしようのない事実であった．ことほどさように，2007年8月の「サブプライム・ローン」の焦付きをきっかけとする金融危機後，アメリカはもとより，ヨーロッパ各国でも企業のトップマネージメントをふくむ市場参加者による多くの不正行為が発覚し，表向きお払い箱になったCEOが続出したことは記憶に新しい．しかし，かれらの多くは企業を左右にするか，経営破綻させるかしたにもかかわらず，これといった罪咎に服さなかったばかりか，巨額の退職金を懐にして社の門を後にした．そのなかにあって「もっとも重い罪」はといえば，せいぜいのところ老舗の英大手銀行RBS（Royal Bank of Scotland）を経営破綻させ，その再建を中央政府の手にゆだねた元CEOフレッド・グッドウィンが英女王エリザベス2世から頂戴した"勲爵士（knight）"の爵位を剝奪されたぐらいのものであったろう．もっとも，グッドウィンがこれを自身への罪咎と受け止めた場合の話ではあるが，そんなことはつゆ思わなかったであろう．詰まるところ，正義だの，倫理だの，道徳だの，いわんや道徳哲学だの，本来的に「市民社会」のもつ価値観を「市場」やそこで「利益を上げることに注力」する人間たちにもとめることは，その理屈は情において分からぬでもないとはいえ，お門違いもはなはだしいといわなくてはなるま

い．ラ・ブレード=モンテスキューの男爵どのは名著『法の精神（*De l'esprit des lois*）』第1篇第1章の冒頭のパラグラフにおいてつぎのようにいっている——．「もっとも広い意味において，法律〔またはルール〕とは事物の本性に由来する必然的関係の基礎である（原注）．この意味では，あらゆる存在が法をもつ——神は神の法をもち，物質界は物質界の法をもち，人間にまさる知的存在（天使）はその法をもち，禽獣は禽獣の法をもち，そして人間は人間の法をもつ」(Montesquieu [1748], p. 232. 訳369ページ). 18世紀フランスの偉大な啓蒙思想家の謂を敷衍すれば，ハンガリー出身の稀代の投資家が「つねに〔市場の〕ルールに沿って行動してきた」のは理の当然である．なぜなら，財・サービスの売り買いによって「利益を上げること」を本分とする「市場」もまた，そこに参加する人間たちが遵守しなければならない「市場の法〔またはルール〕」——「物質界の法」，あるいはまた17世紀イングランドの政治思想家トマス・ホッブスの説く，人間が自己保存の無限の欲求のために万民がオオカミと化し"Lupus est homo homini（人間は人間に対するオオカミである）"をよしとする「禽獣の法」のようなものかもしれない——をもっているからにほかならない．ともあれそのいずれであろうと，そこには正義だの，倫理だの，道徳だの，ましてや道徳哲学といった文句などただの一度たりとも登場しまい．それらはいずれも人間の営みの本性に由来する必然的関係を基礎とする「市民社会」の世界で喋々喃々されるべき代物であることを肝に銘じる必要があろう．本文でみたカンティヨンの経済思想はこれをそのように理解しなくてはならない．そしてここに「神学」や「倫理学」や「道徳哲学」とは一線を劃する独自の学問領域としての経済学や商業論のもつ本性やその根本原理の究明が要請されるゆえんがあると考えるものである．なお，2007, 8年の世界的金融危機の発生と欧米の大手金融機関の顛末および経営陣の進退去就のありようについては，さしあたり，中川 [2013b] を参照されたい．

終章

　ウィリアム・スタンレー・ジェヴォンズによるリシャール・カンティヨンの「（再）発見」をきっかけに本格的に開始されたカンティヨンの研究は，今日ではただ単にかれの謎に満ちた生涯や作品である『商業一般の本性に関する試論』の経済理論の解明にとどまらず，経済学史上の，あるいは経済学の古典形成への貢献と位置づけなどさまざまな分野に及んでいる．もちろん，ジェヴォンズのいわゆる「カンティヨンの誤謬とミステリーと謎」が完全に解明されたわけではない．かれの生涯にはいまだ謎の部分が残っている．

　そんなカンティヨンの研究史をふり返ると，これまでみてきたように，初期の段階ではもっぱらフランソワ・ケネーとフィジオクラート派の「主要な思想的源泉」，あるいはまたアダム・スミスの「先駆者」といった解釈が主であった．ジェヴォンズがカンティヨンの『商業試論』をして「体系的で連絡のある論文であり，租税の問題をのぞいては，簡潔な仕方においてほとん経済学の全領域にわたっている．このように，本書は，わたしの知っている限り他のいかなる書物にもまして，経済学の最初の論文である．〔中略〕カンティヨンの論文〔『商業試論』〕こそは，他のいかなるえりぬきの労作よりも，より際立って『経済学の揺籃』たるものである」[1]といっても，その意味するところは，とどの詰まり，「経済学の真の科学的学派」[2]であるアダム・スミスの「『国富論』の基礎」をなすことを見付けることにあった．けだし，それは「経済学の『国籍』」[3]をイングランドに定めることができると

---

1) Jevons [1881], p. 342. 訳72ページ．文中の傍点は原文イタリック体を示す．
2) Idem, p. 360. 訳92ページ．
3) Idem. 訳，同上．「経済学の国籍」をイングランドに定めることがはたして妥当か

いう理屈にもなる．

これに対して，ドーバー海峡の対岸では，"フィジオクラシー（physio-cratie）"というタームの生みの親ピエール＝サミュエル・デュポンの衣鉢を継ぐユジェーヌ・デールらの「フィジオクラート派の先駆者」という理解のもとで研究が進められていたが，ロベール・ルグランは，フランスでは事実上初のプロパー研究となる『リシャール・カンティヨン』を発表してフィジオクラート派の「先駆者」とする理解がよりいっそう強調された．本書はそのサブタイトル「フィジオクラート派の先駆的重商主義者」が雄弁に物語るように，カンティヨンとフランソワ・ケネーやフィジオクラート派との関係，とくに経済理論の継承関係を重視する研究である．曰く――．カンティヨンは「後期重商主義者たちのもっていた基本的なアイディアを修正・改善し，そして要約したが，このことはのちにフィジオクラート派〔の理論〕を成長させることになる．かれは重商主義とフィジオクラート派とをつなぐ橋渡し役であった．〔中略〕かれのなかにはフィジオクラート派の先駆的重商主義者としての要素が多分にあった」[4]．

ジョゼフ・J．スペングラーは，1984年に発表したピエール・ル・プザン・ド・ボワギルベールに関する小論のなかで，ボワギルベールの解釈と評価は18世紀から19世紀中葉にかけてケネーもしくはフィジオクラート派の「先駆者」，やがてアダム・スミスの「先駆者」へと変化したといっているが，カンティヨンもこの例にもれないかもしれない[5]．ところが，1940，50年代にはマーク・ブラウグやジョゼフ・J．スペングラーに代表される，『商業試論』の理論体系や分析方法などに着目した研究を行い，またそれとの関連で

どうかはさて措くとしても，古代アイルランド中最大のモアン王国の誇り高い民の末裔であるカンティヨンが「経済学の国籍」をイングランドに定めるためのお先棒担ぎを仰せつかるとはよもや想像だにしなかったであろう．しかも「経済学の真の科学的学派」の棟梁たるや，別人ならず，スコットランド出身の偉大な思想家というから，カンティヨンの"ライバル"ジョン・ローが聞けばさぞかし動顛したことであろう．

4) Legrand [1900], p. 9. ちなみに，ルグランと同様の見解はわが国でもすくなからずみられ，例えば久保田明光や山川義雄らの所説がそうである．

5) スペングラーの所説については，さしあたり，Spengler [1984] を参照されたい．

カンティヨンの後世の経済研究の進展への影響や貢献を考究する研究者が相ついで登場した．かれらの研究視角はもちろんカンティヨンとケネーやスミスなどとのシークエンスを排除するものではないが，ジェヴォンズやヒッグズ，あるいはまたデールやルグランによって過小評価されるか無視された領域に光をあてるものであり，カンティヨンの経済理論の独自性やその経済学史上の意義をトータルに理解する研究の「先駆者」となった．そしてそれはまた，結果として，フィジオクラート派の「主要な思想的源泉」，あるいはまた「スミスの先駆者」といった初期のカンティヨン研究にみられた図式的な——ありていにいえば"贔屓の引き倒し"になりかねないような解釈の再考をうながすきっかけともなったのである．

そのうえしかも，1980年代に入るとアントニー・ブリュワーのカンティヨンの体系的な経済理論研究，アントイン・E. マーフィーの伝記的評伝の功ともあいまって，カンティヨンという人物と作品の理解がふかまった．とくにマーフィーはカンティヨンだけでなく，かれのライバルであるスコットランド出身の稀代の銀行家ジョン・ローの伝記的評伝によって両者の理論的継承関係を踏み込んで考究し，ジェヴォンズによって等閑視されたカンティヨンの経済理論の形成過程におけるローの影響を解き明かした．もちろん，このような研究視角はブリュワーやマーフィーがはじめてではない．ルグランはカンティヨンの「主要な思想的源泉」をローとかれの冒険事業を批判するなかから生まれたものであるとして，カンティヨンの「以前」と「以後」のシークエンスに目を向けるきっかけをあたえていた．ポール・アルサンの『ジョン・ロー全集』はその成果のひとつであった．ルグランの研究はそれにとどまらず，いわば意図せざる結果として，フィジオクラート派やスミス学説とのシークエンス，さらにジョン・ロー，遡ればサー・ジョサイア・チャイルド，サー・ウィリアム・ペティ，エドワード・ミッセルデンやトマス・マンらとの関連にも目を向ける必要性を示したのである．

ことほどさように，のちにヴァンサン・ド・グルネーらによって『商業試論』のタイトルで日の目をみることになるカンティヨンの草稿——それが英

語であったか，フランス語であったかはいまここで問わない——には，スコットランド出身のローや，かれも目を通したであろうペティ，チャイルドらのアイディアをすくなからず認めることができる．ルグランが「後期重商主義者たちのもっていた基本的なアイディアを修正・改善し，そして要約した」というのは，まったく正しい[6]．ただし，それが「のちにフィジオクラート派〔の理論〕を成長させることになる．かれは重商主義とフィジオクラート派とをつなぐ橋渡し役であった」かどうかは異論のあるところではある．

それでは「後期重商主義者たちのもっていた基本的なアイディア」とはどのようなことをいうのであろうか——．価値論，貨幣論，企業者論，銀行・信用論，それに為替理論など——なるほどカンティヨンは，ジェヴォンズのいうとおり「租税の問題をのぞいては，簡潔な仕方においてほとんど経済学の全領域にわたっている」[7]といってよい．しかし問題は，カンティヨンの"修正・改善・要約"がはたして有効であるのか，そして「のちにフィジオクラート派〔の理論〕を成長させることになる．かれは重商主義とフィジオクラート派とをつなぐ橋渡し役であった」[8]といえるかどうかという点にあ

---

6) ルグランが「後期重商主義」をどのような意味で用いているかさだかではないが，このタームはスウェーデンの経済学者エリ・F. ヘクシャーによって注目された．だが，もともと重商主義とは経済政策体系を指し，政策的主張したがってまた経済思想を意味するものではない．ヘクシャー説はこの点きわめて曖昧であり，D. C. コールマンらによって完膚なきまでに論難されたことは，つとに知られるところである（Colemann [1957] 参照）．ヘクシャー説は今日ではほとんど顧みられることはないけれども，かれのいわゆる「後期重商主義」者のなかにペティやチャイルドやローなどがふくまれることはたしかである．このうちローについては，アメリカの経済学者ロバート・V. イーグリーのように，ローを「紙幣重商主義者（paper money mercantilist）」と呼ぶ研究者もいるが，ヘクシャー説が一定の影響力をもっていた時代の産物である．なお，以上の点については，さしあたり，中川 [2011]（とくに第2部第5章「ジョン・ローのマクロ経済分析研究」）を参照されたい．

7) Jevons [1881], p. 342. 訳 72 ページ．

8) ジェヴォンズが『商業試論』第 III 部の貿易収支に関する理論を例に，カンティヨンに「重商主義的誤謬の痕跡はいささかも存在していない」というのは正しいであろう．曰く，「カンティヨンが，ある国が製造品を隣国に販売するにあたり，その分量が貿易差額を正金で流入せしめるほどのものであるならば，その国においては結局のところ物価上昇の率は高まるであろう」と結論している．この理論には，重商主義的

る．

　いま価値論を例にみてみよう．カンティヨンの『商業試論』は「一国の土地と労働」の生産物の生産と交換と流通を対象にしていることは明らかであり，ジェヴォンズのいうとおり，カンティヨンの「思想の系統を極限にまで確かめようとするならば，われわれは，サー・ウィリアム・ペティにまでさかのぼる」[9]ことができる．だが，カンティヨンはかれの著書で，土地を生産に対する唯一の制約条件として生産物の生産と交換と流通を明らかにしようとしたところにその際立った特徴がある．スタートラインで富の源泉を土地と労働にもとめ，このふたつに価値の決定要因をゆだねたペティの影響を認めることができるにしても，すべてにおいてペティを踏襲したわけではない．カンティヨンは土地と労働によって決定される生産物の価値あるいは内在価値と市場価格との関係を論じている．すなわち，価格の変動とは供給を需要に順応させることができないために生じ，これを調整するのが企業者の主たる機能であると説明している．

　スペングラーのいうように，カンティヨンはそこで「価格メカニズム」を明瞭かつ的確に説いたはじめての人物といって評価されるのであるが，カンティヨンは生産物の価値を事実上労働に還元しているようにみえ，それゆえかれの議論が一貫しているとは思われない．とはいえ，かれの内在価値論は，一方でアンヌ・ロベール・ジャック・テュルゴーの「基本価値」論の，他方でアダム・スミスの「自然価格」論の先駆的アイディアとして評価されている．ただテュルゴーが価値の源泉を土地や労働ではなく人間の欲求や欲望にもとづく商品の「有用性（bonté）」などにもとめる一種の主観価値説——心理経済価値学説あるいは感覚的経済価値学説——によって，スミスはペティやカンティヨンと同じく価値の源泉を土地または労働にもとづくとした客観価値説によって，カンティヨンの理論を受け継ぐという相違があるにはある．はたしてそのように考えることができるとすれば，櫻井毅が『資本主義の農

　　　誤謬の痕跡はいささかも存在していない（Idem, p. 348. 訳 79–80 ページ）．
　9）　Idem, p. 342. 訳 73 ページ．

業的起源と経済学』のなかで引用している，アメリカの経済学者デイヴィッド・マクナリの一節は，カンティヨンと『商業試論』の経済学史上の意義と位置づけを考えるさいに有力な手がかりをあたえてくれるように思われる．すなわち，

> 非常に多くの解説者は，〔サー・ウィリアム・〕ペティが，その一般的な概念についても，概念的な構成においても，分析のやり方についても，〔リシャール・〕カンティヨンに主要な影響を与えた人物だという．しかしペティの分析は経済問題に対するカンティヨンの見解の多くに対して出発点を形成したかもしれないが，『商業試論』は経済学におけるすべての先行者の業績に対して重要な前進を表わしている[10]．

マクナリのカンティヨン評価は，奇しくもルグランのいわゆる「〔カンティヨンは〕後期重商主義者たちのもっていた基本的なアイディアを修正・改善し，そして要約した」と一脈相通ずるところがある．もっとも，それがはたして「のちにフィジオクラート派〔の理論〕を成長させることになる．かれ〔カンティヨン〕は重商主義とフィジオクラート派とをつなぐ橋渡し役であった」といえるかどうかとは別の問題である．それというのも，カンティヨンの経済学体系は土地を生産に対する唯一の制約条件としたところにその際立った特徴があるのに対して，ケネーはこれを土地の耕作，したがってまた農業と誤解したか，あるいは読み替えて解釈し，自己の理論を形成したと考えられるからである．

例えば，ジェヴォンズは『商業試論』第Ⅰ部第12章「一国のあらゆる社会階級およびこれに属するあらゆる人間たちは土地所有者たちの支出によって生存し富裕になる」を根拠に，「ケネーの編集者ばかりでなく，ケネー自身も率直に，偉大なフランスの経済学者〔中略〕の学派の起源を〔『商業試

---

[10] McNally [1988], p. 96. ただし引用は櫻井訳によった（櫻井 [2009], 193ページを参照されたい）．

論』〕に帰している」[11]という．しかし，カンティヨンが土地所有のすべての収入が農業用地として貸し出された地代であるとはいっていないことは，つづく諸章の議論をみれば明らかである[12]．

　はたしてそうであったとしても，ケネーにとっては「誤解」がさいわいして，経済学の歴史に花を添える『経済表』のアイディアを提供することになったのであるから悪いことばかりでなかった．もちろんだからといって，くり返しになるが，ルグランのように「のちにフィジオクラート派〔の理論〕を成長させることになる．かれ〔カンティヨン〕は重商主義とフィジオクラート派とをつなぐ橋渡し役であった」といえるかどうかとは別の問題である．そして，ケネーの『経済表』に有力なヒントをあたえたカンティヨンの所得流通フロー論——3つの地代論——は，ジョン・ローの『貨幣と商業に関する考察』，サー・ウィリアム・ペティの『政治算術』にまでその淵源をもとめることができるが，しかしカンティヨンの「3つの地代」論には，利潤の源泉ともいえる，ケネーの「純生産物（produit net）」に近いアイディアを認めることができることもまたたしかである[13]．それはまた，マクナリのい

---

11) Jevons [1881], p. 348. 訳78ページ．
12) しかるに，ジェヴォンズのいう「ケネーは〔中略〕カンティヨンのある他の見解に不当な重要性をあたえ，土地のみに依存するまったく一面的な経済学の体系をつくった」（Idem, p. 343. 訳73ページ）はまったくの誤解であって，土地の耕作すなわち「農業にのみ依存するまったく一面的な経済学の体系をつくった」というべきであったろう．ジェヴォンズはデールの解釈をその「権威」の高さのゆえに受け容れたものと思われるが，以下に引用するジェヴォンズの文章のいうところは，ケネーがたとえなんといおうがいうまいが，まったく正しい．ジェヴォンズの曰く——．「ケネーがかれの主要原理を〔『商業試論』〕から実際に得たということについても，その積極的な論拠に欠けているわけではない．ユジェーヌ・デールは重農主義者の全集の編集者であり，かれ以上の権威はいないのであるが，かれは，ケネーの『土地は富の唯一の源泉である』という基本的教義は，カンティヨンの〔『商業試論』〕の冒頭の章から借用されたものらしい，とはっきり指摘している」（Idem, p. 354. 訳86ページ）．
13) ケネーの「純生産物」論は，テュルゴーの支持するところとなり，それがためにかれをフィジオクラート派とする説がある．しかし，ケネーと異なり，テュルゴーはこれを農業に限定せず，すべての産業に適用した（カンティヨンも農業にのみ利潤の源泉をもとめていない）．フランスのマクロ経済学者クロード・ジェシュアのい

わゆる「すべての先行者の業績に対して重要な前進」の証左といえるかもしれない．

　これと同様のことは，カンティヨンの『商業試論』の経済理論のなかでもっとも高く評価される貨幣分析についてもいえる[14]．かれの貨幣数量説にもとづく「貨幣の流通速度」論は，アントイン・E. マーフィーの研究によって，ジョン・ローに影響されたものであることは，いまや周知のことに属する．だが，それにもかかわらずカンティヨンの貨幣論にはすくなからぬ難点を認めないわけにはいかない．その最大のポイントは貨幣の定義そのものにある．既述のように，かれは『商業試論』のなかで貨幣について論じたくだりは多々あるが，明示的にこれが標題となるのは第II部第3章「貨幣の流通について」である．しかし読んで字の如し，ここでは「貨幣の流通」が論じられても，その前提となる貨幣の定義らしき記述は見当たらない．それを所与として「貨幣の流通」を説明しているように思われる．重複を避け結論だけを摘記すれば，かれのいう貨幣とは価値尺度，交換手段，あるいはまた支払手段であり，例えば「資本としての貨幣」に代表される，より広くかつより積極的な貨幣の機能についてはこれを認めないところに，かれの貨幣論の特徴がある．

　カンティヨンの貨幣論が"真価"を発揮するのは『商業試論』第III部後

わゆる「純生産物の一般化（généralisation du produit net）」（Jessua [1991], p. 102 et suivre）である．また，いま地代に限ってみても，テュルゴーはケネーと違って，土地所有者に支払う地代を基本価値にふくめない．地代は企業者である借地農業者の利潤から差し引いた純生産物の処分可能な一分枝であり，ジョエル=トマ・ラヴィックスおよびポール=マリー・ロマーニはテュルゴーの純生産物を「残余純生産物（produit net résidu）」（Ravix et Romani [1997], p. 46）と呼び，ケネーのそれと区別している．

14）　例えば，ジェヴォンズはこういっている．「〔カンティヨンとデイヴィッド・ヒューム〕のふたりはいずれも，一国の貨幣は急速に増加または減少するものと想像している．しかし，ヒュームはこの問題に漠然とした文学的優雅さをもって論じているのに対して，カンティヨンの場合は，物価におよぼす影響を当代の〔ジョン・エリオット・〕ケアンズあるいは〔アントワーヌ・オーギュスタン・〕クールノーのような科学的正確さをもって分析している」（Jevons [1881], p. 353. 訳86ページ）．

半の銀行・信用論においてである．すなわち，カンティヨンの銀行・信用論の核心は，銀行業務を狭義の商業銀行ないしリテールバンキングとしたうえで，銀行の提供する信用の効用を「貨幣流通を速める」短期の流通信用に限定し，紙幣発行と信用創造をバックとする中長期の企業金融・投資銀行業務はこれを「危険」視して積極的に容認しないというところにある．これはロベール・ルグランが的確に指摘したように，ローの銀行・信用論の「対極」をなす論理であり，そして『商業試論』の執筆の主要なきっかけであったが，一時期とはいえカンティヨンがローの冒険事業に協力して巨万の財を手にしたという嫌疑への「弁明」これに努めるものであった以上，中長期の信用の効用に与しない交換手段や支払手段としての貨幣の機能を前面に押し出すことになったのは理の当然であった．もちろん，それが稀代の銀行家カンティヨンの本意であったかどうかは，いまとなっては知る由もない．

　しかしながら，そうしたカンティヨンの銀行・信用論，とくにかれの強調した「国立銀行」の「不安定性や危険性」は，その後のヨーロッパ諸国の動向を見れば，正鵠を射たものとはいえない．何よりもまず，カンティヨンの意に相違してイングランドの国立銀行は生き残り，フランスでも18世紀末には国立銀行が再興されたことがその証左である．そしてこの問題をさらにつき詰めていうならば，カンティヨンの貨幣論は最終的に近代経済学の最重要概念である「資本」に至る道を塞いでしまったということができる．

　もちろん，カンティヨンにも「資本」概念に相当するアイディアがあるにはある．例えば，「資財（fonds/stock）をまったくもたず自らの労働によるだけの」企業者，あるいはまた「貨幣（fonds/stocks）をまったくもたず自らの労働によるだけの」企業者がそれであるが，しかしここでの「資財」や「貨幣」といった用語はいずれも，ペティやチャイルドらの表現を踏襲したにすぎない．ラテン語の"capitalis"を語源とする「資本（capital）」概念の成立はテュルゴーの登場を待たなくてはならなかった．かれは代表作『富の形成と分配に関する諸省察』のなかで近代商業社会の，あるいはまた市場経済社会の「新しい富の概念」としての資本が富の生産と分配の主要な担い

手であることを明らかにしたが，テュルゴーの理論は，貨幣の積極的機能を容認したかれの"メントール"グルネーの主張を継承・発展させたものである．そしてそのグルネーはといえば，チャイルドの『新商業講話』の議論を吟味・検討して資本理論の原型を生み出した．

その意味からすれば，資本概念の生成と成立は，チャイルド―グルネー―テュルゴーの理論的継承関係を抜きに語ることはできない[15]．ばかりか，テュルゴーは，グルネーが最終的には採用しなかった資本の所有者を意味する「資本家（capitaliste）」の用語を復活させ，資本家と企業者との相互関係を考究したうえで，さらに進んで「資本家的企業者」概念を生み出したことは，つとに知られるところである．

ありていにいえば，グルネー＝テュルゴーの資本理論には貨幣の積極的機能を主張するジョン・ローとの間に共通性をすくなからず見出すことができるのであるが，ことが銀行・信用論に及ぶと，テュルゴーはグルネーとは異なり，ロー流の紙幣発行をつうじた中長期の信用論に与せず，カンティヨン流の短期の流通信用を支持する．テュルゴーの貨幣論や信用理論は，スミスをはじめとする後世の経済研究者の多くによって受け容れられて銀行・信用論の古典的ひな型となったといわなくてはならない[16]．しかも，フランスの

---

15) この点については，Brewer [2010]; Meyssonnier [2008]; 中川 [2013a; 2013b] を参照されたい．
16) フィジオクラート派の論客たちもまた銀行信用の効用を容認しなかった点では，テュルゴーと同様であった．ただしかれらはローやテュルゴーと異なり，貨幣の積極的機能を容認しなかったという意味ではカンティヨンに近いといえるかもしれない．例えば，ピエール＝サミュエル・デュポンがテュルゴーの『富の形成と分配の諸省察』のオリジナル原稿を『市民日誌（*Ephémérides du citoyen*）』に掲載するさい自らの所見を「脚注」のかたちでつぎのように記したことに思いを致せば，この派の人間たちがテュルゴーのいわゆる貨幣の形態であれ，ストックの形態であれ，そもそも「資本」とその「蓄積」はこれをまったく認めようとしないことを容易に理解できる．デュポンはいう――．「収入の支出を節約することによってではなく，支出を有効に用いることによってこそ，資本は形成されるのである」(Turgot [1766b], p. 582-3. ただし，引用文は『テュルゴー全集（*Œuvres de Turgot et documents le concernant*）』の編集者ギュスターヴ・シェルによる脚注からのものである）．フィジオクラート派の教義では，貨幣は単に実物の交換取引を容易にするため

国立銀行の再建に手を貸したのは，だれあろう，テュルゴーであった．18世紀後葉には，グルネーをはじめ国立銀行再建の支持者が抬頭し，テュルゴーはこれに屈したのかもしれない．

仮にそうだとしてもナポレオンの設立したフランスの国立銀行――フランス銀行（Banque de France）は，イングランドにおけると同様に，やがて貨幣市場における「最後の貸し手（lender of last resort）」として発展をとげることになるが，ここでも時代は明らかにカンティヨンではなく，ローに味方した．ヘンリー・ソーントンによって紙幣発行を正当化する理論が打ち立てられると，テュルゴーが「悪魔の書（grimoire）」と呼ばわり忌み嫌ったローの『貨幣と商業に関する考察』が再評価され，カンティヨン＝テュルゴー流の銀行・信用論は結果としてその支持を失っていった[17]．証券市場も然り――．ロー・システム崩壊後ひさしく閉鎖された証券取引所もナポレオンの手によって建設された"ブロンニャール宮（Palais Brongniard）"――パリ証券取引所の所在地――がアムステルダムやロンドンの取引所とともに19世紀以降発展をとげたことは，歴史の示すところである．

カンティヨンが『商業試論』で展開した経済理論は，ルグランのいうように，出発点としてはペティをはじめとする先行者の「基本的なアイディアを修正・改善し，そして要約」したものであったかもしれないが，マクナリが的確に指摘したように「先行者の業績に対して重要な前進を表わしている」こともまたたしかである．だからこそ，ケネー，テュルゴー，スミスなど後世の人間たちは，程度の差こそあれ，カンティヨンの経済理論を評価したのである．もちろん，そのなかにはカンティヨンの経済分析の肯定的評価もあれば，批判あるいは否定もふくまれる．カンティヨンの『商業試論』の経済

の手段であり，雇用や生産，消費などの経済行動に影響をあたえるものではないということになる．その意味からすれば，かれらはのちに「貨幣ヴェール（veil of money）」説と称される考え方の「先駆者」のように思われる．なお，この点に関しては，Turgot [1767a] も参照されたい．

17) ソーントンの評価については，さしあたり，Murphy [2009c]; Dostaler [2012d] を参照されたい．

学における最大の貢献は，アレッサンドロ・ロンカッリアの著書のタイトルさながらに「発想の宝庫（ricchezza delle idee）」にあり，読者はそのアイディアをそれぞれに吸収するか，あるいは批判的に継承したといえるかもしれない．

そのさい忘れてならないことは歴史的状況とこれに規定された時代精神（Zeitgeist）である．シモーヌ・メイソニエはこれを「1755年の転換（tournant de 1755）」と呼んで解釈を試みている[18]．それはこういうことである——．すでにみたように，18世紀中葉以降，フランスは新しい時代精神としての啓蒙思想が既成の思想や概念を打ち破りつつあった．いまこれを経済思想に限定していうなら，『百科全書（*Encyclopédie*）』はもとより，エティエンヌ・ボノ・ド・コンディヤックの『人間認識起源論』や『感覚論』が刊行されたほか，1751年にはナポリ王国でフェルディナンド・ガリアーニ神父の『貨幣論』が出版され，さらにはサー・ジョサイア・チャイルド，デイヴィッド・ヒュームをはじめとするイングランドやスコットランドの新思想がフランスに移入された．グルネーとかれの支持者たちが国内外の新思想を積極的に紹介したのもそうした時代背景があったからである．グルネーが音頭を取って翻訳したチャイルドの『新商業講話』，カンティヨンの『商業試論』などの書籍が日の目を見たのもこの時分である．

もっとも，主観価値学説の原型のひとつといわれるガリアーニの著作——ただし当時は匿名の書であった——は当初フランスではほとんど注目されなかったが，外国語に堪能なアンドレ・モルレが1760年代にガリアーニの著書の一部（『貨幣論』第1編第2章）を仏訳し，友人のテュルゴーがこれを参照したことがいまや明らかになっている[19]．また，ニコラ・デュトらの著作

---

[18] 以下の記述は，Meyssonnier [1989], p. 237 et suivre による．
[19] 山川義雄は自著『近世フランス経済学の形成』において，ガリアーニの『貨幣論』に関連して，ジード＝リストが『経済学説史』のなかで「チュルゴ〔テュルゴー〕がコンディヤックに着想を与え，彼〔テュルゴー〕自身はガリアニ〔ガリアーニ〕に負う（原注）」といったことに対して，「ジードのこの規定はきわめて不正確である」（山川 [1968]，170ページ）とのべているが，正しいであろう．本書第2章の

の影響もあってジョン・ローの評価も変わりつつあった．その意味では，カンティヨンの価値論や銀行・信用論は旧聞に属する学説といえないでもないものの，価値・価格論，企業者論などは当時から高い評価を受け，テュルゴーやスコットランド出身の偉大な思想家アダム・スミスらもすくなからず影響され自らの経済理論に採り入れたことは，すでにみたとおりである．以上，見方を変えていうならば，アイルランド出身の銀行家は，先行諸学説の後継者という有利なポジションを享受するのみならず，18世紀フランスの時代精神である啓蒙思想の恩恵に浴したひとりであったかもしれない．

たしかにカンティヨンの発想のいくつかは失敗に帰したとはいえ「経済学におけるすべての先行者の業績に対して重要な前進をあらわす重大な貢献」

脚注52でみたように，1750年代には本書の作者がガリアーニであるとは知られていなかったから，テュルゴー自身が心理経済価値学説をガリアーニに負うと考えられるにしても，この説の誕生に至るプロセスは，手塚壽郎が「心理的經濟價値説の歴史的研究の一節——チュルゴーの Valeurs et monnaies の想源に就いて」のなかでいうように，コンディヤックの『人間認識起源論』や『感覚論』があり，さらに遡れば「Montanari〔ジェミニアーノ・モンタナリ〕もある（原注）．尚遡れば Buridan〔ジャン・ビュリダン〕もあらう（原注）」（手塚 [1933], 1ページ）．しかるに，テュルゴーが「コンディヤックに着想を与えた」とはいえないであろう．テュルゴーの論稿のなかでガリアーニの名が登場するのは，1769年に執筆したといわれる未定稿の論文「価値と貨幣」がはじめてである（Turgot [1769], p. 88を参照されたい）．もっとも，テュルゴーのガリアーニ評はかなり辛辣であり，友人モルレがその回想録のなかでいうところによると，例えばモルレが作成した「小麦の取引に関するガリアーニ師の対話への反駁」に寄せて，テュルゴーは1770年1月26日に書簡文作家のジュリー・ド・レピナスに書き送った書簡のなかで，ガリアーニの「文体と形式の軽妙さ，独創性，心地よさ，そして実に奔放な陽気と実に綿密な論法が混在している」点をほめたのちこういっている．すなわち，ガリアーニは「人間が生活の糧を得るために用いる手段についての本を書く際，第1章を足のないひとからはじめる書き手に似ています．あるいは，三角形の特性を論じるために，最も単純な三角形として白い三角形からはじめ，つぎに青い三角形，そして赤い三角形等，と論じていく幾何学者に似ています」（Turgot [1770b], p. 420）．ちなみに，ジャン・ル・ロン・ダランベールの熱心な支持者としてつとに知られるレピナス嬢に宛てたテュルゴーの書簡は，モルレの回想録にも転載されている（Morellet [1821], p. 331. 訳，290-1ページ．ここでの引用は邦訳に従った）．なお，18世紀後葉のフランスにおけるガリアーニとかれの著作に対する評価については，Tiran [2005], pp. XXXIV-XXXVIIIを参照されたい．

をしていることは否定のしようのない事実である．アントイン・E.マーフィーの指摘する演繹モデルによる経済分析の手法もそのひとつであり，かれはカンティヨンが経済学の領域にはじめて演繹的モデル分析を導入した功をあげているが，けだし卓見といわなくてはならない[20]．カンティヨンの提起した経済モデル分析は，程度の差こそあれ，のちの経済学者の多くが経済分析を行ううえでの基礎として継承され，経済学の発展を方向づける重要なきっかけであった．

だが，カンティヨンの演繹的モデル分析の手法はかれ本来のオリジナルではない．マーフィーのいうように，その原初的なアイディアはペティをはじめとする先行者のなかに認められるからである．そのなかでもカンティヨンがもっとも影響を受けたのは，ジョン・ローが『貨幣と商業に関する考察』のなかの「ある孤島」を例とする，ごく単純な経済モデル——マーフィーはこれを「孤島経済モデル」と命名した——である[21]．それによると，ローの持論である貨幣と商業とは相互に依存するから，貨幣が減少して雇用が減退し，商業が停滞する状況を回避するには，（信用創造によって）貨幣——信用貨幣としての紙幣——の供給量を増加させることである．貨幣は雇用を創出し，それが財・サービスの購入に充てられ，商業は（再）活性化するという寸法である．

ジョン・ローのモデルは，農業主体の原初的な物々交換経済から農業経済に製造業をふくむ産業システムの生成と発展を可能とする貨幣経済・市場経済への転換を論じている——つまり土地所有者と借地農業者と製造業セクターの労働者の間の所得流通フローの理論がそこに介在しているといってよい．かたやカンティヨンの経済モデルは，ローの「孤島」を「ある王国」——すなわち一国を対象とするものへと変換したものであるが，しかしそれはただ単に分析手法の精緻化にとどまらない重要な要素をふくんでいた．櫻井毅の

---

20) Murphy [1997b], pp. xviii-xx；Murphy [2009a], pp. 78-80.
21) ローの「孤島経済モデル」については，さしあたり，中川 [2011]，66-8ページを考照されたい．

的確な言葉を借りていい換えるならば，カンティヨンの経済モデル分析は「経済社会を何らかの形で完全に統一的で完結的な社会として把握する方法」であり，かつ近代経済学の対象である商品経済ないし市場経済を「その全面性においてととらえる視角」[22]を提示するものであった．カンティヨンはこれを素朴で荒削りではあるが提示したのである．だからまた，かれの「3つの地代」論は，のちのケネーの『経済表』の構想を先取りしていた，と櫻井はいうのである．すなわち，ケネーは経済のシステムを農業資本主義の三肢構造——地主（土地所有者），借地農業者，農業労働者の三分割制——の「再生産の原理として把握し，それを貨幣による商品交換によって媒介することによって『経済表』に簡潔にまとめた」[23]．

はたしてそのように考えられるとすれば，カンティヨンはペティの後継者以上の存在であった．ケネーやフィジオクラート派の発想に近いもの——久保田明光一流の表現を借りれば「フィジオクラシー確立直前の先駆者」[24]といえるかもしれない．あるいはまた，ロベール・ルグランのように「フィジオクラート派の先駆的重商主義者」というべきであろうか．

いずれにしても，その意味するところはケネーの『経済表』がカンティヨンの所得流通フロー論に着想を得たものであることにほかならない．しかしながら，ジェヴォンズが「カンティヨンは重農主義の一面性をまぬかれていたといえる」[25]ということもまたたしかである．ただしそれは，かれのいう「マルサス的人口理論のほとんど完全な先駆形態」[26]が認められるという理

---

22) 櫻井［2004］，42 ページ．
23) 同上，46 ページ．なお，櫻井はケネーと重農主義との関係についてこういっている．「重農主義というのはケネーの経済学を中心とした経済体系で，一八世紀フランス啓蒙主義的把握の一つの特徴を示すものといってよいが，核心は経済の農業資本主義的性格をその政策的・実践的課題に据えたことであると思う．他方そのフィジオクラシイ（自然の支配）の名の由来のとおり，重農主義は自然法思想に色濃く染めあげられたものであり，その点に経済学に対する特殊な貢献がひそんでいる」（同上，44 ページ）．
24) 久保田［1965］，34 ページ．
25) Jevons［1881］，p. 347. 訳 78 ページ．
26) Idem. 同上．この点については，Tarascio［1981］もあわせて参照されたい．

由からでは断じてない．くり返しになるが，それはケネーの誤解のなせる業ともいうべきものであって，土地が生産に対する唯一の制約条件をなすというカンティヨンの考えを，農業への制約条件と読み替えた——単なる誤解であったか，あるいは故意かどうかはともかく——結果である．翻っていうなら，ケネーの誤解または読み替えが，いわば意図せざる結果として，経済学の歴史の錦上に花を添える「経済表」を成立させるファクターとなったのであり，ケネーとフィジオクラート派の面々にはさいわいしたというべきである．瓢箪から駒——そういっても決して誇張ではないであろう．

とはいえ，話はここまで，である．『商業試論』の他の経済学の領域については，ケネーやフィジオクラート派が強く影響を受けたという形跡は，貨幣分析を別にすれば，ほとんど見当たらない．反対に，ケネーは価値論についていえば，たとえそれが「名目的（nominatif）」であるとはいえ，コンディヤックらの心理経済価値説あるいは感覚的経済価値説を実質的に受け容れていることを認めることができる．そしてそのコンディヤックであるが，かれ自身が時代精神である啓蒙思想や『百科全書』の申し子に数えられるべき思想家であった．ばかりか，テュルゴー，モルレなども，畢竟，そういってよいのであるが，しかし他方ではかれらはまた"グルネー・サークル"のメンバーにふさわしく，イングランドやスコットランドやウェールズ，イタリア，ヘルヴェティア（スイス）などの哲学者・思想家たちとの交流によって開明的で自由な思想を貴ぶ人間でもあった．だからこそ，テュルゴーは『富の形成と分配に関する諸省察』において，基本価値論にとどまらず，かれの師グルネー譲りの「新しい富の概念」としての資本論やその所有者である資本家論を，カンティヨンの企業者論などを継承しつつ展開したのであるが，さらにそうしたテュルゴーの経済理論が，かれの定式化した「資本」概念をはじめアダム・スミスの『国富論』にもすくなからぬ影響を及ぼしたことは，何人も否定のしようのない事実としてつとに知られるところである．

それを可能としたものこそ，先に引用したデイヴィッド・マクナリの言葉を借りていうならば，カンティヨンの『商業試論』が「経済学におけるすべ

ての先行者の業績に対して重要な前進」をあらわしていたからであり，テュルゴーをはじめとする 18 世紀中葉という時代状況とこれに規定された時代精神の担い手たちがカンティヨンの「すべての先行者の業績に対〔する〕重要な前進」を読み解いた結果であった．『商業試論』はそうした人間たちにとって「発想の宝庫」であったのかもしれない．いまはたしてそのようにいうことが許されるとすれば，カンティヨンの経済学史上の，あるいは経済学の古典形成における貢献は，福田敬太郎の言葉が雄弁に物語るように「經濟學ノ發端」[27] ということに尽きるであろう．別言すれば，カンティヨンは経済学におけるすべての先行者の後継者であり，経済学を志すすべての人間たちの先駆者であったのである[28]．

---

27) 筆者の調べた限りでは，わが国におけるカンティヨン・プロパーの研究論文は，福田敬太郎の論文「經濟學ノ發端 Richard Cantillon」を嚆矢とする．すくなくとも初期の論稿のひとつと思われる．福田が 1920（大正 9）年に神戸高等商業學校の『國民經濟雜誌』に寄稿したこの論稿は，本論でも再三にわたって参照したウィリアム・スタンレー・ジェヴォンズとかれの後継者ヘンリー・ヒッグズの一連の論稿を要約し紹介したものであり，標題の「經濟學ノ發端」はジェヴォンズの "Cradle of Political Economy" を訳出したものである．本論では "経済学の揺籃" の訳語を踏襲したが，福田訳は言い得て妙と考える．

28) 本書第 1 章脚注 30 では，モンクレティアンとカンティヨンとの共通性についてみてきたが，『経済学要論』が発表されて約 1 世紀半後に出版された『商業試論』のなかでカンティヨンが行っている分析が格段の進歩をとげたことは何人も否定し得ない事実である．しかし同時に忘れてならないのは，このふたつの書物の著者であるモンクレティアンとカンティヨンが自らの作品にあたえたステイタスであり，作品の作成に関する動機や目的において際立った対照を認めないわけにはいかない．そういうのはアラン・ゲリである．それによると，モンクレティアンが宗教戦争に参戦したのは血で血を洗うキリスト教徒同士の戦闘――三十年戦争（1618～1648 年）――に終止符を打つためであり，かれはそうした自らの行動を後世の人間たちに知らしめるべく詩人・劇作家からエコノミストへの転身を図ったのである．カトリックからプロテスタントへと改宗したのは信仰上の理由から "bellator Dei（神の戦士）" になるためでは決してなかった（モンクレティアンに限らず当時はカトリックからプロテスタントへ，反対にプロテスタントからカトリックへと改宗した人間は決してすくなくないし，しかもブルボン朝の開祖アンリ 4 世の例を引くまでもなく，信仰上の理由というよりは，むしろ政治上の理由から改宗する人間もめずらしくはなかった）．モンクレティアンによれば，社会が宗教的暴力を終熄させ世俗的な営みである商業活動を活発にし，ひいては社会に安定の恢復と繁栄をもたらすためであった．それが『経済学要論』の執筆の直接的なきっかけであったというのである．

たしかにそこでは国家が世俗社会の商業活動を「統治」する主張を認めることができる——いい換えるならば，19世紀の「マンチェスター主義」的コードによって17世紀の社会を解読しようとするエリ・F. ヘクシャーやかれの所説を無批判的に受け容れたヨーゼフ・A. シュンペーターのいわゆる「重商主義」的政策に連なる一面があるとしても，決して非難すべきではないであろう．これに対して，カンティヨンは社会の安定や経済学の進歩のために貢献する気で論文を作成したわけではさらさらない．かれの関心事は，一に自身も一時期与力したジョン・ローの経済政策の失敗のなかから巨万の財をなした顛末を論理整合的に説明するところにあり，後世『商業試論』の名のもとでおおやけとなる草稿は，畢竟，窮地に陥ったカンティヨン自らを救い出す方便でしかなかった．つまり，自らの銀行の経営状況，したがってまた企業者としての営利行動を正当化するための弁明書である．だが，それにもかかわらずロー・システム崩壊後の荒廃したフランス社会が安定を回復すれば，商業が活発になり，ひとびとの暮らし向きが豊かになると考えていたふしもある．その意味からすれば，モンクレティアンとカンティヨンはそれぞれの観点から世俗の商業活動の重要性を説いたといえるかもしれない．すくなくともふたりは政治と商業（経済）の関係，とくに経済活動が政治からの一定の自律性を有することを，きわめて荒削りではあるが，分析し解説しようと試みたといえるかもしれない．はたしてゲリのように解釈することがもし可能であるとすれば，モンクレティアンの『経済学要論』は，トマス・マン，エドワード・ミッセルデン，サー・ウィリアム・ペティ，サー・ジョサイア・チャイルド，ピエール・ル・プザン・ド・ボワギルベール，ヴォーバン侯爵さらにはジョン・ローらの，カンティヨンに至る「最初の先行者」の経済学の論文として高く評価されなくてはならないであろう．なお以上については，Guery [2011], pp. 54-5 ; Perrot [1992], pp. 63-6 を参照されたい．

付録　リシャール・カンティヨン著
　　　『商業一般の本性に関する試論』目次（仮訳）

　以下ではアルフレッド・ソーヴィーを編集者に1952年にフランス国立人口研究所（INED）から出版された『商業一般の本性に関する試論』（*Essay sur la nature du commerce général*, à Londres, Chez Fletcher Gyles, dans Holborn, 1755）の復刻版（Richard Cantillon (sous la direction d'Alfred Sauvy), *Essai sur la nature du commerce en général*, Paris, Institut national d'études démographiques, 1952）の再版（1997年刊）を底本とした．このテキストには，1952年版の出版にさいしてソーヴィーほかフランス内外の研究者4名の寄稿論文のほか，新たに「諸言」（エリック・ブリアンおよびクリスティーヌ・テレ）および「序文」（アントイン・E. マーフィー）が加わった．本文は，1755年版とミラボー侯爵が借り受けていたカンティヨンの「手書きの草稿」のほか，津田内匠が1978年に北フランスの都市ルーアンの公立図書館で発見した「別の草稿」との異同が注で分かるように工夫されている．訳出にあたっては，これらの異同を脚注で明記した．

商業一般の本性に関する試論
(Essai sur la nature du commerce en général)

第I部
第1章　富について（De la richesse）
第2章　人間の社会について（Des sociétés d'hommes）
第3章　村落について（Des villages）
第4章　町について（Des bourgs）

第5章　都市について（Des villes）

第6章　首府について（Des villes capitales）

第7章　労働者の労働の価値は職人のそれよりも低い（Le travail d'un laboureur vaut moins que celui d'un artisan）

第8章　職人たちの稼ぎはかれらが引き受けた仕事や事情しだいである．ある職人たちの稼ぎは多く，あるものたちのそれはすくない（Les artisans gagnent, les uns plus, les autres moins, selon les cas et les circonstances différents）

第9章　一国で働く農業労働者，職人その他の数は，ひとびとがもつ欲求に応じておのずと決まる（Le nombre de laboureurs, d'artisans et d'autres, qui travaillent dans un État, se proportionne naturellement au besoin qu'on en a）

第10章　ある物品の価格および内在価値は通常その生産にふくまれる土地と労働とによって尺度される（Le prix et[1] la valeur intrinsèque d'une chose en général est la mesure de la terre et du travail qui entrent dans sa production）

第11章　土地の価値と労働の価値との等価または関係について（Du pair ou rapport de la valeur de la terre à la valeur du travail）

第12章　一国のあらゆる社会階級およびこれに属するあらゆる人間たちは土地所有者たちの支出によって生存し富裕になる（Tous les orders et tous les homes dans un État subsistent et s'enrichisent aux dépens des propriétaires de la terre）

第13章　ヨーロッパでは諸物および諸商品の生産と同じように，その流通および交換はすべて自ら危険を冒す企業者たちの仲介によって行われる（La circulation et le troc des denrées et des marchandises, de

---

1) ミラボー侯の所持していた草稿では"et"（および）ではなく"ou"（または，もしくは）である．したがって，本章のオリジナルの標題は「ある物品の価格もしくは内在価値は通常その生産にふくまれる土地と労働とによって尺度される」である．

même que sa production, se conduisenet en Europe par des entrepreneurs, et au hazard）

第14章　一国の土地の使途は君主と，とくに土地所有者たちの気質や習慣や生活様式によって決定され，そしてそのことがまたあらゆる産物の市場での価格変動の原因となる（Les humeurs, les modes et les façons de vivre du prince, particulièrement[2] des propriétaires de terre, déteminent les usages auxquels on emploie les terres dans un État, et causent, au marché, les variations des prix de toutes les choses）．

第15章　一国における人口の増減は，主として土地所有者たちの意向や習慣や生活様式によって決定される（La multiplication et le décroissement des peoples dans un État dependent principalement des volontés, des modes et des façons de vivre des propriétaires de terre）

第16章　一国の労働が多くなれば，その国は当然のこととしてそれだけ富裕になると考えられている（Plus il y a de travail dans un État, plus l'État est censé riche naturellement）

第17章　金属と貨幣，主として金と銀について（Des métaux et des monnaies, particulièment de l'or et de l'argent）

第II部

第1章　物々交換について（Du troc）[3]

第2章　市場価格について（Des prix des marchés）

2）　ミラボー侯が所持していた草稿では"particulièrement"（とくに）という言葉は存在しない．したがって，本章のオリジナルの標題は「一国の土地の使途は君主と土地所有者たちの気質や習慣や生活様式によって決定され，そしてそのことがまたあらゆる産物の市場での価格変動の原因となる」である．

3）　カンティヨンは通常"troc"と"échange"を区別せずに用いている．ただ"troc"は英語の"barter"に近く，第I, II部では「物々交換」の語義で用いられるケースが多い．また第III部において"troc par évaluation"という表現も登場するが，その意味するところは「評価〔または尊重〕による物々交換」と考えられる．

第 3 章　貨幣の流通について（La circulation de l'argent）
第 4 章　貨幣流通が交換において速くなったり，あるいは遅くなったりすることに関する別の考察（Autre réflexion sur la vitesse ou la lenteur de la circulation de l'argent, dans le troc）
第 5 章　一国における通貨の流通の不均等について（L'inégalité de la circulation de l'argent effectif dans un État）
第 6 章　一国における通貨量の増減について（De l'augmentation et de la diminution de la quantité d'argent effectif dans un État）
第 7 章　一国における通貨量の増減について――同一主題のつづき（Continuation du même sujet de l'augmentation et de la diminution de la quantité d'argent effectif dans un État）
第 8 章　一国における通貨量の増減に関する別の考察（Autre réflexion sur l'augmentation et de la diminution de la quantité d'argent effectif dans un État）
第 9 章　貨幣利子およびその諸原因について（De l'intérêt de l'argent et de ses causes）
第 10 章　一国における貨幣利子の高低の諸原因について（Des causes de l'augmentation et de la diminution de l'intérêt de l'argent, dans un État）

第 III 部

第 1 章　外国との貿易について（Du commerce avec l'étranger）
第 2 章　外国為替とその性質について（Des changes et de leur nature）
第 3 章　外国為替の性質の理解のための別の説明（Autres éclaircissements pour la connaissance de la nature des changes）
第 4 章　貨幣として用いられるさまざまの金属の諸価値の比率の変動について（Des variations de la proportions des valeurs, par rapport aux métaux qui servent de la monnaie）

第5章　鋳造貨幣〔金貨・銀貨〕の価値の増減について（De l'augumentation et de la diminution de la valeur des espèces monnayées en denomination）

第6章　銀行および銀行信用について（Des banques et de leur crédit）

第7章　国立銀行の効用に関する別の説明および研究（Autres éclaircissements et recherches sur les utilité d'une banque nationale）

第8章　ジェネラル・バンクの信用の巧緻（Des raffinements du crédit des banques générales）

付論

I. カンティヨン—ケネー—テュルゴー
18世紀フランス価値学説形成の歴史的考察

「われわれは問題を，誤った角度から見てきた．つまり，数学的側面から．〔中略〕複雑怪奇な犯罪計画に目をくらまされ，もっとも大事な点を見逃してしまった．人間的要因を……」
——ポール・アルテ『七番目の仮説』より

はじめに

　経済学の黎明期（aube de l'économie politique）といわれる18世紀のフランスにおいて，リシャール・カンティヨン，フランソワ・ケネーそれにオーヌ男爵アンヌ・ロベール・ジャック・テュルゴーが経済思想や経済理論の形成と発展においてはたした先駆的役割と経済学史上の貢献は広く知られるところである．後世の経済学の理論研究において，これら3人の先行者の名に言及せず，かれらの著作について論じられることがないというようなことはまずないといってよい．もっとも，各人の経済思想や経済理論の形成と発展においてはたした役割や経済学史上の貢献とははたしてどのようなものであり，どのように評価すべきか，そのさいそれぞれの経済思想や経済理論の形成過程における価値学説の理論的継承関係を見出すことできるのか，できるとすればそれは何がどのようなかたちで継承されたのか——などの諸点については，その学問的業績の偉大さをみることが弘通の見解となっているものの，今日なお議論が絶えないのも事実である．
　とりわけ，この論文の対象とする価値学説の形成と発展を論ずるとき無視できない重大な問題を提起することになる．それというのも，経済学の歴史をふり返るとき，その出発点が市場で売買される財・サービスの価格を規定

するものは何か，それはどのように決定されるのかという問いに対する省察と答えを見出すところにあったということができるが，価値と価格（あるいは価値と貨幣）の関係の理論的解明が課題として提起されたとき，経済学はそれ自体を確立するきっかけを見出したといえるからである．この点はのちに詳述することにし，ここではさしあたりつぎのことを確認しておきたい．

すなわち，イングランドの経済学者ウィリアム・スタンレー・ジェヴォンズは 1881 年に発表した論文「リシャール・カンティヨンと経済学の国籍（Richard Cantillon and the nationality of political economy）」において，カンティヨンの『商業一般の本性に関する試論（Essai sur la nature du commerce en général)』を「経済学の揺籃」として（再）評価したが，そのなかには価値論や価格論がふくまれることは当然である．ところがジェヴォンズが評価したのは，商品の価格が需要と供給の比率によって規定されると説いた経済学の歴史上最初の人物というよりは，むしろ経済学の「真に科学的学派」の祖アダム・スミス学説の基礎をなすところの，ケネーを開祖とするフィジオクラート派の学説の「主要な思想的源泉」としてのカンティヨンであった[1]．これをフランスの研究者ロベール・ルグランの言葉を借りて別言すれば，「フィジオクラート派の先駆的重商主義者」という解釈である[2]．そしてテュルゴーはといえば，『経済表（Tableau économique）』の著者ケネーの「後継者」にしてケネー学説の「完成者」，あるいはまたカール・マルクスに倣えば「最後のフィジオクラート派」というしだいである[3]．

---

1) Jevons [1881], p. 360. 訳 90 ページ．なお，カンティヨンの経済理論に関する最近の研究として，Brewer [1986]; Murphy [1986; 1992; 1997a; 1997b; 2009a] などもあわせて参照されたい．

2) さしあたり，Legrand [1900] を参照．ルグランの表現は，ジェヴォンズも参照したユジェーヌ・デールやルイ=ガブリエル・レオンス・ド・ラヴェルニュらの議論を踏襲したものである．くわしくは，Daire [1846]; Léonce de lavergne [1870] を参照されたい．

3) マルクスは有名な『反デューリング論（Anti-Düring）』の欄外注のなかで，カール・オイゲーン・デューリングのつぎの一節を引用している．すなわち，「テュルゴーとともに，フィジオクラシーは実践的にも理論的にも終焉していた」（Marx [1877], p. 1525）．なお，マルクスのテュルゴーの理解については，中川 [2013a;

こうしたカンティヨン――ケネー――テュルゴーの経済学史上の系譜は，ケネーを師と仰ぎ，"フィジオクラシー（physiocratie）"の用語の生みの親でもあるピエール゠サミュエル・デュポン――革命後"デュポン・ド・ヌムール"と改名――このかた，フランスの内外で多くの支持者を見出してきた．わが国も例外ではなく，とくに第2次世界大戦後の経済学史研究において"通説"としてまかり通ってきた．なるほどケネーがカンティヨンの流通フロー論を自著に取り込んだことを思えば，「カンティヨン――ケネー」の理論的な継承関係を認めることにやぶさかではない．この点，"ケネー贔屓"で知られるオーストリア出身の経済学者ヨーゼフ・A. シュンペーターの力に与るところ大であると推察される[4]．しかし，両人の価値学説については，カンティヨンが土地を富の唯一の源泉とする客観価値学説の立場に立つのに対して，ケネーは人間の欲求や欲望を価値の源泉とする主観価値学説のひとつをなす「感覚的（sensualiste）」または「心理的（psychologique）」経済価値説を信奉しているか，あるいはそれに近い見解の持ち主のように見受けられる．

はたしてそうであるとすれば，ケネーの立場に近いのはテュルゴーであり，フランスに帰化したエール出身の国際的銀行家リシャール・カンティヨンではないかのようにみえる．もちろんそれは，テュルゴーがケネー学説の「完成者」だからという理由からでは断じてない．やがて明らかにするように，テュルゴーが終生"メントール（Mentor）"と仰いだ時の商務監督官グルネー侯爵ジャック゠クロード゠マリー・ヴァンサンの経済思想に影響を受けたことは，今日では広く知られている．テュルゴーはフィジオクラート派と異なり，農業を唯一の産業セクターとする教義(ドグマ)に与しなかった．ばかりか，貨幣の積極的機能を容認して新しい富の概念「資本（capital）」を厳密に定義し，

2013b］もあわせて参照されたい．
4) さしあたり，Schumpeter [1954], pp. 222-3 を参照されたい．シュンペーターは『経済分析の歴史（*History of Economic Analysis*）』のなかでこういっている．「カンティヨンは経済表を最初に作成した人物である．〔中略〕かれはそれをグラフ形式に凝縮こそしなかったとしても，それはケネーの経済表と同じものである」．

かつその所有者「資本家（capitaliste）」の用語を生み出した人物でもある．代表作の『富の形成と分配に関する諸省察（*Réflexions sur la formation et la distribution des richesses*）』（以下，『諸省察』と略記）の経済学史上の最大の貢献は，グルネー譲りの資本を軸に商業社会の経済関係の組織的分析を行ったところにあるといって過言ではあるまい[5]．

　先を急ごう．カンティヨンもケネーも商品の価値の源泉をいいながらも，そのじつ価値をどのように測定するのかという段に話が及ぶと明確な説明を行ってはいない．とくにケネーがそうであり，かれは「人間論（Hommes）」と題する論文（1757年から58年の作品といわれるが未発表）のなかで，主観価値説に近い価値論を展開しているけれども，「土地価値説（théorie de la valeur-terre）」を提唱したカンティヨンと同様に，財やサービスの生産に入り込む価値規定に立ち入った考察を加えているわけではない[6]．ケネーの価値論を「名目的主観価値学説」と見付けたフィリップ・ステーネルやジルベール・ファッカレロらの言い分が正しいとすれば，カンティヨンのそれもまた「名目的客観価値学説」といわざるを得ない[7]．

　その意味からすれば，ケネーとテュルゴーとの理論的シークエンスよりも，むしろカンティヨンとケネーの間にこそ共通性を見出すことになる．そのテュルゴーはといえば，人間の精神において主観的に導かれる「尊重価値（valeur estimative）」が交換の条件である「評価価値（valeur appréciative）」――あるいは交換価値（valeur d'échange または valeur échangeable）――を決

---

[5] さしあたり，Charles, Lefebvre et Théré (sous la diection de) [2011]; Murphy [1986; 1992; 2009d]; Meyssonnier [2008] を参照されたい．

[6] Quesnay [1757-1758]．ちなみに，久保田明光は1936年に発表した「ケネーの價値論」のなかで，ケネーが「人間論」ののちに作成したといわれる「工業，商業などの優位性に関するH氏の草稿に答える（Réponse au Mémoire de M. H. sur les avantages de l'industrie, le commerce, etc）」や「農業王国の経済統治に関する一般原則（Maximes générales du gouvernement économique d'un royaume agricole）」などの論稿をケネー価値論の発展を示すものと考えている．さしあたり，久保田 [1936] を参照されたい．

[7] 以上の点については，くわしくは，Brewer [1987; 2010]; Faccarello et Cot [1992]; Hutchison [1982; 1988]; Steiner [1992] などを参照されたい．

定するありようを試みている.

　さらにいまひとつ，より重要な論点がある．ジョゼフ・J. スペングラーが 1952 年に発表した「カンティヨン——経済学者(エコノミスト)・人口学者 (Cantillon: l'économiste et le démographe)」と題する論文のなかでカンティヨンの経済学史上の最大の貢献を「価格メカニズムの働き」にあると喝破したことの意味についてである[8]．結論を先取りすれば，ケネーは事実上この問題にほとんど言及しておらず，この点，カンティヨンとテュルゴーの理論的継承関係はケネーとテュルゴーのそれに比べてよりクリアである．ケネーにあっては，自然的条件により極端な過不足の生じるケース（豊作や凶作）を除外した「平常時 (en paix)」の価格，ありていにいえば需要と供給が一致して，カンティヨン流の（中長期の）均衡価格である「内在価値 (valeur intrinsèque)」にヒントを得た「適正価格 (bon prix)」と市場価格 (prix courant) とが同一となる状態をつねに想定しているかのようである．

　これに対して，カンティヨンおよびテュルゴーは，需給の比率により規定される商品の市場価格は内在価値または基本価格——あるいは基本価値 (valeur fondamentale)——を中心に騰落すると説くのであるが，それはまた価格の変動を介して社会的諸資源が適正に分配される過程を意味する．ただカンティヨンが価格の調整を企業者の機能にもとめたのに対して，テュルゴーはさらに一歩進めて利潤最大化を追求する資本の産業部門間移動にもとづくというのである．

　テュルゴーの価値論がカンティヨン，ケネーと比較して精緻化・高度化されていることは，かれがリモージュ地方長官（知事）の任にあった 1769 年の作とされる「価値と貨幣 (Valeurs et monnaies)」（未定稿）のなかに認めることができる[9]．もっともかれの価値論への関心は，1753, 4 年ころ執筆

---

8) Spengler [1952] を参照されたい．
9) Turgot [1769]．テュルゴーは友人のアンドレ・モルレ神父の勧めによりこの論稿を作成したといわれるが，生前これを完成することはなかった．この論稿は結局，テュルゴーの友人のピエール=サミュエル・デュポンが 19 世紀初頭の 1809 年に編集・出版した『テュルゴー氏全集 (*Œuvres de Mr. Turgot*)』——いわゆるデュポン版『テ

された「商業，貨幣の流通と利子および諸国家の富に関する著作プラン（Plan d'un ouvrage sur le commerce, la circulation et l'intérêt de l'argent, la richesse des états）」にまで遡り，代表作の『諸省察』などを経てかれの価値学説が形成されたと考えられる．だがしかし，そのすべてがかれ本来のオリジナルというわけではない．かれとほぼ同時代のリヨン生まれの思想家・哲学者エティエンヌ・ボノ・ド・コンディヤック，ナポリ王国出身の思想家フェルディナンド・ガリアーニ，さらにはフランス西部ナント市の徴税請負人で経済学者のジャン=ジョゼフ=ルイ・グラスランらの知的営みに直接的にも間接的にも影響された結果といってよいであろう．なかでもグラスランのテュルゴーへの影響は，「グラスラン氏の草稿に関する所見（Observations sur le mémoire de M. Graslin）」（1767年）のなかにはっきりと認めることができる[10]．

のちにみるとおり，主観価値学説は18世紀フランス経済学の形成と発展の特徴のひとつをなすものであり，テュルゴーはもとよりケネーといえどもその系譜の理論にすくなからず負うている．これとは対照的に，カンティヨン独自の「土地価値論」の場合，遡ればサー・ウィリアム・ペティやジョン・ロックらのブリテン島の研究の系譜の思想的影響の跡を認めないわけにはいかない．ことほどさように，18世紀フランスではイングランドとは異なり，主観価値学説の支持者が多数派を形成するようになる．その頂点に立つのがテュルゴーの「感覚的経済価値論（théorie sensualiste de la valeur）」または「心理経済価値論（théorie psychologique de la valeur）」である．かれの価値論はやがてジャン=バティスト・セーを経て，レオン・ヴァルラスの手によってさらに発展をとげる．テュルゴーが"ヴァルラスの先駆者"と称されるのもゆえなしとしない．

ュルゴー全集』——のなかに収録されるまで人目にふれることはなかった．
10) Turgot [1767d]．なお，グラスランの所説は，Graslin [1767b] を参照されたい．また，Le Pichon et Orain (sous la direction de) [2008]; Faccarello et Murphy [2008]; 手塚 [1933] もあわせて参照されたい．

それゆえ欧米諸国では，テュルゴー価値論の研究はその独自性の考究もさることながら，これを18世紀フランスの価値学説形成史のなかに位置づけて論じるのをならいとし，そのなかから多くの優れた研究業績が生まれてきた．これに比べると，わが国のこの分野での研究は，手塚壽郎，久保田明光さらには山川義雄らの研究をのぞけば明らかに手薄といわなくてはならない．しかし，これら先学の研究が旧聞に属するとはいえない——それどころか今日の欧米の研究と比較してもなお学ぶべきものをすくなからず有しており，いまなお高く評価されなければならない[11]．

本論のテーマは，カンティヨン，ケネー，テュルゴーの3人を中心に18世紀フランス価値学説形成の歴史をふり返り，それらの価値論形成への貢献と意義を明らかにするところにある．むろん経済学史上の主観価値学説の形成とその理論的継承は上記の人物に限定されるわけではない．例えば，アダム・スミスと同じくスコットランド出身のジョン・ローも主観価値学説に近い思想の持ち主であったし，『貨幣論（*Della Moneta*）』の著者ガリアーニにしてからが，当時のナポリ王国の文人・外交官であった．そしてその系譜はさらに17世紀前半イタリア・モデーナ生まれの物理学者ジェミニアーノ・モンタナリなどに遡るともいわれる．それゆえ，本論では3人のキーパーソンの学説を論じるさい，かれらに直接・間接に影響を及ぼしたと思われるコンディヤック，ガリアーニ，グラスランらの学説にも可能な限り言及しつつフランス価値学説の形成と発展を考究する．

以下，まずカンティヨン，ケネー，テュルゴーの3人の価値論を紹介し，その特徴なり相互の理論的シークエンスについて考察する．つぎに，それぞれの学説の意義と問題点を分析する．そして最後に，18世紀フランス価値学説の経済学史上の意義と経済学の古典形成への貢献を明らかにする．それはまた内外の先学の研究業績の批判的検討をとおして18世紀フランス価値学説の意義を再評価すること——すくなくともその材料を提供することであ

---

11) さしあたり，久保田 [1936]，手塚 [1929; 1933]，山川 [1948; 1960] などを参照されたい．

り，この論文のいまひとつのねらいもこの点にある．

1. カンティヨン，ケネーおよびテュルゴーの価値学説

(1) リシャール・カンティヨン

　価値と価格との関係が実際的にも理論的にも重要視されるようになったのは，商業あるいは市場経済が人間社会の中心を占めるようになる 15, 6 世紀に遡るといわれる．だが，商業社会における財・サービスの価値分析，あるいはまた価値が経済理論として組織的に展開されるのは，17 世紀末まで待たなければならなかった．サー・ウィリアム・ペティが価値の形成を労働にもとめる一種の客観価値説を提起したのは，価値学説の歴史に一時代を劃するものであった．もっとも，価値は労働のような客観的性質のなかにではなく，色，音，臭いなど人間の精神のうちに存在する主観的性質や欲求・欲望が財・サービスの経済価値の基礎をなすと説く学説が 18 世紀になると発展するに至った．価値を客観的性質にもとめるペティのような学説を客観価値学説とすれば，後者は主観価値学説といってよい．

　リシャール・カンティヨンの価値論は，もっとも注目すべき経済学史上の貢献のひとつであり，ウィリアム・スタンレー・ジェヴォンズは「リシャール・カンティヨンと経済学の国籍」と題する論文において，かれの価値論を高く評価している[12]．だが遡れば，ヴァンサン・ド・グルネーやフランソワ・ケネーの門人たちが，のちに『商業一般の本性に関する試論』(以下，『商業試論』と略記) のタイトルで知られるようになるエール出身の国際的銀行家の草稿のコピーをミラボー侯爵から借り受けて読んでいた時代からかれの価値論に関心を抱く人間がすくなくなかった[13]．

---

12) Jevons [1881], p, 345. 訳 75 ページ (ただし引用文は訳文とは異なることがある．以下同じ)．なお，ペティとの関連については，Dooley [2005a]; Mahieu [1997] を参照されたい．
13) 例えば，ジャン=クロード・ペロは「カンティヨン〔の草稿〕の読み方はさまざまであったが，〔アンヌ・ロベール・ジャック・〕テュルゴー，〔アンドレ・〕モルレ，

その最大のポイントは，価値論が商業社会あるいは市場経済の規範である価格論の基礎をなし，しかも富の源泉と相互に密接不可分の関係にあるとする論理にある．有名な「内在価値（valeur intrinsèque）」論が，それである．テュルゴーの「基本価格（prix fondamental）」論や，フランソワ・ケネーの「適正価格（bon prix）」，さらにはアダム・スミスのいわゆる「自然価格（natural price）」論はいずれもカンティヨンを踏襲したものであり，さらに19世紀，20世紀と時代が下るにつれて，カンティヨンの価値論への評価はしだいに高くなった．なかでもジョゼフ・J.スペングラーは，かれが1952年に発表した「カンティヨン――経済学者・人口学者」と題する論文においてカンティヨンの経済学研究の進展への貢献は多岐多端にわたるとしながらも，最大の貢献は内在価値をベースとする「価格システムの働き（workings of the price mechanism）」にあるとまでいい切っている[14]．スペングラーの論文は初期のカンティヨン研究のなかにあって秀逸といわれるが，かれの解釈は次節にゆずり，ここではとりあえずカンティヨン価値論の要点を整理しておこう．

　カンティヨンの経済理論のユニークな点は，土地を富の形成の唯一の制約条件とする基本モデルを構築し，そのなかで独自の価値論――土地価値論をもとに体系的な理論展開を試みたところにある．かれは『商業試論』冒頭の「富について」の章のなかでこういっている．すなわち，「土地は人間が富を引き出す源泉もしくは素材である．人間の労働はその富を生む形式である．そして富はそれ自体が食料品，日常の品々や装飾品のほかの何物でもな

　　〔フランソワ・ヴェロン・ド・〕フォルボネ，〔ルイ＝ジョゼフ・〕プリュマール・ド・ダンジュールなどのヴァンサン・ド・グルネーの門弟たちは価値論，利子率，貿易収支に興味を抱いた」（Perrot［1992］, p. 165）とのべているが，テュルゴーはその筆頭であったかもしれない．かれの「基本価格」論ないし「基本価値」論がカンティヨンの「内在価値」論に着想をえたものであることは，周知の事実である．この点については，中川［2013a］を参照されたい．

14) Spengler［1952］, p. XLIX. なお，スペングラーの所説については，本書第3章もあわせて参照されたい．

い」[15]．もっとも，富の源泉を土地や労働にもとめたのはカンティヨンがはじめてではなく，ペティに倣ったものである．カンティヨンは『商業試論』第Ⅰ部第 11 章「土地の価値と労働の価値との等価または関係について」でこうのべている——．「ペティ卿は 1685 年の小さな手書きの草稿（マニュスクリプト）のなかで，土地と労働の等式において両者が等価であるということを政治算術上もっとも重要な問題と見做している」[16]．

カンティヨンはこのあと「〔ペティの〕研究は事のついでにふれたにすぎず，不可解かつ自然の諸法則からもかけ離れたものである」[17]といって先行者を批判している．その意味するところは，ペティが土地の価値と労働の価値の「原因や原理」に踏み込んで考証していないことであり，この点，「〔ジョン・〕ロックや〔チャールズ・〕ダヴェナントも〔中略〕ペティと同様であった」[18]という．ところが，かくいうカンティヨンもまた土地や労働の価値の「原因や原理」を考証しているわけではない．かれがこれらの諸問題に言及するのは，「ある物品の価格および内在価値は通常その生産にふくまれる土地と労働によって尺度される」と題された『商業試論』第Ⅰ部第 10 章においてである．それによると，「ある物品の価格あるいは内在価値はその

---

15) Cantillon [1755], p. 1.
16) *Idem*, p. 25. なお，INED 版『商業試論』の編集者によると，カンティヨンのいう「ペティ卿の 1685 年の小さな手書きの草稿」とは 1691 年の『アイルランドの政治解剖（*Political Anatomy of Ireland*）』である．
17) Cantillon [1755], p. 25.
18) *Idem*. この文章のすぐあとで，カンティヨンは「この研究は〔ペティ〕がついでにふれただけ」で「原因や原則にではなく，ただ結果にのみ取り組んだ」といってペティを批判している．かくいうカンティヨンであるが，かれがペティを超える理論を提示しているとは考えられない．もっとも，ジェヴォンズはかれの論文のなかで違った見方をしている．それによると，一国の土地と労働という言葉は「その後にあらわれたほとんどいかなる論文よりも公平に，生産の二要素間の平衡を保っているのである．ケネーは〔中略〕カンティヨンのある見解に不当な重要性をあたえ，土地のみに依存するまったく一面的な経済学の体系をつくったのである．スミスは，他の方向に進んでしまい，『諸国民の年々の労働』をば，生活のあらゆる必需品と便益品を各国民に供給する資源としたのである．カンティヨンこそは，これを適切に解釈するならば，おそらくいままでのところではもっとも正確な所説であろう」（Jevons [1881], pp. 342–3. 訳 73 ページ）．

生産に入り込む土地と労働の量の大きさであり，これらに土地の豊度あるいは労働の質が加味される」[19] という．また，別の個所ではこういっている．

> 日々の労働の価値（la valeur du travail journalier）は土地の生産物とある関係を有している．そしてある生産物の内在価値はその生産に用いられる土地の量と土地に加わる労働量とによって計量することが可能であるが，これを別言すれば，その労働に従事したひとびとに割り当てられる生産物の生産に必要な土地の量によって計ることができる．しかも，これらの土地は君主と土地所有者の有するものであるから，上述する内在価値をもつすべての物品は，君主と土地所有者の支出によってはじめてその価値を有することになる[20]．

このことから，カンティヨンの価値論は土地の価値と労働の価値とは「等価」のものとして，実質的に土地生産物の価値に労働を還元しているように考えられる[21]．しかしそれはうえでみたカンティヨンの批判にもかかわらずペティの見解を超える視点を提示していないといってよいのであるが，この点はのちに立ちもどることとし，ここでは行論上つぎに示すカンティヨンの

---

19) Cantillon [1755], p. 17.
20) *Idem*, p. 24.
21) カンティヨンは「土地の価値と労働の価値との等価または関係について」と題された『商業試論』第I部第11章において，「日々の労働の価値は土地の生産物とある関係をもっており，ある生産物の内在価値はその生産に用いられる土地の量と土地に加わる労働量とによって計量することが可能であるが，〔中略〕その労働に従事したひとびとに割り当てられる生産物の生産に必要な土地の量によって計ることができる」（*Idem*）といって土地の価値と労働の価値は「等価」と考えているようにみえるが，しかしかれの価値論が土地を富の生産の唯一の制約条件とする以上，労働の価値は土地の価値に翻訳されなくてはならない．その意味からすれば，カンティヨンの理論を「フィジオクラート派の源泉」とみることもできないではない．だが，反面，アントニー・ブリュワーのいうように，その逆の読み込みをすることも可能である．その場合，カンティヨンの所説を「リカードゥ的労働価値説」へと翻訳することもできるという．この点については，Brewer [1988a]; Dooley [2005b]; Dostaler [2012b] を参照されたい．

「内在価値」論についてみておきたい．摘要すればこうである――．カンティヨンのいわゆる内在価値とは，市場でさまざまの商品が売買されるようになると，ある商品と他の商品と価格を比較考量する参照価格，あるいはまたかれ一流の（長期）均衡価格であり，既述するように商品の生産に用いられる「土地の量と土地に加わる労働量」とによって決定されるとしつつも，「実際には多くの商品は内在価値を有していながら，市場ではその価値どおりには販売されないこともたびたびあり得る．これはひとびと〔土地所有者など〕の気分や気紛れや嗜好そして消費行動に依存する」[22]という．

カンティヨンがここで土地所有者の「気分や気紛れや嗜好そして消費行動」にいい及ぶのは，土地を富の生産に対する唯一の制約条件とするかれの経済モデルでは，土地所有者による土地生産物の消費に他の経済主体の分配と消費が依存するからである．それゆえ，商品の内在価値はその「生産に入り込む土地と労働の量の大きさ」によって規定されるとしながらも，市場での価格の変動は商品の供給を需要に順応させることが不可能なために発生する[23]．市場での価格変動とは内在価値と市場価格との乖離の調整をいうのであるが，それはまた社会的諸資源が適正に分配されるプロセスを意味する．ただカンティヨンは，価格の調整は「企業者（entrepreneur）」と称される経済主体によって実現されると説く[24]．かれのいう企業者とは，『商業試論』

---

22) Cantillon [1755], p.17
23) ジェヴォンズは前掲論文において「価格の絶えざる変動〔または騰落〕は，供給を需要に順応させることが不可能なために起こり得る．要するに，これらの〔『商業試論』第Ⅰ部第1章における〕わずか数ページには，ただ単に費用価値すなわち故〔ジョン・エリオット・〕ケアンズ教授のいわゆる正常価格と対照的な市場価格の全教義がふくまれるばかりでなく，〔デイヴィッド・〕リカードゥやこれら〔ジェイムズ・〕ミルやその他の人間たちが無視してしまった問題に関してもそれとなく言及されている」(Jevons [1881], p.345. 訳75ページ)．ジェヴォンズの言葉にいまは異を挟まないけれども，しかしカンティヨンがつづく同第13章においていう「ヨーロッパでは諸物および諸商品の生産と同じように，その流通および交換はすべて自ら危険を冒す企業者たちの仲介によって行われる」は，ジェヴォンズによって完全に無視されてしまった．
24) 「企業者」というタームはかなりふるくから用いられており，その起源は15, 6世紀にまで遡るといわれる．アイルランドの研究者アントイン・E. マーフィーによる

第Ⅰ部第13章の標題にあるとおり，諸商品の「生産と同様に，流通および交換」を「自ら危険を冒して行う」経済主体と定義される．その主要な機能は，市場で一定の価格で買い取り，これを一定しない不確実な価格で販売するというところにもとめられる[25]．

以上を要約すれば，カンティヨンの価値論あるいは価値と価格とを関係づける理論は，一次接近として内在価値による商品の価値規定を説きながら，二次接近として内在価値と市場価格との乖離を調整する企業者の機能や役割を分析するという構成になっている．つまり，企業者の活動が商品の絶えざる価格変動をつくり出すというところに，その際立った特徴がある．のちにみるように，ケネーの「適正価格」論，テュルゴーの「基本価値」論ないし「基本価格」論やアダム・スミスの「自然価値」論がいずれも大なれ小なれカンティヨンの「内在価値」論に負うていることは，カンティヨンを「（再）発見」したジェヴォンズこのかた「通説」となっている[26]．なかでも，スペングラーがカンティヨンの経済学研究の進展への貢献は多岐にわたるとしながらも，「価格メカニズムの働き」をいの一番にあげたことの意味もそのよ

と，18世紀にはカンティヨンだけでなく，例えばかれのライバルのジョン・ローが1706年に作成したといわれる貨幣を論じた小稿（Mémoire touchant les monoies [monnaies]）のなかでも"entrepreneur"というタームが登場する（Murphy [2009b], p. 59）．もちろん，ローはこれを理論的に論じてはいない．その意味からすれば，アメリカの経済学者バート・ホゼリッツが「わたしの調査の限りでは，カンティヨン以前に企業者理論が存在したという証拠はまったく発見できなかった」（Hoselitz [1951], p. 191）というのは間違いではないであろう．

25) Cantillon [1755], p. 28.
26) 一種の主観価値学説である「心理経済価値論」に立つテュルゴーではあるが，かれの「基本価値」（または「基本価格」）がカンティヨンの内在価値のロジックに着想を得たことは想像にかたくない（例えば，Faccarello et Cot [1992]；中川 [2013b] を参照されたい）．これに対して，マーフィーはアダム・スミスが『国富論』第1編第7章における「資源分配論をカンティヨンから借用していることは明らかであるが，スミスはこれを認めていない」（Murphy [1997b], p. xxii）といっている．ブリュワーもこの点を認めたうえで，カンティヨンの「市場価格と内在価値との区別は，スミスやリカードゥなどの古典派経済学者の著作における市場価格と自然価格，あるいはカール・マルクスの市場価格と〔市場〕生産価格との相違と明らかに同一のものである」（Brewer [1986], p. 63）とのべている．

うに解釈しなければならない．カンティヨンの主観的意図がどうあれ，市場経済が価格調整のための機構を抜きに考えることができないとすれば，スペングラーのような見解は当然予想されるものであった．

だがそれはまた，カンティヨンの価値論の意義とともに限界を示すものであった．なるほどかれはペティに倣って，価値の源泉とは何か，それは何によって計られるのか，そして何が財または商品の価値を決定し調整するのかという問いに答えようと試みてはいる．しかし，「土地は人間が富を引き出す源泉もしくは素材である．人間の労働はその富を生む形式」というかれの土地価値論は，詰まるところ，商品の生産に用いられる土地と労働の量が商品にどのように入り込み，どのように計られるのかといったさまざまの問題に立ち入って分析するものではなかった．

そればかりか，これらと土地や労働の量と土地の豊度や労働の質とがどのような関連をもち，どのように評価すべきか——といった問題に答えることなく，その延長線上に市場価格の軸ともいうべき内在価値を説き及ぶことによって両者の乖離を修正するロジックの一元化を達成しようとしたのである．カンティヨンが市場における商品の需要と供給を調整する企業者の機能が市場価格を内在価値に引き寄せる原因となるというとき，先行者のペティとは異なるロジックを採用するほかなかったのである．その意味からすれば，カンティヨンが価値の源泉を探究するはずのロジックのなかに市場価格の調整あるいは価格変動の問題を取り込もうとした試みは，結果として成功しなかったというべきであろう．

(2) フランソワ・ケネー

フランソワ・ケネーの経済体系の出発点は，かれなりの「悦楽主義(hédonisme)」，すなわち可能な限り最小の費用によって可能な限り多くの便益を引き出すという経済活動に基礎を置く生産論である[27]．しかし，それは

---

27) Quesnay [1766a; 1766b] を参照されたい．なお，以下の記述は，Cartelier [2008]; Dooley [2005c]; Murphy [2009b]; Steiner [1992]; 久保田 [1936; 1965]

当然のこととして価値論や価格論が前提となっている．それというのも，農業と工業や商業との性格の違い，つまり剰余ないし「前貸し支出（dépense avancée）」——または生産費（coût de production）——を超える収入を生み出す生産とそうでない生産との違い，それぞれに相異なる生産物の交換や売買のさいの商品の価格形成とその基礎をなす価値の定義などの理論的考察が不可欠だからである．

ケネーが生産物の価値や価格にはじめて言及したのは1757年（から翌58年前半）の作とされる「人間論（Hommes）」のなかであった．この論稿はもとはといえば，「明証論（Évidence）」，「借地農論（Fermiers）」（ともに1756年），「穀物論（Grains）」（1757年）につづいてディドロ=ダランベールらの主宰する『百科全書（Encyclopédie）』に寄稿を依頼されて作成されたものであったといわれるが，『百科全書』が1759年に時の政府によって出版許可の取消し処分を受けたため未発表に終わり，ひさしく人目にふれることはなかった．この論稿がおおやけになるのは20世紀初頭のことであった[28]．

やがて明らかにするとおり，ケネーの論文のロジックが1758年末に出版された『経済表』のなかですくなからず活かされていることはたしかである．

などを参考にした．

[28] ケネーの「人間論」には二種類のテキストが存在するという．ひとつは，フランスの経済学者エティエンヌ・バウアーがパリの国立図書館（Bibliothèque Nationale de France：BnF）で発見し，1908年に学会誌『社会経済思想史評論（Revue d'histoire de doctorines économiques et sociales）』第1巻第1号に発表したテキストである．1958年にINEDから出版された『ケネー全集』このかた，2005年刊行の最新『ケネー全集』に至るまで，このテキストが収録されている．いまひとつは，アメリカのハーグレー博物館イルセリアン・ミルズ歴史図書館所蔵のテキストである．ドイツ出身の経済思想史家マルゲリーテ・クチンスキーは自身の編集・刊行したドイツ語版『ケネー著作集（経済）』（Marguerite Kuczynski (Hrsg.), F. Quesnay, Ökonomische Schriften, Berlin：Akademie-Verlag, 1971/76）にこのテキストを収録している．この点について，くわしくは，Œuvres économiques complètes et autres textes, tome 1, édités par Christine Théré, Loïc Charles et Jean-Claude Perrot, Paris, Institut national d'études démographiques (I.N E.D.), 2005, pp. 257-8 の編集者による論文の解説を参照されたい．また，久保田［1936］もあわせて参照されたい．

しかも大切なことは，『経済表』の改定版を世に送り出す一方で，価値や価格を論じた論稿を1760年代に至っても作成していることである．ケネー晩年の1766年と67年に発表された「工業，商業などの優位性に関する H 氏の草稿に答える（Réponse au Mémoire de M. H. sur les avantages de l'industrie et du commerce, etc）」や「農業王国の経済統治に関する一般原則（Maximes générales du gouvernement économique d'un royaume agricole）」といった一連の論稿が，それである．このような経緯から，後世の研究者によるケネー価値論の研究は 20 世紀に至るまで上記のふたつの論稿をベースとするものであったが，時系列的にも内容的にも，「人間論」のなかにこそケネーの価値論の特質がもっともよく示されているといってよい．そこで以下，この論稿を中心にケネー価値論の内容を紹介していきたい．

　ケネーの論稿の目的は，一国の強大さが富を生産する人間（国民）に依存し，ために国民の必要とする財の生産が増大して消費が拡大すればそれだけ国民は豊かになるというかれの持論を論証するところにある．それによると，一国の富は人間，土地，家畜といった原初的諸財からなるが，これらの財は個々の人間の主観ないし欲求や欲望の対象である有用性（utilité）または使用価値（valeur usuelle）に応じて「真の富（vraie richesse）」となるにすぎない．そうした欲求や欲望こそが他の財との交換へと導き，最終的には市場価格ないし「金銭的価値（valeur vénale）」を決定する．しかもケネーはそれなくして財を富と認めることはできないといって，富と価格とが密接に関連していることを明らかにするのである．だがここで重要なことは，商業上の富と諸財ないし諸物とが区別されている点にあると考えられる．前者は商業上の金銭的価値である価格で貨幣と交換される「貨幣的富（richesse pécuniaire）」または交換価値である．かれは財の使用価値と金銭的価値とを区別してつぎのようにいう．すなわち，

　　価格は商業上の富の金銭的価値である．それゆえ，商業上の富の価格をその使用価値と混同してはならない．これらふたつの価値は相互にいか

なる関連ももたないからである．使用価値はつねに同一であり，かつ人間にとってそれがかれらの欲求（besoin），これを享受しようとする欲望（désir d'en jouir）との間に介在する諸関係に応じてつねに大なれ小なれ関心の対象となる．これとは対照的に，〔金銭的〕価値すなわち市場価格（prix courant）は変動する．それは人間の意思とは離れた一定しないさまざまの原因に依存する．そしてそれはまた商人たちの間の恣意的な，あるいはかれらの間で合意された価値ではない[29]．

ケネーはここで使用価値を人間たちの「欲求」や「欲望」，すなわち主観的な有用性ないし効用と考えていることは明らかである．実際にも，かれはこのあとつぎのようにいっている——．

ダイヤモンドは数ある商業上の財のなかで無用の長物（la moins utile）ではあるけれども，その金銭的価値はほとんどつねに食料品のそれをはるかに超えている．なぜなら，ダイヤモンドの金銭的価値は，〔凶作などによって〕食料品が極端に欠乏するような事態（dizette [disette] extraordinaire）をのぞくと，つねにこれらの財の金銭的価値をはるかに上回っているからである[30]．

---

[29] Quesnay［1757-1758］, p. 273. 筆者が訳をつけた「金銭的価値」は原文では"valeur vénale"であり，久保田明光や山川義雄はそれぞれ「取引価値」，「売上価値」と訳出している．あるいは「市場価値」や「市場価格」——現代では"prix de marché"のほうが頻度は高い——という訳もできないではない．実際，カンティヨンの『商業試論』では現代語とほぼ同じ表記の"prix de marchés"というタームが登場する（Cantillon［1755］, p. 66）．このほかにも，ケネー，それに後述するテュルゴーもこれに類するタームとして"prix courant"を用いている．これは字義どおり「時価」や「市場価格」であるが，山川はこの"prix courant"を「通用価格」と訳出している．なるほどケネーの場合には，"valeur vénale"を「取引価値」や「売上価値」，さらには「市場価値」と訳出しても問題はないのかもしれない．しかしながら，テュルゴーにあっては「市場価値」では捉えきれない意味を内包していると思われるので，ケネーなどの語法とこれを区別するために，ここではあえて直訳に近い「金銭的価値」と訳出した．

[30] Quesnay［1757-1758］, p. 273. ケネーはこのパラグラフの前段でこういっている．

このパラグラフはのちにアダム・スミスの「水とダイヤモンドのパラドックス」で有名になるが，ケネーが，『貨幣と商業に関する考察（*Money and Trade Considered*）』と題されたジョン・ローによるスコットランド王国経済改革案，もしくはかれが典拠としたベルナルド・ダヴァンザッティの著書『貨幣論（*Lezione delle monete*, 1588）』——あるいはその英訳（ただし抄訳）——を参照したことは明らかである[31]．ケネーはここで「売買価値と使用価

「商業的富とは，金銭的価値をなす〔市場〕価格に応じて貨幣的富と交換される富のことである．富が金銭的かつ商業的であるのは，その所有者が富を売ることが可能な場合に限定される．それは買い手がもとめる富である．それゆえ，すべての財が金銭的富であるというわけではない．われわれの吸う空気，川でくみ上げる水，そして他のもろもろの財，あるいはまたありあまるほどに存在し，かつすべての人間が共有するような財は商業的富ではない．それらは物財（biens）にすぎず，富ではない」（*Idem*, p. 276）．

31） この点については，さしあたり，中川［2011］，51ページを参照されたい．ちなみに，ダヴァンザッティの著書の出版は1588年であり，約1世紀後の1696年にジョン・トランドの英語版（ただし抄訳）が出版されている（Bernardo Davanzati, *A Discourse upon Coins*, London, 1696：translated by John Toland）．ケネーはローやかれの冒険事業（Système de Law）に特段コメントしていないが，スミスは『国富論』のなかでローとロー・システムを厳しく論難している．その多くはローの元補佐官ニコラ・デュトの著書から援用したものであるとはいえ，ローの代表作『貨幣と商業に関する考察』に目を通していないとはいえないであろうから，ローがその著書の冒頭で「価値のパラドックス」について論じていることを，スミスが知らなかったなどということはまずあり得ないであろう（なお，ローは1704年にもイングランド議会に対して経済改革の提言を行っているが，この提案文はアントイン・E. マーフィーの手で発見され，1994年に『ジョン・ローの土地銀行に関するエセー（*John Law's Essay on a Land Bank*）』のタイトルで公表されている）．ローの議論を知りながら出典を明記しなかったといって間違いあるまい．なお，読者の参考に供するためにローの「水とダイヤモンドのパラドックス」を紹介すればつぎのとおりである——．「水はひとびとの暮らしに必要であるが価値をもたない．なぜならば，水の量はそれが需要されるよりも多く供給されるからである．ダイヤモンドは水に比べて必要性に劣るけれども，より多くの価値を有する．それというのも，ダイヤモンドの需要が供給される量よりも多いからである」（Law［1994(1704)］, f°. 5; Law［1705］, p. 3）．ちなみに久保田明光は，ケネーが「使用價値はつねに同一」であり，「一面に於いては人の個々の主觀乃至慾望狀態と直接關係のない有用性」（久保田［1936］，25ページ）であるといったあとで，ダイヤモンドと水の事例は「今日の經濟學，少なくとも限界效用學派に於ける如く，主觀的な，個々の具體的場合によって常に可變的な效用であると見るよりも，寧ろ通念的な且つ理性化された慾望に對應する有用性〔中略〕と同じ意味を持つものであると考えられる」（同

値が相互にいかなる関連をもたない」ことの事例を示したと考えられるが，これと同様の見解は，後世の作品である「農業王国の経済統治に関する一般原則」の第18条でいう「潤沢にして無価値なものは富ではない．僅少にして高価なるものは貧困である．潤沢にして高価なるものが富裕である」[32] のくだりと一脈相通ずる．

　この言葉は，「王国において物品や商品の価格を引き下げてはならない．なぜなら，外国との貿易は国民に不利になるであろうからである」[33] につづくものであり，18世紀フランスの経済とくに潜在能力以下の水準にあった農業を振興する政策提言がケネーの主たる目標であったことを思えば当然至極の主張である．すなわち，農業生産者とくに大規模借地農業者 (grands fermiers) には穀物価格を引き上げてかれらの生産意欲を高めることを説くのであるが，それはまた「穀物の金銭的価値」を政策的に——あるいは人為的に——つり上げることを意味する．

　もちろんだからといって，ケネーが金銭的価値をもつ財の数量，したがってまた「貨幣的富」をのみもとめていたわけではない．それは真の富ではないからである．ケネーによれば，「使用価値を有するも金銭的価値を有さない財」と「使用価値と金銭的価値とを兼有する財」とは区別しなければならない．くり返しになるが，前者は富を構成する原初的物財にすぎず，後者こそが一国の「真の富」をなす．かれはこのことを「穀物論」付属の「経済統治原則 (Maximes du gouvernement économique)」第10条のなかで，物財の金銭的価値は「生産物に富という資格を付与するもの」であり，一国の富は貨幣的富の総和によって決定されず，「真の富」こそが大事であるといってつぎのように記している．

　　一国を扶養するためには，真の富——すなわち，欲求の充足をもとめる

　　　上）と記している．
32) Quesnay [1767], p. 570.
33) Idem.

ために，諸商品を手にするために，そして生活の必要を満たすためにつねに再生され，つねにもとめられ，なおかつ対価を支払って得られる富を必要とする[34]．

みられるように，ケネーのいわゆる「真の富」とは使用価値と金銭的価値とをともに備えたさまざまの財の総和である．だが，そのなかにある使用価値と金銭的価値を明らかにしたものの，自ら進んで使用価値なり金銭的価値なりがどのようにして決定されるのかを解き明かしてはいない．なるほど農産物が天然自然の気象条件の影響を受けて豊作もしくは凶作をきたせば，その金銭的価値したがってまた市場価格は使用価値とは無関係に騰落するがゆえに，価格水準が変化すると考えているようにみえないこともない．実際，ケネーは，極端な豊作（価格の下落），極端な凶作（価格の高騰）といった事件のない「平常時（en paix）」には農産物価格は安定し，しかも極端な事件によって騰落する幅をそれぞれ上限と下限とすれば，市場での売買価格は両者の「中間（mitoïen [mitoyen]）」で推移するというのである．ケネーはその理由を概略つぎのように説明している．すなわち，

> 諸商品の基本価格とは，その生産もしくは生産の準備のために前貸しされる支出あるいは費用のことである．商品の販売がこの費用を下回れば，その価格は下落する．商品の販売によって生産の継続または増産をうながすほどに十分満足のいく利益を手にするならば，その価格は適正価格（bon prix）である[35]．

---

[34] Quesnay [1757], p. 200.
[35] Idem. p. 276. ちなみに，わが国では "bon prix" を「良価」と訳出する研究者が散見されるが，正直，感心しかねる．フランス語の単語 "bon" は，英語の "good" と "right" のふたつの意味を兼ねるから，この単語を邦語に置き換えるさい文脈に頼るしかない．しかるに，ケネーの文意を尊重すれば，ここは "good price" ではなく "right price"，すなわち「適正価格」と訳すに如くはない．

付論 I. カンティヨン—ケネー—テュルゴー

　ケネーの「基本価格」は一見するとカンティヨンの「内在価値」を踏襲したようにみえるが，うえの引用文に示されるように，実質上「前貸し支出」あるいは生産費のことであり，「適正価格」のほうがむしろカンティヨンやテュルゴーの「内在価値」や「基本価格」（または「基本価値」），あるいはまたアダム・スミスのいわゆる「自然価格」に通ずる概念であるといってよいかもしれない．しかも，ケネーの基本価格と市場価格との関係の議論は皮相かつ不完全である．それによると，市場価格は，天然自然の気候条件などにより農産物の極端な過不足の生じるケースの「中間」値，あるいは「前貸し支出」である基本価格に「生産の継続または増産をうながすほどに十分満足のいく利益」を上乗せした「適正価格」に引き寄せられるが，商品の販売によって利潤を手にするのは農業に限定される．それというのも，ケネーにとって土地の耕作（農業）だけが生産的であり，「適正価格」にふくまれる利潤の基礎は「純生産物（produit net）」を生み出す農業に限られるからである[36]．そしてこのことから導かれる結論は，借地農業者が土地所有者に支払う「地代（rentes）」こそ，あらゆる利潤の源泉ということである．

　はたしてそうであるとも，ケネーは自然的条件に左右されて豊作や凶作といった「極端な事件」が発生せず，経済活動がノーマルな状態に保たれているさいの市場価格またはその変動については何も語ってくれはしない．とり

---

[36] Idem. ケネーは「農業王国の経済統治に関する一般原則」第3条で「主権者〔国王〕も国民も土地が富の唯一の源泉であることを忘れてはならない」（Quesnay [1767], p. 567）とのべている．しかし，例えば増井幸雄が「仏蘭西經濟學説（一）」のケネーの章で指摘するように，ケネーは同条の注記で「土地と耕作企業者の前貸しは農業国民の所得の唯一の源泉である」（Idem, p. 573）といっているから，土地以外に企業者の前貸しが富の形成にとって重要であるとの見解を示しているようにみえないこともない（増井 [1939a], 6ページ）．はたしてそうであるとすれば，テュルゴーが1766年2月20日デュポンに宛てた書簡のなかでテュルゴーが生涯メントールと仰いだヴァンサン・ド・グルネーとケネーがともに「商業の競争と自由の原理」を尊重していたとのべたうえで「この原理は，そろばん（comptoir）より出発したグルネー氏をして，鋤（charrue）より出発したケネー氏と同じ結論に到達させた」（Turgot [1766a], p. 507）いうのは正しいといえるかもしれない．テュルゴーはすくなくとも"われらがドクトゥル"とフィジオクラート派とを区別していたというべきであるが，この点はのちに詳述したい．

わけ「平常時」に農業生産者——主要には大規模借地農業者——が市場における価格の単一性（市場価格）の要請と向き合って，かれらは一体どのような状況下で生産規模を拡大ないし縮小するのであろうか——借地農業者が耕作するさい参照するのは何か，それは「適正価格」なのか，それとも市場における単一価格すなわち金銭的価値ないし市場価格なのか，仮に後者であるとすれば，それはどのように形成されるのか，形成される価格が「適正価格」とどのように関連するのか，そしてさらにどのようなプロセスを経て市場価格はその単一性を獲得するのであろうか——などの問題についてはひとつとして答えるものではないのである．

　このようにケネーは基本価格，適正価格，金銭的価値がそれぞれどのように関連しているかを明確に解き明かしていない．かれは一見するとカンティヨンの基本価値を踏襲している風であっても，この基本価格というタームによって明らかにしようと企図した諸商品——農産物だけではない——の価格が自由な商業活動と自由競争によって変動をくり返し，最終的には商品の需要と供給によって基本価値に帰着するという「価格メカニズムの働き」を説いたカンティヨンの議論とはおよそ似て非なるものといわざるを得ないのである．

　そしてこれらの諸問題をさらにつき詰めていけば，ケネーが商品の使用価値と金銭的価値とを区別していたことを認めたとしても，しかし使用価値のもととなる人間の「欲求」なり「欲望」はこれを評価する基準や方法とはどのようなものか，そしてそれは商品の金銭的価値したがってまた市場価格に一体どのように反映されるのであろうか．

　詰まるところ，価値と価格との関連を論理整合的に論じなければならないはずである．ケネーにはこれらの問題に対する関心がまったくなかったとはいえないまでも，そしてかれのいう「欲求」，「欲望」がエティエンヌ・ボノ・ド・コンディヤックの哲学に着想を得たものであったとしても，「名目的」であり，諸商品ないし財物の「価値」が欲求や欲望を源泉に規定されるという認識がないように思われる．農産物の価格が豊作時と凶作時との「中

間」に位置するという発想は，ニコラ・ド・マルブランシュ流の"自然秩序 (ordre natural)"思想への共鳴のあらわれと考えられないでもない．はたしてそうであるとすれば，コンディヤック流の"感覚論 (sensualisme)"とは相容れないものである．その意味からすれば，ケネーの経済思想がマルブランシュの哲学をコンディヤックの哲学に結びつけこれらを折衷したケネー一流の「二元論 (dualisme)」[37]であると見付けたフィリップ・ステーネルのケネー解釈は正しいかもしれないが，この点はのちにあらためて論じたい．

ともあれ，一国の富の数量とその富から生じる所得フローを区別して「経済表」を作成したフランソワ・ケネーは，カンティヨンの所得流通フロー論を発展させたとはいえるかもしれないが，他の領域，こと価値論についていえば経済学研究の歴史にその名を刻むに値する功績を残したとは考えがたい．すくなくとも，カンティヨンの価値論に影響を受けたケネーの価値論のなかに先行者の業績を前進させた跡を見出すことはできないのである．

(3) アンヌ・ロベール・ジャック・テュルゴー

オーヌ男爵アンヌ・ロベール・ジャック・テュルゴーが価値の問題を論じた論稿は1753年から翌年にかけての作といわれる「商業，貨幣の流通と利子および諸国家の富に関する著作プラン」〔(以下，『著作プラン』と略記)〕や1759年の「ヴァンサン・ド・グルネー頌 (Eloge de Vincent de Gournay)」，1766年の『富の形成と分配に関する諸省察』，「グラスラン氏の草稿に関する所見」，「価値と貨幣」，だけでなく，テュルゴーが友人・知人に宛てた書簡などを加えると相当の数にのぼる．そしてさらにいえば，かれがソルボンヌ神学部時代の1749年4月にシセ兄弟の長兄ジャン＝バティスト＝マリー・シャンピオン（のちのノーセール司祭）に宛てた書簡は，ジョン・ローの冒険事業，とりわけ紙幣発行を基礎とする信用創造を批判したものであり，若きテュルゴーが経済問題になみなみならぬ関心を抱いていたことをうかが

---

37) この点について，くわしくは，Steiner [1992], pp. 227-30 を参照されたい．

い知ることができる[38]．

　さて，ここで特記すべきは「著作プラン」である．たしかにテュルゴーがこれに即して研究を進めたとはいえないものの，この論稿がかれの価値論の出発点をなしていることは大方の認めるところである．実際，そこでのテュルゴーの議論はその後も基本的には維持され，『諸省察』や「価値と貨幣」などのなかで精緻化・高度化されていると考えられる．もっとも一方では，「著作プラン」に代表される初期のテュルゴー価値論が1760年代末に変化し，「著作プラン」から『諸省察』に至る一連の作品と「価値と貨幣」との間の断絶を強調する向きもないではない．そうした解釈によると，テュルゴーの経済理論がフランソワ・ケネーを開祖とするフィジオクラート派の価値論から決別して主観価値学説の一種である「感覚的経済価値論（théorie sensualiste de la valeur）」あるいは「心理経済価値論（théorie psychologique de la valeur）」へと「変遷」したというのである．その意味からすれば，テュルゴーの価値論の形成過程をふり返ることは，ただ単にかれの価値学説だけではなく，かれの経済思想の形成過程をも問うことでなくてはならない[39]．

　テュルゴーの価値論の際立った特徴は，商品の価値をその生産に入り込

---

38) このような解釈はフランスのみならずわが国でも比較的早くからあり，わが国のテュルゴー研究の草分け的存在で数多くの研究論文を遺した手塚壽郎や山川義雄の研究業績をあげなくてはならないが，かれらの研究に関する紹介と検討はのちにゆずる．ここでは両先学の研究業績として，さしあたり，手塚 [1933]，山川 [1948; 1960] をあげておく．

39) "純生産物" というタームを例に引くまでもなく，テュルゴーがケネーから理論的影響を受けていたことは周知の事実である．しかしそのことは，テュルゴーがフィジオクラート派の主要メンバーであり，価値論についてもケネーの理論を踏襲していたという理由にはならない．かれの価値に関する比較的まとまった論稿が「著作プラン」であるとすれば，ケネーの「人間論」よりも3年早く，時系列的にみても価値論についてのケネーの影響を主張するのには無理がある．テュルゴーがこの論稿を作成した直後に，ヴァンサン・ド・グルネーと「運命的」な出会いをはたし終生 "メントール" と仰ぎ慕ったことを思えばなおのことそうである．だが，それにもかかわらずわが国ではテュルゴーをフィジオクラート派の一員とするのがならいとなってきたため，テュルゴー価値論はフィジオクラート派の影響下にある学説との解釈がなされてきたのである．こうした理解に難のあることはのちに明らかになるであろう．

付論Ⅰ．カンティヨン―ケネー―テュルゴー

だ土地や労働にもとめる客観価値学説によってではなく，人間の主観ないし欲求や欲望から価値を導く主観価値学説の立場に立っている点にあり，そしてそうした理論の最終的な発展を示す作品が「価値と貨幣」である[40]。しかし，かれの価値論に関する関心が比較的早くから高かったことは否定できない事実である．ことほどさように，テュルゴーは「著作プラン」のなかで「商業とは，交換であり，自らが保有するものをもたざるものにあたえることである．一方に所有があり，他方に欲望がある．これこそが商業のふたつの要素である」といってつぎのようにのべている．

　一方である財を所有するということは，他方でその交換の基礎をなす．〔中略〕一方の欲望（désir）は他方の交換の動機である．そして，おのおのが欲望を相互に比較することから，交換される財の尊重と評価（évaluation et appréciation）が生まれる．なぜならば，ある財の価格，その所有者がこれを手放そうとすることを約する動機は〔中略〕相互につり合うメリットを有するからである．そして，双方のメリットがつり合うということは，〔自らは所有しない物財を〕交換によって得るとい

---

[40] 『テュルゴー全集』の編集者ギュスターヴ・シェルによると，テュルゴーがこの論稿を起草するきっかけはソルボンヌ時代からの友人アンドレ・モルレが企画・編纂した『商業辞典（Dictionnaire du commerce）』に寄稿を要請されたことにあった．ただしモルレの辞典そのものが完成しなかったばかりか，当のテュルゴー自身存命中に脱稿することはなかった．だが，それにもかかわらず1769年の作とされるのは，テュルゴーがフェルディナンド・ガリアーニの作品（1751年）とともにジャン＝ジョゼフ＝ルイ・グラスランの作品（1767年刊）に言及していることに加えて，モルレの辞典の刊行広告に記された日付が「1769年」であったからである．この未完の草稿はのちにジャック・プウシェ編纂『商業地誌辞典（Dictionnaire de géographie commerçante）』（1800年刊）のなかでその一部が活用されたといわれるものの，ピエール＝サミュエル・デュポン（・ド・ヌムール）編集『テュルゴー全集』（1809年刊）に全文が収録されるまで日の目を見ることはなかった．ちなみに，シェルは自身の編集・出版した『テュルゴー全集』第3巻（1769年から74年までの著作や書簡類を収録）に「価値と貨幣」を収録したものの，この草稿を「1769年」の作とすることに疑念を払拭しえない旨を脚注で記している（Gustave Schelle (éd.), Œuvres de Turgot et documents le concernant, tome III, Paris, Librairie Félix Alcan, 1913-1923, p. 79）．なお，この点については手塚［1933］もあわせて参照されたい．

う欲望〔の度合い〕によって判断するほかに途はないのである[41]．

　テュルゴーは，ここでいう「交換される財の尊重と評価」を後年の「価値と貨幣」と題する論稿においてそれぞれ「尊重価値（valeur estimative）」，「評価価値（valeur appréciative）」として定式化している．すなわち，前者は「人間がさまざまの欲望の対象に執着する尊重の度合い」[42]であり，後者は「価格あるいは交換の条件を決定する」[43]もの，あるいはまた「交換価値（valeur d'échange もしくは valeur échangeable）」といい換えることもできる．テュルゴーは前者の尊重価値は欲望の対象としての「効用（utilité）」や「希少性（rareté）」や「卓越性（superiorité）」などに依存するといっているが，かれの価値論を「感覚的経済価値論」もしくは「心理経済価値論」と評する根拠ともなっている．

　この点はのちにあらためて詳述することとし，ここではうえに引用した「著作プラン」の内容をもうすこし立ちいってみていきたい．ここから導かれる結論は，ジルベール・ファッカレロらが的確に指摘しているように，テュルゴーが交換比率決定の原則を需要される数量と供給される数量との諸関係という観点からもとめたということにほかならない．したがって需要と供給の形成，そしてそこから当然予想される売り手と買い手の交換の動機や行動を説明しなければならないことになる．かれはこういっている．すなわち，売り手と買い手が相互に競争しているとき，「価格は一方ではすべての売り

---

41)　Turgot [1753-1754a], pp. 378-9.
42)　Turgot [1769], p.284. 尊重価値，評価価値はそれぞれ「使用価値（valeur d'usage）」，「交換価値（valeur d'échange）」といい換えることもできないではない．このうち評価価値については，テュルゴー自身が「交換価値」と別言していることから問題にならないものの，かたや前者の尊重価値はその対象となる財または商品の効用や希少性や卓越性などからなると広く定義していることから，「使用価値」というタームは限定的，部分的といわざるを得ない．それはいってみれば一財の主観的な推定ないし推算であり，例えば「推定価値」，「見積価値」などの訳語を充てることも可能かもしれないけれども，ここでは先学の訳語を踏襲した．
43)　Idem, p. 290.

手と，他方ではすべての買い手との話し合い（交渉）によって決定される．〔中略〕需要と供給の関係とは一義的にはつねにこの価格形成の原則」[44]を指すのである．

　それでは諸商品の価格形成をめぐる需要サイドと供給サイドの競争は何を基準に行われるのであろうか．テュルゴーは「著作プラン」において「基本価格（prix fondamental）」というタームを用いてその説明を試みている．基本価格は，『諸省察』などでは「基本価値（valeur fondamentale）」とも表現されているが，フランソワ・ケネーの「基本価格」がそうであるように，リシャール・カンティヨンの「内在価値」に着想を得たものである．ただケネーの場合には「前貸し支出」または「生産費」であるのに対して，テュルゴーにあっては実質上「生産価格（prix de production）」に相当する概念であり，市場価格（prix courant）は需要と供給の比率によって変動するものの，基本価格につねに引き寄せられると説く．だからテュルゴーは「著作プラン」でつぎのようにいうのである．

　　商品の売り手たちは，かれらの商品を売買することで生計を立てているから，利潤のすべてを放棄するところまで価格を引き下げることはできない．かれらは生活の糧，取引に必要なすべての前貸し費用や利子を手にしなければならないからである[45]．

　みられるように，基本価格とは「生活の糧，かれらの取引に必要な前貸しの支出や利子」を稼ぎ出すことの可能な価格ということになる．それはまた，うえの引用部分のすぐあとで，テュルゴーが「売り手が利潤を手にするかどうかというところまで利潤が減少するとき，その商品は考えられる限りもっとも低い価格で売られているということを意味する．商品の価格がさらに低下すれば，売り手は損を生み出す可能性もある．そうなれば，売り手は商品

---

44)　Turgot [1753-1754a], p. 383.
45)　Idem, pp. 384-5.

の販売を，そして生産者はその商品の生産を中止するであろう」[46] といっていることに示されるように，基本価格と市場価値との関係をどのように考えるかという問題を提起するものである．テュルゴーは1767年3月25日に知人の哲学者・経済思想家デイヴィッド・ヒュームに宛てた書簡のなかで簡潔に解説している．

　〔市場価格と基本価格とは〕区別する必要があります．市場価格は需要と供給の比率によって決定されます．商品からみた基本価格は労働者の支払う費用です．労働者の賃金からみた基本価格はかれの生存の費用です．〔中略〕すなわち，基本価格は市場価値の直接の規範ではありませんが，しかしそれは〔商品の〕価格が低下し得る下限です．それといいますのも，商人がその商品の取引で損をすれば，かれは商品の販売または生産を中止するからです．労働者は労働者でその労働によって生活できなければ物乞いに身と落すか，あるいはまた〔国内の別の地域か国外に〕移住することになりましょう[47]．

　以上の記述から知れることは，テュルゴーのいわゆる基本価格とは，カンティヨン流の内在価値にきわめて近似した概念であるということである．すなわち，それは商品の市場価格の下限をなすものであり，もしもそれが下限を下回れば，商人は自らの「生活の糧，かれらの取引に必要な前貸しの支出や利子」を稼ぎ出すことさえできなくなる．それゆえ，基本価格は単なる「生産費」というよりも，むしろ「生産価格」に近い概念であると見付けたジョエル=トマ・ラヴィックスおよびポール=マリー・ロマーニやアントニー・ブリュワーなどの見解の正しさを示しているといえるかもしれない[48]．

---

46)　Idem, p. 385.
47)　Turgot［1767d］, p. 663.
48)　この点については，Ravix et Romani［1997］; Brewer［1986］を参照されたい．
　　このほかにも，櫻井［1965; 1968］もあわせて参照されたい．

ことほどさように，テュルゴーが「グラスラン氏の草稿に関する所見」においても，そのような趣旨で基本価値を定義していることからも明らかである．テュルゴーの曰く，

> 基本価値とは，ある商品を販売する人間の支払う費用である．すなわち，〔商品生産のための〕原材料の支出，前貸し利子，そして〔労働者の〕賃金および〔生産・取引に要する企業者の〕勤勉に対する報酬である[49]．

以上のことから理解すべきことは，何よりもまずテュルゴーにおいては市場価格が基本価格（ないし基本価値）を下回らない限り，商品の生産と販売によって得る利潤は農業に限定されることなく，商業，工業のすべての産業で発生するということである．商品の売り手と買い手は市場で競争をくり広げることになるのであるが，市場価格は中長期的には基本価格に引き寄せられるということである．そしてそのことはまた商品の需要と供給が均衡状態にあること，したがってまた需要と供給が一致するということは，とりも直さず，商品の生産に必要な社会的諸資源が適正に分配されているということを意味する．

いまひとつ，そしてより重要な点であるが，テュルゴーの場合，そうした社会的諸資源の分配が主観的な利潤期待に支えられた商業，工業，農業の企業者間の，あるいは資本間の競争によって行われること，したがってまた価格をめぐる競争とは資本の利潤獲得を動機とする競争の反映であるというところにあり，ここにテュルゴーの価値・価格論，市場競争論の際立った特徴がある．それによれば，企業者間の競争はただ単に市場段階（流通過程）に限定されず，生産過程をふくむすべての企業活動から生じる利潤期待のプロセスを包括する広い概念である．ために企業者はかれらが事前に期待したよりも高い利潤（超過利潤）が市場段階で達成できる，あるいは反対に期待以

---

49) Turgot [1767d], p. 626.

下の利潤をしか達成できないとすれば，次回の企業活動の最初の段階での生産計画を変更することになる．かれらの利潤期待の修正は市場における流通過程での当該商品の金銭的価値を修正することによって，次回の市場段階で前貸しされる資本ストック（fonds）の数量ないし商品の生産量を調整する資本間の競争に反映されるというのである．テュルゴーは『諸省察』第87節でこういっている．

> 何がしかの数量の貨幣の使途から生じる利潤が増加する，もしくは減少するやいなや，資本は〔より多くの利潤を期待して他の使途に用いられている〕資金を引き揚げて〔より多くの利潤の期待できる〕他の産業部門に投じるであろう．このことは資本の年生産物に対する関係を必然的に変化させることになる[50]．

もっとも，テュルゴーが資本移動を論じるにあたって，生産・販売の条件，固定・流動資本を明確に区別していたかは分明あたわざるところであるが，いまは問うまい．概していえば，ある産業部門から他の産業部門への資本移動は，さしあたりは流動資本部分の一部に限られる（市場利子率のいかんでは借入資金の全部または一部がふくまれる）．一方，固定資本はその未償却部分を簡単に廃棄できない——いわゆる「埋没費用（sunk cost）」の制約もあって，たとえ高収益あるいは超過利潤が期待できるとしても，当該部門から別の部門へとただちに移動できないことになる．

しかもここで重要なことは，テュルゴーにとっての商品の（市場）価格または価格変動とは，当該商品を生産してこれを市場に供給する資本間の競争によって生み出される現象であるが，このことは資本が同一部門内においてもつねに異部門間の競争を前提としているということにほかならない．なぜならば，商品の生産は利潤を獲得するための手段でしかないからである．そ

---

[50] Turgot [1766b], p. 592.

れゆえ，異なる部門間の資本の移動は，資本がより多くの利潤の獲得を目的として前貸しされ，資本ストックと生産的労働によって生産される商品の価格を修正する実質的なプロセスであり，そしてそのような資本移動が継続する限り，市場段階では商品の価格は絶えず変動をくり返すことになる．

　要約しよう．テュルゴーが価値と価格との関係を論じるとき，商品の価値が主観的な有用性——効用によって決定され，これに希少性や卓越性などが考慮される．テュルゴーのいわゆる「尊重価値」であり，そこから交換の条件をなす評価価値すなわち交換価値が導かれる．需要サイドは尊重価値を可能な限り大きくすることをのぞむ．これに対して，供給サイドである資本は自らの主観的な利潤期待にもとづいて生産・販売の条件を可能な限り有利にしようと欲する．なるほど商品の基本価格（または基本価値）はその生産に入り込む生産要素に依存するというものの，需要サイドと供給サイドの双方の競争とその結果としての比率に応じて市場価格は基本価値以上または以下に騰落をくり返す．なぜなら，市場価格は単なる生産費ではなく，商品の需要と供給の比率を映しているからである．商品の供給者である企業者もしくは資本はそうした市場状況に応じて投資先の選択すなわち資本の移動をくり返すが，それは企業者をして労働者の空間的かつ雇用される業種の移動，ひいては社会的諸資源の（再）分配を行わせしめることを意味する．

　このようにみていくなら，テュルゴーの価値論はカンティヨンやケネーと比較して完成度が高いといってよい．かれが青年時代から価値や価格の問題になみなみならぬ関心を抱いていたことを思えば当然といえるかもしれない．かれの価値論の基本的特徴は資本の存在を認めることによってはじめて可能な議論であるが，テュルゴーの"資本論"ともいうべき『諸省察』が完成するのは1760年代後半のことである．かたや，かれの主観価値学説についても，その原型を「著作プラン」のなかに見出せるものの，それが精緻化されるのはもっぱら1760年代後半，とりわけ「グラスラン氏の草稿に関する所見」や「価値と貨幣」を待たなければならなかった．はたしてそうであれば，初期テュルゴーの価値学説とのちの学説との間に変化が認められるかどうか，

仮に認めることができるとすれば，それはどのような変化であり，しかも変化をもたらすに至った要因とは何か——人物なり思想・学説——といった問いに答えなくてはならないであろう．

2. 価値学説の意義と問題点

以上，カンティヨン，ケネーそしてテュルゴーの価値論について梗概してきた．いずれも価値論が商業社会あるいは市場経済の規範である価格論の基礎をなし，しかも価値論が富の源泉と相互に密接不可分の関係にあることを探究しようとしたところに，その際立った特徴を認めることができる．くり返しになるが，価値論の探究は，①価値の源泉とは何か，②それは何によって計られるのか，そして③何が財または商品の価値を決定し調整するのかという問いへの解答といってよい．

そのなかでも特筆すべきはカンティヨンであり，ウィリアム・スタンレー・ジェヴォンズは『商業試論』を「経済学の揺籃」と持ち上げ，「内在価値」論のなかに「市場価値のすべての教義がふくまれているばかりではなく，〔デイヴィッド・〕リカードゥや〔ジェイムズ・〕ミルや他の人間たちが無視してしまった困難な問題についてもそれとなく言及されているのである」[51]と高く評価したことは，つとに知られるところである．あるいはまた，ジョゼフ・J. スペングラーは，カンティヨンの経済学研究の進展への貢献は「価格システムの働き」にあると説く[52]．いってみれば，市場経済の規範である商品の価格の形成と変動，そしてそれらのもたらす経済的帰結である社会的諸資源の適正な分配を「価格メカニズムの働き」としてはじめて定位したカンティヨンの研究業績なくして，ケネーやテュルゴーの価値論は成立しなかったといって過言ではないであろう．

だが，そのカンティヨンの議論が成功しているかというとかならずしもそ

---

51) Jevons [1881], p. 345. 訳 75 ページ．
52) Spengler [1952], p. XLIX.

うとはいえない．はたしてそうであるとすれば，後継のケネーやテュルゴーは先行者であるカンティヨンの価値論とどのように向き合い，これを継承・発展させたのであろうか，そのうえでかれらの価値論の経済学の古典形成への貢献と意義とはなんであったのか——などの問いにあらためて答えなくてはならないであろう．これらの疑問点や問題点に可能な限り答えることが以下でのテーマである．

(1) 価値源泉論の名目性

スペングラーは前述の論稿のなかで，カンティヨンの価値論の意義を以下の3点に要約している．すなわち，①カンティヨンはリスクの重要性や土地（不動産）以外の資本の存在を認めていたとしても，土地と労働のみを生産要素として認識していた．ここから導かれる結論は，物の内在価値はその生産に入り込む土地と労働であり，これに土地の豊度と労働の質が考慮される，②物の市場価値ないし価格は内在価値以上または以下にも変動するが，市場価値は生産費ではなく，市場状況の変化に影響された需要と供給を映しているからにほかならない，そして③市場，あるいはまた現代の経済用語でいう価格メカニズムは労働者の空間的（地域的）かつ業種上の移動——ひいては社会的諸資源の（再）配分を容易にする[53]．

スペングラーが①で指摘している点は，サー・ウィリアム・ペティに倣って富の源泉を「土地と労働」（『商業試論』第Ⅰ部第1，10章）にもとめ，土地と労働に物の価値形成の決定をゆだねているところにある．そして土地の価値と労働の価値とが「等価」（同第11章）であるという点でもペティを踏襲している．例えば，それはカンティヨンがつぎのようにいっていることからも理解できる——．すなわち，「ペティ卿は1685年の小さな手書きの草稿（マニュスクリプト）のなかで，土地と労働の等式において両者が等価であるということを政治算術上もっとも重要な問題と見做している」[54]．

---

53) Idem.
54) Cantillon [1755], p. 25.

とはいえ，カンティヨンの議論はここで終わり，土地の価値と労働の価値の「原因や原理」に踏み込んで論究しているわけではない[55]．すなわち，かれは農業労働者の労働をその労働者の消費する土地生産物と等しいものと見做して土地の生産物の価値を労働に還元しているのであろうが，それでは労働の価値とは，生産物に投下された労働量か，それとも生産物を支配する労働量か，そしてこれらはどのように尺度されるのか——といった価値の「原因と原理」を究明するものではない．それどころか，カンティヨンは「日々の労働の価値は土地生産物とある関係を有している．そしてある物の内在価値はその生産に用いられる土地の量と土地に加わる労働の量とによって計量することが可能であるが，これを別言すれば，その労働に従事した人間たちに割り当てられる生産物の生産に要する土地の量によって計ることができる」[56]といって，商品の内在価値を生産費の問題に話をすり替えているのである．そのうえしかも，「物と物の交換において諸価値の比率を見出すのは銀または貨幣であり，それこそが土地と労働とが等価であることを判断するための〔中略〕もっとも確実な尺度である」[57]と本末顚倒もはなはだしい結

---

55) *Idem*.
56) *Idem*, p. 24.
57) *Idem*, p. 25. 櫻井毅が自著『資本主義の農業的起源と経済学』において，「ペティ卿は1685年の小さな手書きの草稿のなかで」云々のくだりについて，これは「明らかにペティ批判である．ただ，カンティヨンの批判にもかかわらずペティを超える視点を彼〔カンティヨン〕自身が示しているとは見えないが，ただカンティヨンは労働者の労働をその労働者が消費する土地の生産物と等価のものとして，事実上，土地生産物の価値に労働を還元しているように見える」（櫻井［2009］，192ページ）というのは正しいであろう．しかも，カンティヨンの「物と物の交換において諸価値の比率を見出すのは銀または貨幣であり，それこそが土地と労働とが等価であることを判断するための〔中略〕もっとも確実な尺度である」のくだりに至っては，「論理を逆転させた方向に進むのであって，これでは最終的な解決に程遠いことは改めていうまでもないであろう」（同上）という点についても，筆者は同感である．ちなみに，カンティヨンは『商業試論』第1部最終の第17章のなかで金や銀が貨幣たる価値を有することについてこうのべている．「金や銀もまた他の商品や物品と同様に，これらにあたえられる価値におよそつり合う費用（frais）を投じてはじめて生産される」（Cantillon［1755］, p. 63）．カンティヨンにあっては，この一文は「人間の同意（consentement）が金銀にある価値を付与した」（*Idem*, p. 62）というジョ

論に至るのである．

　この点は重要である．それというのも，カンティヨンの土地価値あるいはこれを労働に還元した労働価値説——それが等価労働価値説であるのか，それとも支配労働価値説であるかはともかくとしても——は，フランソワ・ケネーの価値論を「名目的」主観価値学説と見付けたフィリップ・ステーネルやジルベール・ファッカレロらの説が正しいとすれば，これに倣ってカンティヨンの価値論を「名目的土地価値説」——土地と労働は「等価」という意味では「名目的労働価値説」といい得るからにほかならない[58]．

　カンティヨンの場合，富の源泉が土地や労働であるとしても，商品の生産に要する土地や労働の量はどのように計るのであろうか．土地の面積，労働時間によるということであろうか．仮にそうだとしても，土地はそれぞれに豊度を異にするから同一の面積にあっても産出される数量は同一ではない．かたや労働もその質を加味するならば，同一労働時間によって産出される数量や質が異なることも考えられる．いずれにしても生産物に入り込む土地や労働の量が計測不可能といわざるを得ない[59]．一方，ケネーは「人間論」のなかでさまざまの財が富となるのは，人間の欲求や欲望に比例してであり，

　　ン・ロックへの反証のようであるが，字義どおりに解釈するなら，商品と金や銀（貨幣）との交換は「価値物」同士の「等価」交換ということであって，うえの一文と基本的に同じ難点をもつものといってよいであろう．
58)　Steiner [1992], pp. 230-4 ; Faccarello et Cot [1992], p. 254. なお，山川 [19--]，315-8 ページも参照されたい．
59)　カンティヨンは労働の質について具体的に言及していないものの，土地の豊度に関しては，『商業試論』第1部第17章においてデイヴィッド・リカードゥの差額地代論を彷彿させる説明を行っている．「〔鉄，鉛，錫，金，銀などの〕金属の実質的価値（valeur réelle）または内在価値はあらゆる物と同様に，その生産に必要とされる土地と労働とに比例する．金属の産出には多額の費用を投じるが，鉱山の所有者が自らの鉱山が並みのそれよりも豊富な金属を含有する場合，鉱山で働く作業員たちの労働によってその所有者が手にすることが可能な利益と同じくらい多額である．〔中略〕企業者には土地〔鉱山地代〕が時に応じて企業者の支出する費用の主要項目をなしており，しばしば企業者の経営破綻〔の原因〕となる」（Cantillon [1755], pp. 54-5）．豊かな鉱脈の鉱山とそうでない鉱山のたとえは，耕作される土地の豊度の相違と基本的には同じことであると考えるならば，あらゆる物の生産に要する土地と労働〔の量〕は自ずと異なることは明白であろう．

しかもその比例によって財の価値が変化するとのべたうえで，人間の欲求や欲望が最終的に価格を，したがってまた財の金銭的価値ないし市場価格を決定する要因となるというのであるが，ケネーもまた価値の源泉である欲求や欲望を計測する手立てを明示しているわけではない．

　要するにカンティヨンにあっては，市場で取引される諸商品や諸財の価格は，企業者の行動を通じて中長期的には「内在価値」と等しくなる，そしてそれはまた結果としてその商品の生産に入り込む土地や労働の量と等しく取引されるといっているにすぎない．「物と物の交換において諸価値の比率を見出すのは銀または貨幣であり，それこそが土地と労働とが等価であることを判断するための〔中略〕もっとも確実な尺度である」と，本末顛倒もはなはだしい議論となるのもそのためである．アントニー・ブリュワーが単純な投入―産出モデルを用いてカンティヨンの土地価値論の「検証」を試みるも成功しなかった一半の理由もここにある[60]．スペングラーのいうように，諸商品の価格が需要と供給の関係によって決定されることをはじめて明らかにしたカンティヨンの「価格メカニズム」論それ自体は評価し得るが，これを導く価値論と整合的な論理展開を見出すことはできないのである．

　一方，ケネーの場合はカンティヨンよりも手が込んでいないだけに，かれの価値論を論難するのはそれほどむつかしい作業ではない．ケネーは個々の人間の主観ないし欲求や欲望から他の財との交換を導き，最終的には価格ないし金銭的価値あるいは市場価格を決定するというのであるが，金銭的価値は豊作や凶作という自然の気候条件に左右されて農産物の価格が高騰・下落する場合を別にすれば，両者の「中間」の値すなわち「基本価格」で売り買いされるという．かれがここでいう基本価格とは，商品の「生産もしくは生産の準備のために前貸しされる支出あるいは費用」のことであり，「商品の

---

[60] この点については，Brewer [1986; 1988a] を参照されたい．ちなみに，土地や労働に基礎を置く客観価値説に批判的なピーター・C. ドゥーリーは，カンティヨンの土地（または労働）価値論の不十分性を指摘している．くわしくは Dooley [2005b] を参照されたい．

販売がこの費用を下回れば，その価格は下落する．商品の販売によって生産の継続または増産をうながすほどに十分満足のいく利潤を手にするならば，その価格は適正価格である」[61]と解説している．

ケネーにあっては，個々の人間の主観ないし欲求や欲望に結びついた財の有用性あるいは使用価値はつねに「同一」であるから，金銭的価値が基本価格またはこれに「生産の継続または増産をうながすほどに十分満足のいく利潤」を加えた「適正価格」で売買されるならば，結果的に価値どおりの取引が成立したことになる．しかしいま百歩ゆずってケネーの言い分を認めたとしても，個々の人間の主観あるいは欲求や欲望をどのように導きこれを評価し尺度するのかという説明を素通りした議論であるといわざるを得ない．

それだけではない．ケネーが例示する自然の気候条件に左右されて農産物の極度な過不足が生じる時期はもとより，平常時にあっても需要サイドは供給サイドの言い値に物申すことはないのであろうか．反対に，供給サイドは需要サイドの意向や消費行動を考慮しないですませることが可能であろうか．そうではあるまい．ケネーのいう「商品の販売によって生産の継続または増産をうながすほどに十分満足のいく利益を手にするならば，その価格は適正価格である」というくだりは，需要サイドの意向や消費行動の議論を無視しては成立しないといわなくてはならない．換言すれば，ケネーにおいては「価格メカニズムの働き」というカンティヨン価値論のエッセンスが完全に欠落しているといってよいのである．

だが，それにもかかわらずケネーの価値論を擁護する議論がないではない．わが国のケネーやフィジオクラシー研究の草分け的存在である久保田明光がそうであり，かれは「ケネーの價値理論」と題する論文のなかでケネーの価値論を高く評価している．久保田論文は1936年に発表されたものであり，わが国のケネー価値論研究の先駆といってよいが，久保田のケネー研究の集大成『クネー研究』(1955年刊) に再録されていることからみて，かれはこ

---

61) Quesnay [1757-1758], p. 276.

の論文でみせた見解を修正していないと考えられる．それによると，ケネー価値論の意義は，「〔使用價値だけを有する富と〕使用價値及び賣買價値を有する富とを，一國に於いて區別」したうえで，とくに「使用價値的屬性」を明確に論じたところにあるという[62]．すなわち，商業上の富の金錢的価値と区別される使用価値は「つねに同一であり，かつ人間にとってそれがかれらの欲求，これを享受しようとする欲望との間に存する諸関係に応じてつねに大なれ小なれ関心の対象となる」[63]から，ケネーにあっては，「使用價値は〔中略〕一面に於いては人の個々の主觀乃至慾望状態と直接關係のない有用性」のようであるが，しかし「他面に於いて〔中略〕主觀的効用とも考へられ得る」[64]と久保田は解釈してみせる．だからまた，かれはダイヤモンドと水のパラドックスを引いて，「今日の經濟學，少なくとも限界効用學派に於ける如く，主觀的な，個々の具體的場合によつて常に可變的な効用であると見るよりも，寧ろ通念的な且つ理想化された慾望に對應する有用性〔中略〕と同じ意味を持つもの」[65]というのである．

　すでにみたように，ケネーが「人間論」でいうダイヤモンドと水のパラドックスの出所がベルナルド・ダヴァンザッティ，すくなくともジョン・ロックやジョン・ローであることは推察にかたくないが，ケネーの見解はダヴァンザッティやローらのそれとは同一ではない．たしかにケネーは，水は人間の生活に必要欠くべからざる「使用価値」をもつが「金錢的価値」をもたないのは需要されるよりも多く供給されるからであるといってダヴァンザッティもしくはローと同じ見方をしているように見える．けれども，ダイヤモンドについていうならまったくの別物である．ケネーによれば，ダイヤモンドが数ある商業上の財のなかで「無用の長物（la moins utile）」であるにもかかわらず，その金錢的価値はほとんどつねに食料品のそれをはるかに超えて

---

62)　Idem.
63)　久保田 [1936]，25 ページ．
64)　同上．
65)　同上．

いる．これをいい換えると，こうである．ダイヤモンドの金銭的価値は「〔凶作などによって〕食料品が極端に欠乏するような事態をのぞくと，つねにこれらの〔農産物などの〕財の金銭的価値をはるかに上回っている」[66]．

はたしてダイヤモンドは「無用の長物」であろうか．仮にケネーの言い分が正しいとすれば，人間のダイヤモンドへの欲求，これを保有したいという欲望とはなんであろうか．そもそも，ケネーと異なり，ローやダヴァンザッティは「水に比べて必要性に劣る」財というダイヤモンドと水との相対的関係について論じたのであって，ダイヤモンドを「無用の長物」であるなどとは主張していない．むしろ問われるべきは，人間が必要とする水の供給量がダイヤモンドのそれを上回っていること，逆からいえば，ダイヤモンドは水に比べて必要性に劣るけれども供給される量が極端に少ないという，ダイヤモンドの「希少性」という「使用價值的属性」が人間の生活に必要以上に供給される水をはるかに上回る「金銭的価値」を有する契機となっているという点にある．

とどの詰まり，久保田は財または商品のもつ「使用價值的属性」を必要以上に強調して，本来検討しなければならない事柄を軽視するか，あるいはこれを誤った方向に導いてしまったといえるかもしれない．しかも，久保田のいうように，ケネーが仮に水とダイヤモンドのパラドックスを「主觀的な，個々の具體的場合によって常に可變的な效用であると見るよりも，寧ろ通念的な且つ理想化された慾望に對應する有用性〔中略〕と同じ意味を持つ」事例と考えていたとすると，ケネーの価値源泉論は「名目的」どころか，単なるお題目にすぎない——そういっても決して過言ではあるまい[67]．

---

66) Quesnay [1757-1758], p. 273.
67) カンティヨンは『商業試論』第III部第4章の冒頭でこういっている．「いまもしも金属が容易に発見されるとすれば，だれしもがその欲求に応じて手にするであろう．そのような金属はほとんど価値を有さないであろう．もっとも豊富にして，かつより低い費用で産出されるような金属はよりいっそう安価（à meilleur marché）な金属である」（Cantillon [1755], pp. 145-6）．ただ逆もまた可なり．その場合の金属は貴金属であり，ダイヤモンドのように希少な鉱石もこれにふくまれる．しかるに，金銀やダイヤモンドが高価なるゆえんは「通念的な且つ理想化された慾望に對

(2) 価値と価格の関係性

　カンティヨンにしろ，ケネーにしろ，かれらはそれぞれに財または商品の価値の源泉を論じてはいた．しかしながら，それが土地や労働，あるいはまた人間の主観または欲求・欲望にもとづこうが，その何が，どのように，そしてどれだけ財や商品の生産に入り込むのかという価値の「原因と原則」の分析となると，いずれも明快かつ明確に答えるものではなかった．この問いに答えた人物こそ，テュルゴーであった．実際，18世紀の価値論研究の発展は，テュルゴーなくしてあり得なかったであろう．

　既述のように，テュルゴーの価値論の要諦は人間の主観ないし欲求・欲望にもとづくという点にあり，この点でカンティヨンよりはむしろケネーに近いといえるかもしれない．だが，テュルゴーの価値論への関心はケネーよりも早く，その出発点は1750年代前半の「商業，貨幣の流通と利子および諸国家の富に関する著作プラン」に遡る．かれがより高度かつ精緻な価値論を構築するのは1760年代末に至ってのことであるとはいえ，ケネーが部分的にせよ価値を論じた「穀物論」や「人間論」などの論稿に先行し，かつ内容的にも秀でていることは特記すべきである．

　それでは人間のもつ主観ないし欲求や欲望にもとづく価値は，商品のなかでどのように尺度されるのであろうか．テュルゴーは後年の論稿「価値と貨幣」において，尊重価値が欲望の対象としての「効用」，「希少性」，「卓越性」から主観的に導かれ，そのうえで尊重価値から評価価値（交換価値）を決定することを，トウモロコシと薪の交換を例に，概略つぎのように説明している．すなわち，前者の所有者は薪の尊重価値とトウモロコシのそれを自己の精神または心の働き（esprit）のなかで推量し，かたや後者すなわち薪の所有者も自身の提供する薪とトウモロコシの尊重価値を自らの精神または心の働きのなかで推し量る．しかるのち両者，つまりトウモロコシと薪の所有者はそれぞれ二財に対するふたつの価値を各自比較考量することになる．

　　應する有用性」を有するからでは断じてない．なお，この点に関しては，山川［1948; 1950］，中川［2013a］などもあわせて参照されたい．

付論 I. カンティヨン―ケネー―テュルゴー　　197

前者は自らの提供する財の数量を可能な限りすくなく見積もり，その欲する財をより多く見積もったうえで交換に応じる薪の所有者をさがしもとめる．一方，後者も同様に自らの所有する財の数量をできるだけ少量とし，かつ自身の欲する財の数量を可能な限り多く提供するカウンターパーティーをもとめる．こうして他の財を得ようとする者にとって「自らが手にする財には手放す財以上に高い尊重価値を供与することが交換の基本であり，唯一の動機である」[68]と，テュルゴーはいうのである．

　もっとも，かくいうテュルゴーではあるが，別のところでは，トウモロコシと薪の二財の交換が「それぞれが等しい価値に対して等しい価値をあたえる」[69]ものとものべている．かれの言い分は，『諸省察』第31節の「交換される各財の価値は交換の当事者のもつ相互につり合う欲求または欲望のほかの尺度をもたず，両者の意思が一致することによってのみ決定される」[70]のくだりと同様と考えられるが，さらに遡れば「著作プラン」において「人間の欲望はそれぞれにつり合うように生産物の評価を形成する」[71]に行き当たる．テュルゴーの尊重価値は，いってみれば「売ろうとする欲求ないし欲望」，「買おうとする欲求ないし欲望」であり，だからまたつぎのようにいうのである．

　すなわち，「ここに〔交換当事者間の〕相互に反するふたつの利害」があり，「各人は自らふたつの利害を比較したうえで，両者が一致し，取引が成立するまでより多く，あるいはよりすくなく供給しようとする」のであって，そのことは「〔財の〕売り手と買い手の双方が攻守所を定めて競争し，一方は高く売ろうとし，他方は安く買おうとする」[72]ことを意味している．財の価値が交換の当事者，したがってまた売り手と買い手の「意思が一致」することによって決定されるとのテュルゴーの謂は，市場での財の価格が需要と

---

68) Turgot［1769］, p. 91.
69) Idem. 文中の傍点は原文イタリック体，以下，断りのない限り同じ．
70) Turgot［1766b］, p. 552.
71) Turgot［1753-1754a］, p. 378.
72) Idem, p. 383.

供給によって決定されるということと同義反復である．

はたしてテュルゴーの説明どおりであるとすれば，尊重価値，評価価値（交換価値）そして市場価格の関連はつぎのように整理しなければならないであろう．かれは未完の論稿「価値と貨幣」において評価価値が尊重価値から導かれるとしながらも，両者の関係を説明してこういっている．

> 尊重価値は〔中略〕交換当事者それぞれの精神〔あるいは心の働き〕のなかにのみ存在する．これに対して，交換価値は〔交換の当事者が〕たがいに等しいこと（égalité）を認め，これを交換の条件とするふたりの当事者によって受け容れられる．尊重価値の決定においては，おのおのはふたつの利害を比較するだけである．つまり，このふたりが自らの所有する対象物に対して所有することを欲する対象物をただ比較するにすぎないのである．交換価値の決定においては，これを比較するのはふたり，比較されるものは4つの利害である．しかし，ふたりの当事者のそれぞれのふたつの利害は別々に比較され，ついでこのふたつの結果が，両当事者によってまとめて比較されるか，あるいは交渉〔または駆引き〕が行われて平均的尊重価値が形成される．これこそが交換価値たるものである．われわれはこれに評価価値の名をあたうべきと信ずる．それが〔貨幣で実際に交換される〕価格あるいは交換の条件を決定するからである[73]．

---

73) Turgot [1769], pp. 91-2. テュルゴーが「交換価値（valeur échangeable）は〔当事者の〕双方が等しい価値をもっていること（égalité）を認め〔る〕」との謂は，山川義雄がテュルゴーのパリの中央政府に送った報告書「貨幣貸付に関する覚書（Mémoire sur les prêts d'argent）」から引用しているパラグラフと同一と考えられる．交換価値は「ふたりの交換当事者のもつ欲求あるいは欲望を享受するために交換する物の効用の度合いに対する〔交換の時点での〕意見にのみ依存するにすぎません．すなわち，価値はそれ自体いかなる実在性（réalité）もこれを有するものではありません．〔けだし，後刻〕ふたりの交換当事者の一方が他方に対して不正を働いたと主張する〔ケースが仮にあっても，これを正す〕根拠にはならないのです」（Turgot [1770a], p. 175. 山川 [1960], 41 ページ参照. ただし訳は筆者).

付論 I. カンティヨン―ケネー―テュルゴー　199

　テュルゴーの見るところ，財または商品の交換の動機，したがってまた商業活動の端緒は，交換当事者の尊重価値の差を可能な限り大きくすることにあったが，その結果は当事者相互の競争によってその差が等しくなるときにはじめて交換の合意が成立するということである．このことから，テュルゴーのいわゆる「基本価値」または「基本価格」と「市場価格」との区別はつぎのよう規定される．すなわち，「基本価格」ないし「基本価格」とは単なる「生産費」ではなく，のちにくわしくみるとおり，実質上「生産価格」に相当する概念と考えられる．だから，市場価格（または市場価値）は交換当事者間の需要と供給の割合において変動をくり返すものの，基本価値に絶えず引き寄せられることになる[74]．

　このように考えられるならば，テュルゴーの価値論とケネーの，遡ればカンティヨンのそれとの関係はこれをつぎのように整理できるはずである．すなわち，ケネーにあっては，人間の主観ないし欲求や欲望を価値の源泉とするものの，それは「名目」でしかなく，カンティヨンの内在価値にその着想を得た基本価格や金銭的価値とどう結びつくかの説明がなされていない．別言すれば，交換当事者の尊重価値の差を可能な限り大きくするという財の交換の動機が，結果的に当事者相互の需要と供給をめぐる交渉あるいは競争によってその差が等しくなるときにはじめて交換の合意が成立すること，そしてそれによって成立する市場価格は当事者間の需給関係において変動をくり

---

74) テュルゴーは「著作プラン」において売り手と買い手が複数のケースを想定してつぎのようにいっている．「〔交換当事者（échangeur）が複数の場合の〕価格は，一方における売り手全体と他方における買い手全体との間で行われる交渉によって決まる」（Turgot [1753-1754a], p. 383）．また，後年の「貨幣貸付に関する覚書」でも〔市場価格が〕供給の全体と需要の全体とを比較することによって決定され」るといったのち，市場価値（または市場価格）についてこう説明している．すなわち，複数の交換当事者の間で決まる市場価値が「当事者ふたりだけの場合に定まる市場価値（valeur courante）と相違するのは，それが当事者のそれぞれ個々の交換にさいして交渉から生ずる種々さまざまの価値の平均だからです．しかし，この平均価値もしくは市場価値（cette valeur moyenne ou courante）は交換当事者相互の意見や欲望の比較から離れて実現するものではありません」（Turgot [1770a], p. 175）．

返すも基本価格に絶えず引き寄せられるというテュルゴー的な考えは，ケネーにあっては希薄ですらある．後者の脳裡にあるのは，基本価格と市場価格は一致する，そして両者が一致する水準は結果として人間の主観ないし欲求や欲望と等しくなる，というにすぎない．さらにいま一度換言すれば，価値，基本価格，市場価格が等しくなるという均衡状態をアプリオリに想定しているにすぎない．ケネーの『経済表』における所得流通フローはそうした均衡を想定することによってはじめて成立する議論といわなくてはならない．後述するとおり，ケネーとテュルゴーとの間に価値論における理論的継承関係は皆無あるいはほとんど存在しないといってよいのである．

　むしろテュルゴー価値論については，多くの点でカンティヨンの見解との類似性を思わざるを得ない．テュルゴーの基本価値論の源泉がカンティヨンの内在価値論にもとめられるだけでなく，前者の基本価値と市場価格もしくは金銭的価値との関係が後者の内在価値と市場価格とのそれに及ぶことが何よりの証左である．もっとも，テュルゴーにあっては一見すると市場価格と金銭的価値とは同義語のようであるが，両者は異なる意味をもっていることはのちにあらためて詳論する所存である．

　ともあれ，テュルゴーは需要と供給をめぐる交渉ないし駆引きを説くことによって，商業活動の規範である価格の形成と変動の基礎を明らかにしようとしたと考えてよい．その場合，テュルゴーは土地価値説ないし労働価値論説を退け，人間の主観ないし欲求・欲望にもとめる「感覚的」または「心理的」経済価値論に拠っている点でカンティヨンとは異なることを認めなければならない．そしてテュルゴーの試みは多くの点で首肯できる．その意味からすれば，手塚壽郎が1933年に発表した論稿「心理的經濟價値説の歷史的研究の一節――チュルゴーの Valeurs et monnaies の想源に就いて」のなかでいうことはまったく正しい．曰く，テュルゴーは「18世紀において價値を論じた者のうち，最も純粋に心理的見方をとつた人である．18世紀において，價値を人間の欲望にのみ基礎付けようとした者は〔テュルゴー〕の他にない」[75]．

かくいう手塚ではあるが，テュルゴーの價値論に問題なしとしない．その最大のポイントは，テュルゴーの「價値と貨幣」が「グラスランの著作を想源として書かれてゐることは疑ふ餘地がない」[76]とのべつつも，18世紀において「最も大膽なる心理的經濟價値論が，重農學派の思想を可なり深く取り入れてゐたチュルゴー〔テュルゴー〕によりて考へらるゝに至つたことは驚くべき事實である」[77]というところにある．手塚はこれを評して「重農學派的價値觀より心理的價値論への變轉」と斷定する．すなわち，「1767年又は1768年頃までは彼〔テュルゴー〕は重農學派の鬪士の一人であつた．彼は〔「價値と貨幣」〕を書く2年前卽1766年に〔『富の形成と分配に關する諸省察』〕を執筆してゐるが，此書は，價値を論ずる所，重農學派の純生産物論其まゝである．從つて〔「價値と貨幣」と『諸省察』〕の價値論とは背反が際立つてゐる」といったのち，テュルゴーは「この2年の間にその價値觀を變へた」[78]と結論を下している．

山川義雄も「十八世紀佛蘭西主觀價値論の形成」において手塚の所説を支持してつぎのようにいう．すなわち，テュルゴーが『諸省察』から「價値と貨幣」へと進むとき「主觀的價値論の主張に變つており，それはグラスランの〔『富と租税に關する分析』〕の影響によるものであつて，グラスランがコンジャック〔コンディヤック〕に先行することは，わが手塚〔壽郎〕教授の

---

75) 手塚 [1933], 2ページ．
76) 同上，29ページ．
77) 同上，3ページ．
78) 同上，6ページ．手塚はそういったのち，『諸省察』のなかに「不明瞭にして未だ展開せられてはゐないが，〔「價値と貨幣」〕を豫想するが如き思想が既に現れてゐないわけではない．それは，恐らくガリアニ〔ガリアーニ〕の Della Moneta より暗示を得てゐると思はるゝ」（同上，7ページ）とのべているが，テュルゴーがガリアーニの價値論を知り得たのは1760年代前半ころと考えられる．むろんかれがガリアーニ説を完全に受け容れていないことは，「價値と貨幣」のなかでの在仏ナポリ王国大使館付書記官（のちに公使）に對する評価を見れば明らかである．いずれにしても，テュルゴーは「著作プラン」などにみえるように，コンディヤックなどによりながら主觀價値説を支持し追求していたことはたしかであると考えられ，「この2年（1767-8年）の間にその價値觀を變へた」とする手塚の所説にはにわかに承服できない．なお，以上の点については，後出脚注100も参照されたい．

詳細な考證に依つて明かされたことであつた」[79]．ただし，山川は「その場合コンジャックの主観主義を考えるに當つて，彼が既に 1754 年に〔『感覚論』〕を著わしていることは考慮されねばならない．これは人間の智的な道徳的な進歩の原因を欲望に見るのであり，これこそがその儘〔『商業と統治』〕の中に持ち込まれて，有用性と希少性などに基〔づ〕く主観價値論が主張されたのであつた」[80]ともいっている．

筆者も大筋として手塚や山川の所説に同意するものの，しかし例えばジャン=クロード・ペロのいうように，当時の主観価値学説の理論的継承関係はそれほど単純でないこともまたたしかである．それによると，なるほどテュルゴーの価値論はコンディヤックやガリアーニよりは，むしろグラスランに近いといえよう．そのグラスランは，自著においてコンディヤックやガリアーニの名を一度も引かなかったが，モンテスキューやリシャール・カンティヨンらに言及しているとしたうえで，グラスランの「知的営みがこれらの先学に負うことを躊躇せず認めている」[81]とのべている．その意味からすれば，テュルゴー，グラスラン，ガリアーニ，コンディヤックらの研究は，それぞれがある程度までパラレルに行われ，かつある程度までオリジナリティを有していたと考えなければならないかもしれない．

結論を先取りしていえば，テュルゴーの作品を回顧するに，かれの価値論

---

79) 山川［1948］，41 ページ．ちなみに，山川は 1968 年に上梓した著書『近世フランス経済学の形成』のなかに 1948 年の論文を再録するにあたり，「わが手塚教授」の名を取り下げるなどの改稿をほどこしたうえでつぎのようにのべている．曰く，シャルル・ジッド〔ジード〕とシャルル・リストの『経済学説史』においてテュルゴーがコンディヤックに「着想を与え，彼〔テュルゴー〕自身はその着想をガリアニ〔ガリアーニ〕に負う」ということに対して，「ジッド〔およびリスト〕のこの規定はきわめて不正確である」（山川［1968］，170 ページ）．

80) 山川［1948］，41 ページ．ちなみに，コンディヤックは『商業と統治』の課題が「経済学（science économique）」の研究にある（Condillac［1776］，p. 1）と銘打っているが，奇しくもアダム・スミスの『国富論』と同じ年（1776 年）に出版された本書はコンディヤックの初の経済学の作品となる．冒頭の第 1 章はコンディヤック一流の主観価値説に立脚した「物の価値の基礎（Fondement de la valeurs des choses）」（Idem, pp. 3-25）の解析に割かれている．

81) Perrot［1992］，p. 119.

は，手塚のいうように「重農學派的價値觀より心理的價値論への變轉」であるかはひとまず問わないにしても，主観価値学説によりいっそう傾斜するかたちで精緻化されていったといえよう．ただ問題は，自らの欲求や欲望から導かれる尊重価値と評価価値あるいは交換価値との関係にある．かれは「価値と貨幣」において，「尊重価値は〔中略〕交換当事者それぞれの個々の精神のなかに存在するにすぎない．一方，交換価値は〔交換の当事者が〕たがいに等しいことを認め，これを交換の条件とするふたりの当事者によって受け容れられる」といっているが，これを説くカギが基本価値，市場価値，金銭的価値の相互関係にある．

テュルゴーは「価値と貨幣」のなかで「基本価値とは，ある財を販売する人間の支払う費用である．すなわち，〔財の生産のための〕原材料の支出，前貸し利子，そして〔労働者の〕賃金および〔生産・取引に要する企業者の〕勤勉報酬である」といって，財や商品の価値が生産費によって決定されるように説き及び，一見すると主観的欲望論と相反するの観があるが決してそうではない．人間の主観ないし欲求や欲望や利害についての需要サイドの考察は，一方における供給サイドの考察を必要とするからであり，ここにテュルゴーのオリジナリティがある．それはまた，①価値の源泉とは何か，②それは何によって計られるのか，そして③何が財または商品の価値を決定し調整するのかという問いのうち，最後の③に対する回答であり，ひいては需要と供給の割合に応じて決定される価格（価格メカニズム）と社会的諸資源の分配の関係をも明らかにするものである．

(3) 価格メカニズムと資源分配の関連性

カンティヨンの内在価値は，商品の生産に必要な土地と労働の量によって決定される生産費のことであるが，市場にあって商品は「〔内在価値〕どおりには販売されないことがたびたびあり得る．これはひとびと〔土地所有者など〕の気紛れや嗜好そして消費行動に依存する」[102]と説いた．商品の市場価格がおうおうにして内在価値から乖離し，しかも仮にある商品が市場でそ

の生産に要する内在価値よりも低い価格でしか販売し得なければ，当該商品の生産に従事する企業者はその生産に割り当てられる諸資源をより高い価格で販売できる他の商品にふり向ける，あるいはある商品の市場価格がその内在価値を上回る高い価格で販売可能であるとすれば，その企業者はこの商品の生産に必要な資源をより多く割り当てることになる．カンティヨンによれば，そのいずれの場合であれ，市場における商品価格の形成と変動とは，供給を需要に順応させることができないために出来するものであって，企業者は市場における需給の調節者として需要と供給の乖離を修正し，社会的諸資源の分配を適正に行わせしめる機能をもっている．

　商品の価格が需要と供給の割合に応じて変動するといったカンティヨンの価値・価格論は，ウィリアム・スタンレー・ジェヴォンズこのかた，カンティヨンのもっとも優れた学説として高く評価されてきたし，なかでもスペングラーは「価格メカニズムの働き」をカンティヨンの経済学史上の最大の功績といってはばからない．実際，ケネーにしろ，テュルゴーにしろ，カンティヨンの価格論を大なれ小なれ踏襲しているといってよい．それは，カンティヨンの所説に着想を得た「基本価格」，「基本価値」というタームを用いていることからも容易に推測できる．ただケネーの場合，価格メカニズムという発想は希薄であり，しかもそれが社会的諸資源の分配に及ぼす影響に関する理論的考察はこれをほとんど行っていないといって過言ではない．ケネーの理論にあっては，つねに「平常時」の価格，ありていにいえば需要と供給が一致して販売価格と市場価格とが同一となる状態をつねに想定しているかのようである．そして，商品の販売によって生産の継続または増産をうながすほどに十分満足のいく利潤を手にするならば，「金銭的価値」あるいは市場での販売価格は「適正価格」であるという．

　これに対して，テュルゴーはケネーよりもカンティヨンの所説を踏襲しているばかりか，これをさらに発展させている．それを端的に示すのが『諸省

82）　Cantillon［1755］, p. 17.

察』第87節の主張である．すなわち，「何がしかの数量の貨幣の使途から生じる利潤が増加する，もしくは減少するやいなや，資本は〔より多くの利潤を期待して他の使途に用いられている〕資金を引き揚げて〔より多くの利潤の期待できる〕他の産業部門に投じるであろう．このことは資本の年生産物に対する関係を必然的に変化させることになる」[83]．テュルゴーによれば，市場における商品の価格の形成と変動が市場に当該商品を供給する資本間の競争によって生み出される現象であるが，この現象は資本が同一産業部門内においてもつねに異部門間の競争を前提としているということにほかならない．商品の生産は個々の資本にとって可能な限り多くの利潤を獲得するための手段でしかなく，それゆえ市場での商品の価格変動は異なる産業部門間で資本が前貸しされ，資本ストックと生産的労働によって生産される商品の価格を修正する実質的なプロセスである．そしてそのような資本移動が継続する限り，市場段階では商品の価格は絶えず変動をくり返すことになる．別言すれば，価格変動がない状態——カンティヨンのいう市場価格が内在価値と一致する状態あるいはまた資本移動がない状態——とは，とりも直さずあらゆる資源が社会的に適正に分配されていることと同義であるといってよいであろう．

　ここから読み取れることの第1はテュルゴーが商品の内在価値と市場価格との乖離とその乖離の調整ないし修正を企業者の機能や役割にもとめたカンティヨンに対して，テュルゴーはこれを一歩進めて市場価格の決定が利潤率を媒介とする資本の運動にあると定義したことである．かれのいうように，商品の供給者としての資本の目標はより多くの利潤あるいは利潤の最大化をもとめるところにあるとしても，同一の商品を生産する部門内で，その商品の需要との関係によって成立する市場価格がどの資本に対してより多くの利潤をもたらすかということは，それ自身としては規定できない．それは同一部門で論じる限りはいわば主観的な期待にすぎず，異部門間の資本の競争を

---

[83] Turgot [1766b], p. 592.

前提にしてはじめていえることである．テュルゴーが商品の市場価格と金銭的価値とを区別した理由もここにある．

すなわち，前者は需要と供給のバランスが均衡する水準をそれぞれの部門において代表するものであり，それゆえある部門で成立する市場価格は，それ自体がより多くの利潤を追求しながらも，結果として平均利潤（率）を獲得する資本の個別基本価格によって決定づけられる．一方，後者の金銭的価値は社会全体の需要と供給のバランスに立って個別の基本価格を社会的基本価格へと調整するものである．だから，社会存続のために必要な諸資源は金銭的価値あるいは社会的基本価格の変動をもたらす資本移動によって調整され，ためにもしも仮に資本移動がない状態を想定できるとすれば，それはとりも直さず社会的諸資源が適正に，すなわち過不足なく配分されている状態を意味するといってよいのである．

しかるに，「チュルゴーの価値論の変遷について」と題する論稿において，ケネーにも「『根本価値』〔基本価値〕と『売上価値』〔金銭的価値〕との区別のあることを知っている．しかし，ケネーにおいては，それに『通用価値』〔市場価値〕が加わり，『売上価値』がその中心であることを知らなければならないのである．したがって，チュルゴー〔テュルゴー〕の『根本価値』と『売上価値』ないしは『通用価値』の区別とケネーの『根本価値』と『売上価値』の区別を同一視することはできない（原注）．われわれは，この点で，チュルゴーの見解とリチャード・カンティロン〔リシャール・カンティヨン〕の見解の類似性を思わざるをえない．カンティロンは〔『商業試論』において〕内在価値と市場価値を区別している」[84]との山川義雄の解釈は，その意を酌み取ることができないではないが，難解きわまりないといわなくてはならない．この節の前項（3）で紹介したように，ケネーの「金銭的価値」は「商業上の富」の価値であり，「市場価値」と同義語である．一方，山川のいうように，テュルゴーの見解とカンティヨンの見解の「類似性を思

---

84) 山川 [1948], 45 ページ．

わざるをえない」というものの，しかしテュルゴーはカンティヨンと異なり——というよりはカンティヨンの理論をさらに進めて，同一部門内と異部門間の資本の競争を明確に意識しつつ内在価値ないし基本価格（基本価値）を規定し，個別の基本価格から社会的基本価格への調整を試みている点で際立った相違があると考えなくてはならない．

　むろんテュルゴーが，資本の同一部門内の生産条件の修正，異部門への移動にさいしての固定資本の未償却部分——埋没費用の処理などを考慮していないことは問題として残るものの，利潤動機に突き動かされた資本移動と社会的諸資源の分配との相互関係を論じた命題がテュルゴーに負うことに変わりはない．ヴァンサン・ド・グルネーゆずりの「新しい富の概念」としての資本を軸に近代商業社会ないし資本主義社会の経済的諸関係の組織的解明を行ったテュルゴーの面目躍如といわなくてはならない[85]．

　そのように考えられるとすれば，フランスの経済学者ジョエル＝トマ・ラヴィックスやポール＝マリー・ロマーニ，あるいはイギリスの経済学者アントニー・ブリュワーのいうように，テュルゴーの「金銭的価値」論がカール・マルクスのいわゆる「生産価格（Price of production）に近い」理論と解釈することが可能かもしれない[86]．ただし，テュルゴーは金銭的価値を社

---

85) この点については，さしあたり中川［2013a］を参照されたい．ちなみに，ジル・ドスタレールはテュルゴーを評して「自由主義の擁護者（avocat du libéralisme）」とともに「資本主義の理論家（théoricien du capitalisme）」（Dostaler［2012b］, p. 62）と称しているが，テュルゴーの経済理論の一面をついているといえよう．

86) Ravix et Romani［1997］, p. 46；Brewer［1986］, p. 186. もっとも，馬場敬之助のように，テュルゴーの主観性を重視する価値論を，シャルル・ジード＝シャルル・リストの『経済学説史』に倣って，究極的には人間の欲求する対象の「獲得のために投入される時間や犠牲や苦痛によって計られるのだから，労働価値であるとも見られる」（馬場［1958］, 77-8ページ．なお，ここでのジード＝リストの『経済学説の歴史』からの引用は1926年版による）と解釈することができるとすれば，事は単純明快であるが，テュルゴーはそんな主張をしていない．また馬場と同様にマーシャリアンのピーター・D. グレーネヴェーゲンは，テュルゴーの心理経済価値説の根幹をなす「有用性（bonté）」について，「効用」のほかに，「希少性」や「卓越性」や「保存性」をふくむ広い概念であること，またレオン・ヴァルラスと異なり「効用を保有される商品の数量の関数」と見做していないなどの理由から，テュルゴー

会全体の需要と供給のバランスに立って資本の競争と関連づけて論じているから，より厳密には「市場（market）」生産価格と規定しなければならないと考えられる．それは個々の資本によって生産される商品の価値を社会的に評価する機構であり，より多くの利潤，したがってまた超過利潤ないし利潤の最大化を追求する資本の運動を媒介にして形成されるからである[87]．商品の価格の形成と変動とは超過利潤または利潤最大化をもとめて異なる産業部門間を移動する資本の運動によって生み出される社会現象というのも，そのような意味において理解しなければならないであろう．

この点，18世紀末から19世紀前半に活躍した自由主義的政治家で経済学にも造詣のふかいピエール=ルイ・ロデレールが，テュルゴーの説く異部門間の資本移動は超過利潤を動因とすると解釈し，これを「利潤法則（loi du niveau）」と評したのは卓見といわねばならない[88]．また，最大利潤を追求する資本の競争が金銭的価値あるいは社会的基本価格の変動をもたらす異部門間の資本移動をつうじて調整され，その結果として社会的諸資源が適正に配分され均衡へと導くと見付けたテュルゴーの理論を，イギリスの経済学者テレンス・ウィルモット・ハチソンは「競争的均衡（competitive equilib-

---

が「新古典派の先駆者」とする解釈に異を唱え，テュルゴーの学説は「マーシャル実質費用説（real cost theory）の原初形態」（Groenewegen [1970], p. 125）にすぎないとのべている．さらに，山川義雄も初期テュルゴーの「価値・価格論は費用理論」であり，ガリアーニ，グラスランの所説に影響され「欲望理論へと変化した」（山川 [1948], 44ページ）との解釈をしている．だが，本文でくり返し指摘するように，テュルゴーの基本価格や金銭的価値は（期待）利潤をふくむから単なる「生産費」もしくは「費用価格」ではないことをあらためて確認しておきたい．

87) マルクスの生産価格の解釈については，櫻井 [1968] を参考にした．
88) Faccarello et Cot [1992], p. 255. 字面どおり訳せば「水準の法則」であるが，ロデレールのいう「水準（niveau）」とは利潤の水準（または利潤率）を指すといってよい．それというのも，テュルゴーが『諸省察』第87節で「何がしかの数量の貨幣の使途から生じる利潤が増加する，もしくは減少するやいなや，資本は〔より多くの利潤を期待して他の使途に用いられている〕資金を引き揚げて〔より多くの利潤の期待できる〕他の産業部門に投じるであろう」（Turgot [1766b], p. 592）という資本による利潤最大化の追求が資本移動の動因となるからであり，ここではあえて「利潤法則」と意訳した．

rium）」[89]論と命名している．これらのテュルゴー解釈のインプリケーションは以下のことを考慮に入れるとよりいっそう明白である．

すなわち，テュルゴーは「著作プラン」において「人間の欲望はそれぞれにつり合うように生産物の評価を形成する」[90]といっているが，それはいってみれば「売ろうとする欲求ないし欲望」，「買おうとする欲求ないし欲望」である．商品の価格表示はそれ自体としては売り手の主観であって，買い手に販売することによってしか，あるいはまた同じことであるが，買い手の貨幣による購入を通してしか客観化することはできない．つまり，前者の利潤最大化，後者の尊重価値の最大化はいずれも市場の需要と供給との比率を媒介にして判断するほかないのである．それゆえ，基本価格はそのような需給関係を媒介として均衡水準を確定し得る機構であり，市場価格は基本価格に収斂する．

これを別言すれば，価値は市場価格を形成する要因ではあるが，市場価格が収斂するのは価値ではなく基本価格である．そして金銭的価値とは，最大利潤を追求する異部門間の資本移動という資本間の競争を通じて個々の基本価格を社会的基本価格すなわち市場生産価格へと調整する機構である[91]．テ

---

89) Hutchison [1982], p. 41. このほか，Erreygers [2000]; Groenewegen [1970; 1992] などもあわせて参照されたい．

90) Turgot [1753-1754a], p. 378.

91) アダム・スミスは『国富論（*An Inquiry into the Nature and Causes of the Wealth of Nations*）』第1篇第7章で市場価格の自然価格からの乖離を論じ，また第4篇第2章では乖離の調整が有名な「見えざる手（invisible hand）」(Smith [1776], p. 423. 訳388ページ）によるものとしている．資源分配論をふくむ前者について，アイルランド出身の経済学者で評伝『リシャール・カンティヨン（*Richard Cantillon*）』の著者アントイン・E. マーフィーは「〔スミスが〕カンティヨンから借用していることは明らかであるが，スミスはこれを認めていない」(Murphy [1997b], p. xxii) といっている．ただカンティヨンは，スミスと違って「資源分配」論を企業者の活動——たとえていえば「企業者の見える手」によって行われると説く．またテュルゴーはカンティヨンの所説をさらに一歩先に進めて「資本の競争」にこれをもとめたといえよう．しかもテュルゴーは，ラヴィックス＝ロマーニのいうように，市場価格が基本価格または金銭的価値に「実質的に収斂するということや，さまざまの市場での流通取引が正常に成立しているということ，すなわち生産された商品が市場ですべて販売されるということを当然の帰結としない」(Ravix et

ュルゴーは価値，市場価格，基本価格（基本価値），さらには金銭的価値の間の相互依存関係を解き明かそうとした——そういっても決して過言ではあるまい．このうち，金銭的価値はすくなくともこれを単なる市場価格ではなく「市場生産価格」と考えなければ，ロデレールのいわゆる「利潤法則」の意義を理解することはできないであろう．

　もちろんだからといって，価値・価格分析の高度化・精緻化にみる経済学史上の功がひとりテュルゴーに帰せられるというのではない．スペングラーのいうように，カンティヨンの名を逸することはできない．わがエール出身の国際的銀行家は，価格メカニズムが社会的諸資源の分配を具体化する現実的で唯一の機構であることを解き明かした最初の経済学者であった．そして，テュルゴーはカンティヨンの議論を発展させた経済学者であった．かれの価値論は，カンティヨンのような土地や労働に価値の源泉をもとめる客観価値説とは異なり，人間の主観ないし欲求や欲望にその源泉をもとめる一種の主観価値学説——感覚的経済価値論あるいは心理経済価値論——に拠ったとはいえ，価格関係ないし価格メカニズムの解析によって得た抽象的規定である．手塚壽郎や山川義雄らのいうように，テュルゴーの心理経済価値論になお改良の余地を残すとしても，カンティヨンの価値論や価格論を前進させた経済学史上の貢献と意義を認めないわけにはいかない．手塚のいうところの「〔テュルゴーは〕18世紀において價値を論じた者のうち，最も純粹に心理的見方をとつた人である．18世紀において，價値を人間の欲望にのみ基礎付けようとした者は〔テュルゴー〕の他にない．彼の價値論は18世紀に於ける心理的經濟價値論の point cumulant〔最高峰〕をなすものである」[92]の謂もそのように理解しなくてはならないであろう．

　　Romani ［1997］, p. 51）という点でも，スミスの議論とは異なる．ちなみに，わが国のスミス学説の通説的解釈として，藤塚［1990］を紹介しておく．
　92）　手塚［1933］，2ページ．

3. 18世紀フランス価値学説形成の再考

　以上，リシャール・カンティヨン，フランソワ・ケネーそれにアンヌ・ロベール・ジャック・テュルゴーの価値論を紹介し検討してきた．この論文でカンティヨンの価値論を出発点としたのは，「リシャール・カンティヨンと経済学の国籍」の著者ウィリアム・スタンレー・ジェヴォンズをしてわがエールの民の著書『商業一般の本性に関する試論』(以下『商業試論』と略記)が「租税の問題をのぞけば〔中略〕ほとんど経済学の全領域」にわたっており，「他のいかなるえりぬきの労作よりも，より際立って『経済学の揺籃』」[93]といわしめているからであるが，そのなかには当然ながら価値論もふくまれる．また，ジョゼフ・J・スペングラーは，カンティヨンの経済学史上の最大の貢献は「価格メカニズムの働き」の分析にあるといっている[94]．商業社会の規範である商品の価格が需要と供給の比率によって決定されると説いた経済学史上の最初の人物はカンティヨンであり，ケネー，テュルゴーをはじめ後世多くの研究者の継承するところとなっていることは広く知られている．

　もっとも，これら3人の価値論を立ちいってみていくと，「カンティヨン→ケネー→テュルゴー」のラインをたどりつつ18世紀フランス価値論研究が発展をとげたというわけではない．ひとつには，カンティヨンが土地や労働に価値の源泉をもとめたのに対して，ケネーやテュルゴーはこれを人間の主観あるいは欲求や欲望などにもとめているというように際立った相違を認めないわけにはいかない．前者の価値論が客観価値学説，後二者のそれが主観価値学説の系譜に属するといわれるゆえんである．この点に限れば，あたかも「ケネー→テュルゴー」のラインを描き得るかのようである．ところが，カンティヨンも，ケネーも商品に内在する価値をどのように測定するのかと

---

93) Jevons [1881], p. 341. 訳72ページ.
94) Spengler [1952], p. XLIX.

いう段に話が及ぶと明確な説明を行ってはいない．とくにケネーがそうであり，かれの価値論を「名目的主観価値学説」と見つけたフィリップ・ステネルやジルベール・ファッカレロらの言い分が正しいとすれば，カンティヨンのそれもまた「名目的客観価値学説」といわざるを得ない[95]．その意味からすれば，ケネーとテュルゴーの相似性よりも，むしろカンティヨンとケネーの間にこそ共通点を見出すことになる．かたやテュルゴーは，かれ一流の分析手法を用いて価値の測定を試みている．これがいまひとつ考察すべき論点をなしている．

さらにいまひとつ，より重要な点であるが，スペングラーのいわゆる「価格メカニズムの働き」の意味に関するものである．すでにみたように，ケネーは事実上この問題にまったくといっていいほど言及しておらず，カンティヨンとテュルゴーとの理論的継承関係はケネーに比べてより鮮明である．ケネーにあっては，自然的条件に左右され極端な過不足の生じるケース（豊作や凶作）を除外した「平常時」の価格──ありていにいえば需要と供給が一致して内在価値あるいは基本価格と市場価格とが同一となる状態をつねに想定しているかのようである．これに対して，カンティヨンおよびテュルゴーは，需要と供給との比率によって規定される商品の市場価格は内在価値または基本価格を基準に上下すると説くのであるが，それはまた価格の変動を介して社会的諸資源が適正に配分される過程を解明するものといってよい．

ただしカンティヨンが価格の修正を企業者の機能にもとめ，一方のテュルゴーは，ヴァンサン・ド・グルネーの理論を継承・発展させて得た「新しい富の概念」資本による利潤最大化の追求にもとづくとした．むろん，このような相違は両者の見解に起因するのではなく，テュルゴーがカンティヨンの理論を精緻化・高度化したというところにもとめられるべきである．主観価値学説，客観価値学説と自らの拠って立つ価値観は相違するものの，テュルゴーは明らかにケネーではなく，カンティヨンの後継者といってよい．ここ

---

95) Steiner [1992]; Faccarello et Cot [1992].

付論 I. カンティヨン—ケネー—テュルゴー

に「カンティヨン→テュルゴー」のラインを描き得る根拠がある．

ところが，わが国にはテュルゴーはケネーの後継者，フィジオクラート派の一員と主張する研究者がすくなくない．手塚壽郎や山川義雄らの研究がその代表例である．なかでも手塚は，「〔テュルゴーは〕18世紀において價値を論じた者のうち，最も純粹に心理的見方をとつた人である．18世紀において，價値を人間の欲望にのみ基礎付けようとした者は〔テュルゴー〕の他にない．彼の價値論は18世紀に於ける心理的經濟價値論の point cumulant〔最高峰〕」[96]とテュルゴーの價値論を高く評価する．しかしそうした評価はテュルゴーの「價値と貨幣」があってはじめて可能となるのであって，手塚はこれをもってテュルゴーの「重農學派的價値觀より心理的價値論への變轉」と斷じた．すなわち，「1767年又は1768年頃までは彼〔テュルゴー〕は重農學派の鬪士の一人であつた．彼は「價値と貨幣」を書く2年前即1766年に〔『諸省察』〕を執筆してゐるが，此書は，價値を論ずる所，重農學派の純生産物論其まゝである．従つて「價値と貨幣」と『諸省察』の價値論とは背反が際立つてゐる」といったのち，テュルゴーは「この2年の間にその價値觀を變へた」[97]と言い及ぶのである．

手塚のいうように，テュルゴーの價値論の形成過程をふり返ってみるに，

---

96) 手塚 [1933], 2ページ．手塚はそのきっかけがグラスランの草稿であり，グラスランに「反駁し，友朋の經濟理論を防護するを餘儀なくせられてゐながら，既にグラスランの影響を可也深く受けてゐた」(同上，28-9ページ) といっている．テュルゴーがグラスランの草稿を評価していたことはたしかであるが，「友朋の經濟理論を防護するを餘儀なくせられてゐ」たとはいえまい．例えば，テュルゴーは1767年1月3日にデュポンに宛てた書簡でこういっている——．「われわれは436ページに及ぶ〔グラスラン氏の〕草稿を手にしています．この草稿のねらいは従来の経済学説をひっくり返すことです．わたしは〔中略〕貴君がかれ〔グラスラン氏の草稿〕の入賞を危惧することを切にのぞんでいます．この作品は賞賛に値します．奥のふかい作品です．ですから，"pro aris et focis〔祭壇と炉のために〕" 奮闘されんことを」(Turgot [1767a], p. 665)．テュルゴーのいうラテン語の "pro aris et focis" は「神と祖国のために」の意味もあるといわれるが，ここでは「ケネーとフィジオクラート派のために」の謂であることに間違いあるまい．

97) 手塚 [1933], 6ページ．なお，この点について，山川 [1948; 1960; 19--; 1968] も参照されたい．

214

とりわけジャン=ジョゼフ=ルイ・グラスランやフェルディナンド・ガリアーニの影響を軽視することはできない．ただ問題は，それがはたしてテュルゴーの「重農學派的價値觀より心理的價値論への變轉」といえるかどうか，という点にかかっている[98]．もとより，グラスランやガリアーニがテュルゴーの価値論研究に影響を及ぼしたことを否定することはできない．しかしだからといって，価値を人間の主観ないし欲求・欲望にもとめるテュルゴーの主観価値学説の形成過程をふり返れば，1753年から翌年の作といわれる「商業，貨幣の流通と利子および諸国家の富に関する著作プラン」から名著『富の形成と分配に関する諸省察』に至る一連の作品において「價値を論ずる所，重農學派の，從つて〔「價値と貨幣」執筆以前〕の價値論とは背反が際立つてゐる」といい切ってよいであろうか．以下，手塚説を手がかりにテュルゴーの，ひいては18世紀フランス価値論形成の経済学史上の貢献と意義をあらためて検討することとしたい．

　手塚をしてテュルゴーが「價値を論ずる所，重農學派の純生産物論其まゝである」といわしめた理由は，「純生産物」というケネーないしフィジオクラート派の用語を「其まゝ」用いている，というだけではない．手塚は『諸省察』の第5節から18節に至る14の節中5つの節の標題が「重農學派の學説を其まゝ採用してゐた」[99]ことがその証左であるという．手塚はつづけていう――．『諸省察』には「不明瞭にして未だ發展せられてゐないが，2年後の『價値と貨幣』を豫想するが如き思想が既に現はれてゐないわけではない．それは恐らくガリアニ〔ガリアーニ〕のDella Monetaより暗示を得てゐるものと思はるゝ」[100]．

---

98) グランス，ガリアーニの比較的最近の研究として，さしあたり，Cesarano [1976]; Faccarello et Cot [1992]; Le Pichon et Orian (sous la direction de) [2008] などを参照されたい．
99) 手塚 [1933]，7ページ．
100) 同上．ちなみに，仏伊対訳『貨幣論（*De la monnaie/Della Moneta*）』の編者アンドレ・ティランによると，アンドレ・モルレが1760年前後にガリアーニの著書の一部分（価値発生論，効用や希少性などを論じた同書第1編第2章）をフランス語訳した資料が近年発見されたという（Tiran [2005], p. XXXIX）．しかし，モル

付論 I. カンティヨン—ケネー—テュルゴー 215

　まず，テュルゴーの『諸省察』の標題に「重農學派の學説を其まゝ採用してゐた」と手塚がいうのは我田に水を引くに等しい．詳細は他の機会で論じたのでかいつまんでいうなら，テュルゴーが「資本一般 (capital en général)」を論じる『諸省察』第29節以前の28の節は，商業社会に至るまでの人間社会のありようを梗概したものである．テュルゴーの口を借りていえば，「貨幣を知る以前〔の社会〕」[101]，つまり貨幣の出現する以前の，人類が進歩をたどってきた3つの社会ないし経済社会の発展段階——狩猟，牧畜，農業の3つの社会——を概観したものであって，これをもってただちに「重農學派の學説を其まゝ採用してゐた」とはいえない．しかもテュルゴーの言葉は，フィジオクラシーの学説というよりは，むしろラ・ブレード＝モンテスキューの男爵どののそれをトレースしたにすぎない．このことはテレン

レはこのことを自身の『回想録』では書き記していない．18世紀フランス人でガリアーニの作品に言及したのはテュルゴーが最初であり，その後ジャン＝バティスト・セーが『貨幣論』に言及するまで顧みられることはなかった (*Idem*, pp. XXXVIII-XXXIX)．ティランがそういうのは，テュルゴーが「価値と貨幣」で「ガリアーニ神父が20年前かれの著書『貨幣論 (*Della Moneta*)』で論じていた〔云々〕」(Turgot [1769], p. 88)——と記しているからである．このほかテュルゴーがわがナポリ王国の神父どのにふれた記述を認めることのできるのは，わずかに1770年1月26日に書簡文作家のジュリー・ド・レピナスに書き送った書簡だけである．テュルゴーは同書簡のなかでガリアーニの「文体と形式の軽妙さ，独創性，心地よさ，そして実に奔放な陽気さと実に綿密な論法が混在している」点をほめたのちこういっている．ガリアーニは「人間が生活の糧を得るために用いる手段についての本を書く際，第1章を足のないひとからはじめる書き手に似ています．あるいは，三角形の特性を論じるために，最も単純な三角形として白い三角形からはじめ，つぎに青い三角形，そして赤い三角形等，と論じていく幾何学者に似ています」(Turgot [1770b], p. 420)．ちなみに，ジャン・ル・ロン・ダランベールの熱心な支持者としてつとに知られるレピナス嬢に宛てたテュルゴーの書簡は，モルレの回想録にも転載されている (Morellet [1821], p. 331. 訳，290-1ページ．ここでのレピナス宛書簡からの引用は邦訳に従った)．なお，手塚は1929年に「ガリアーニの Della Moneta に就て」と題する論稿を発表しているが，当時のわが国においてガリアーニに通じたほとんど唯一の研究者であったことは論をまたない．その手塚をしてテュルゴーが『諸省察』執筆中——1760年代中葉——に「ガリアニの Della Moneta より暗示を得てゐるものと思はる，」(手塚 [1933], 7ページ) といわしめたことは興味ぶかい．

101) Turgot [1766b], pp. 575-6.

ス・ウィルモット・ハチソンらの認めるところでもある[102]．フランソワ・ケネーではなく，ヴァンサン・ド・グルネーゆずりの「新しい富の概念」としての資本とその源泉である商品から貨幣への転化と資本の生成，そして資本を軸に商業社会の経済関係を組織的に解明することこそが，『諸省察』のメインテーマである[103]．そこでは「著作プラン」以来の価値や価格にも言及している．

また，「純生産物」についても，手塚のいうようにケネーの「學説を其まゝ採用してゐた」とはいえまい．たしかにこのターム自身はケネーやフィジオクラート派のものである．しかし，先回りしていうなら，テュルゴーが「純生産物」を土地の耕作すなわち農業にのみ限定していないことは明らかであり，フランソワ・ペルウ門下のクロード・ジェシュアのいう「純生産物の一般化（généralisation du produit net）」[104]に示されるように，テュルゴーは商業や工業にも認めている．ことほどさように，かれは『諸省察』第62節でこういっていた．すなわち，

---

102) 例えば，Hutchison [1982], p. 35 を参照されたい．また，ロナルド・L. ミークも『諸省察』第29節を「テュルゴーが歴史的（分析的）出発点としていた農業社会から資本家または企業者社会への決定的移行」（Meek [1973], p. 21）を示すものと解釈している．ハチソンとミークとは一見するところ似たような解釈をしているようであるけれども，ハチソンは『法の精神』の著者にあやかり単純化された社会モデルを想定しているにすぎず，ミークのように「農業社会から資本家的または企業者的社会への決定的移行」を考えていない．ミークが歴史的移行を主張するのは，テュルゴーにおけるわが男爵どのの影響よりも，むしろ当初はケネーやミラボー侯爵の「農村哲学（Philosophie rurale）」の，のちに「スコットランド歴史学派（Scottish Historical School）」の影響を重視するからである（Idem, p. 20）．歴史＝理論と捉えるミークならではのユニークな解釈であるが，テュルゴーが狩猟，牧畜，農業と人間社会が発展過程をたどってきたとはいっても，はたしてそのつぎのステージが「商業社会」──ミークのいわゆる「資本家的または企業者的社会」──であり，しかもそうした社会へと必然的に「移行」するという歴史観をもっていたかどうかは疑問である．筆者はここではミーク説よりもハチソン説に与したい．
103) グルネーのテュルゴーへの思想的影響については，さしあたり，Charles, Lefebvre et Théré (sous la direction de) [2011]; Malbranque [2013]; Meyssonnier [2008]; Ravix et Romani [1997] などを参照されたい．また，中川 [2013a] もあわせて参照されたい．
104) Jessua [1991], p. 102 et suive.

付論 I. カンティヨン―ケネー―テュルゴー　　　217

　相当額の資本を所有する人間たちが，農業企業にかれらの資本を運用するために土地所有者から土地を多額の借地料を支払って借り，そして耕作に要するあらゆる前貸しを引き受ける〔としよう〕．これらの資本の所有者たちのありようは製造業企業者たちのそれと同じであるに違いない．資本所有者たちにはそうした企業者たちのように，企業の原前貸し（avances primitives）を行い，当初の耕作にさいして蒔く種子を購入することなどが必要となる．かれらは製造業企業者と同じように，資本すなわち原前貸しおよび年前貸し（avances annuelles）のすべてを超過したものを収穫しなくてはならない．第1はかれらが何ら労働をすることなしに自らの資本によって手にすることのできる収入に等しい利潤であり，2番目はかれらの労働，かれらの負う危険，かれらの勤勉の対価であり，そして3番目にはかれらの資本もしくは原前貸しに入り用となる資金（fonds）である．〔中略〕これらすべては土地生産物から控除（prélevé）されなくてはならない．つまり，余剰生産物は耕作者がかれの土地に企業を設立して農地（champ）を耕作する許可をあたえた土地所有者への支払いに供せられる．これが借地料，土地所有者の収入〔地代収入〕，純生産物（produit net）である．それというのも，あらゆる種類の前貸しの回収，前貸しを行った人間の利潤を限度として土地が生み出すものはすべて，もしも耕作者がこれらを引き出さないとすれば，自らは他人の農場を耕作するためにかれの富と労苦を使うことを控えるであろうがゆえに，収入ではなく耕作料を回収したもの（rentrée des frais de culture）と看做すことができるからである[105]．

---

105) Turgot［1766b］, pp. 570-1（文中の傍点は原文イタリック体）．テュルゴーがこのパラグラフで論じていることは，かれの「利潤論」を考えるうえで重要な意味をもっている．テュルゴーは資本概念を導出した結果，商品の基本価値（valeur fondamentale）を構成するものは土地と労働と資本の3つの生産要素であるとしたうえで，かれ独自の利潤論を導いているからである．テュルゴーは，かれの創設した懸賞論文制度で入賞したフィジオクラート派のメンバー，ジャン＝ニコラ・マルスラン・ゲリノー・サン＝ペラヴィ論文の審査結果である「サン＝ペラヴィ氏の草稿に関する所見」のなかでこういっている．すなわち，商品の基本価値とは「商品を

かくいうテュルゴーではあるが，手塚の指摘どおり，うえの引用とは異なる趣旨の記述もないわけではない．テュルゴーが『諸省察』第62節とは相反するかのように「純生産物」が唯一土地から生み出されるといった，ケネーを彷彿とさせるような主張は端的な例であろう．あるいはまた，同第99，100節にみえるように，企業者が事業の維持・拡大のために貨幣市場での資金を借り入れる行為の「危険性」を警告している．こうしたテュルゴーのアンビヴァレントな物のいいようが，例えば渡辺恭彦をしてつぎのようなテュルゴー批判を生ましめたのかもしれない．すなわち，「テュルゴーは，あらゆる労働の分野における資本の形成を認めることによってケネーの重農主義的限界を超えようとした．しかし彼は，基本的にはケネーの純生産物を受け容れたため，農業以外の産業に利潤の存在と資本の形成を認めながらも，それらの利潤や資本は究極においては農業剰余すなわち純生産物の地代に転化したものにすぎない，と考えたのである．〔中略〕テュルゴー自身，農業純生産物論と全企業における資本蓄積論とは相矛盾するものであることに気付きながら（原注），後者を前者の枠のなかに戻して，両者の調整を計ろうとしたのである」[106]．

渡辺の所説の難点は別の機会で詳論しているのでここでは再説しないもの

販売する人間が〔その生産に〕必要とする費用」のことであり，「材料費，前貸し利子，労働賃金および〔企業者の〕勤勉報酬」（Turgot [1767c], p. 655）から構成される（同様の記述は，テュルゴーがデイヴィッド・ヒュームに送った1767年3月25日付書簡のなかにも認められる．Turgot [1767d], p. 663 参照）．別言すれば，それは前貸しの諸費用，労働賃金および企業者の勤勉報酬（利潤）の3つということであるが，そこには土地所有者に支払われる地代に相当する費用はふくまれない．テュルゴーにあっては，地代は企業者の利潤から差し引いた純生産物の処分可能な一分枝であると考えられている．そしてこの点にこそ，テュルゴーとケネーおよびフィジオクラート派の純生産物に対する見解の決定的な相違がある．ラヴィックス＝ロマーニがテュルゴーの地代をのぞいた純生産物論を「残余純生産物（produit net résidu）」と呼んでフィジオクラート派のそれと区別する理由も，以上の点から導かれたものと解釈することができる（Ravix et Romani [1997], p. 46）．テュルゴーはケネーやフィジオクラート派のように純生産物の生産が農業に限定されるとは考えていないとみてよい．

106) 渡辺 [1961], 106 ページ．

の，テュルゴーは1770年に執筆した「貨幣貸付に関する覚書」のなかでは，むしろ渡辺（そしてある程度まで手塚）の解釈を否定する議論を展開している[107]．しかし，はたしてそうであるとしても，手塚のように，「価値と貨幣」の執筆に先だって目を通したグラスランの著書『富と課税に関する分析』の内容の省察の帰結であったといえないこともない．だから，手塚はいうのである．『諸省察』執筆から2年後，テュルゴーは「重農學派的價値論を根本的に變化せしめた」[108]と．山川もまた手塚ほどではないけれども，テュルゴーが「ガリアニ〔ガリアーニ〕の効用論の，特にグラスランの欲望理論を読むことによって，『価値と貨幣』以後の理論に変転していったのではないか」[109]と推論する研究者のひとりである．

テュルゴーが終生変わることなく"メントール"と仰いだ人物は，「ヴァンサン・ド・グルネー頌」に端的に示されるように，グルネーそのひとであったし，テュルゴー自身が"グルネー・サークル（cercle de Gournay）"の有力メンバーのひとりでもあった．他方同時に，フランソワ・ケネーにもすくなからず傾倒していたことは，1766年2月20日に友人のピエール=サミュエル・デュポンに宛てた書簡のなかで「わたしはこれらふたりの人間〔グルネーとケネー〕の弟子であったことを生涯の誉れとするものである」[110]と記しているからたしかであろう．それはしかし，テュルゴーがフィジオクラ

---

107) さしあたり，中川［2013b］（とくに付論II「テュルゴー利子論への補遺」）を参照されたい．
108) 手塚［1933］，29ページ．
109) 山川［1960］，45ページ．手塚は出所を明らかにしていないが，テュルゴーがガリアーニの作品を読んだのは『諸省察』執筆中であったという．手塚はあるいはテュルゴーの友人モルレのフランス語訳のことをいっているのかもしれないが確証はない．前記脚注100で記したように，モルレの訳文が価値発生の原理や原則，有用性や希少性などを論じた部分であったことを思えば「当たらずと雖も遠からず」であろう．ちなみに，モルレがフランス語訳した『貨幣論』第1編第2章の標題は"Dichiarazione de' princìpi onde nasce tutto. Dell' utilità e della rarità, princìpi stabili del valore. Si riponde a molte obiezione（あらゆる物の価値が発生する諸原因の表明．価値の安定原理である効用および希少性について．さまざまの異論に答える）"（Galiani, Ferdindo［2005（1751）］, p. 62）である．
110) Turgot［1766a］, p. 507.

ート派の，唯一農業だけが「生産的」という教義をマントラよろしく信奉したからではなく，「グルネー氏はそろばん（comptoir）」によって，「わが親愛なるドクトゥル〔ケネー〕は鋤（charrue）」によって，両者がともに「商業の競争と自由の原則」という同じ結論に立ち至ると理解したからであったからにほかならない．

ところが，ケネーの衣鉢を継ぐデュポンをはじめとするフィジオクラート派と称する人間たちへのテュルゴーの評価はことのほか厳しい．わけても，商業や工業をことさら「非生産的（stéril）」であるとするフィジオクラート派の教義は誤謬といわんばかりである．それゆえ，テュルゴーが先の書簡のなかでつぎのようにいうのも無理からぬところである．曰く，「貴君〔デュポン〕は工業が非生産的（stéril）であることを証明するのに悦びを見出しているようです（工業が非生産的というのは誤解にもとづく考えです．見栄っ張りの工業家たちの鼻を明かそうとする行為に似ています．とはいえ，そうした工業家たちへの不満はかえってかれらを利するだけです）〔中略〕貴君はグルネー氏が手厳しく攻撃した工業の各分野を制約する障碍を打破することを忘れています」[111]．

本書簡は「グルネーの經濟思想」と題する論文のなかで手塚も引用している．それはケネーとグルネーの間に横たわる相違を厳しく突いたものであり，前者の学説を受け容れたデュポンらフィジオクラート派への痛烈な批判を後者の学説によって展開しているという見方をしているように思われる．手塚はいう――．「此峻烈なる〔中略〕手紙はグルネーの學説とケネーの學説に相違あることを示すものである．蓋しチルゴー〔テュルゴー〕はケネーの學説を受け入れたるヂュポン〔デュポン〕の説を非難するにグルネーに據つたのである」[112]．手塚はグルネーを「徳の高い市民であり，熱烈な愛國者であつたに止まらず，また卓越した經濟學者」であったとのべ，グルネーの「佛蘭西の經濟學史上に於る地位を重からしむるのは，彼が〔テュルゴーに代表

---

111) *Idem*, p. 506-7.
112) 手塚［1927］其二，58 ページ

される〕佛蘭西の國政に重要なる効績を殘した人びと〔中略〕に少なからず影響を與へた」[113]ところにあると高い評価をあたえている．だが，手塚はグルネーの経済思想について愛弟子テュルゴーの言葉を額面どおり受け取ることには慎重であり，とくにグルネー追悼文「ヴァンサン・ド・グルネー頌」における経済思想家としてのテュルゴーによるグルネー評価には懐疑的ですらある．

　手塚は自説を補強するべく，ギュスターヴ・シェルが評伝『ヴァンサン・ド・グルネー (Vincent de Gournay)』のなかでいう「〔テュルゴーは〕グルネーに己の思想の或るものを貸し」「多くの誤りを犯すに至らしめた」[114]の一節を引きながら，テュルゴーの師グルネーが生前主張しなかった「単一課税」や「自由貿易」をあたかも師の主張であるかのように記したのは，テュルゴーの「見方が不正確」であるからにほかならないといって以下のような結論を導いている．すなわち，テュルゴーの「ヴァンサン・ド・グルネー頌」は「グルネーの學説を説明するのに敬服すべき筆を以ってしてゐる．然し此らの學説が總てグルネーに属するものなるか否か，チルゴー〔テュルゴー〕は自ら謙遜に師と呼べるグルネーに己の思想の或るものを貸したのか否か，確かではない」[115]．

　もっともかくいう手塚ではあるが，はっきりした断定を避けている．それというのも，グルネー・グループの手によってフランス語訳されたサー・ジョサイア・チャイルドの『新商業講話 (A New Discourse of Trade)』に添付する計画であった「注釈 (Remarques)」の原稿が当時なお行方知らずであったからである．だからこそ，「されば」と手塚はいう．「さればシールド〔チャイルド『新商業講話』〕の飜譯に附加せられたるべきグルネーの注釋の見出されざる限り，グルネーの〔經濟思想の〕眞相は永遠に明白にならぬで

---

113) 手塚 [1927] 其一，41 ページ．
114) Schelle [1897], p. 7. ただし訳文は手塚による．
115) 手塚 [1927] 其一，56 ページ．

あらう」[116]と．手塚の物のいいようは古代ローマの警句 "Sapiens nihil affirmat quod non probet" を地でいく賢者の証言といえるかもしれない．ことほどさように，1970年代に津田内匠が，2000年に入ってシモーヌ・メイソニエがあいついで「グルネー文書」を発見し，手塚のいわゆる「グルネーの〔經濟思想の〕眞相」がようやく明白になろうとしている[117]．

話をテュルゴーにもどそう．テュルゴーのフィジオクラシー批判はとどまることを知らない．例えば，かれは1767年9月25日にデュポンに書き送った書簡ではこう記している．すなわち，「わたしはいかなる党派（セクト）に与するものではありません．もしわたしがどこかの党派に与するとすれば，それはわたし自身の決めることです」[118]．かれがフィジオクラート派という「党派」（セクト）と一線を劃していたことは明白である．極めつけは，テュルゴーが同じくデュポンに宛てた1771年2月15日付書簡中のつぎのくだりである．曰く，「不幸にして，ふたりの巨匠〔ケネーとミラボー侯爵〕は言語（langage）と文法（grammaire）〔中略〕の分析には秀でた成果を残していません．これらを論ずるには，セクト主義（esprit de secte）の忌み嫌う精神の白紙状態（タブラ・ラサ）からはじめなくてはなりません」[119]．

テュルゴーのいわゆる「セクト主義」が農業を唯一の生産的セクターとする教義（ドグマ）に帰依したフィジオクラート派の論客たちを指していることは論をまたない．また，ケネーとミラボー侯爵が「言語と文法〔中略〕の分析に秀でた成果を残していません」というくだりは，たしかにこれを字面（じづら）どおりに解釈できないでもない．しかし当時この領域で「秀でた成果」を残した人物は

---

116) 手塚［1927］其六，65ページ．
117) 津田およびメイソニエによる「グルネー文書」の発見については，さしあたりMeyssonnier［2008］を参照されたい．このうち，テュルゴーの属していた"グルネー・サークル"については，Murphy［1986; 1992］; Charles, Lefebvre et Théré（sous la direction de）［2011］にくわしい．なお，これらに関連して，中川［2013a］（とくに後者の付論Ⅰ「チャイルド―グルネー―テュルゴー」）もあわせて参照されたい．
118) Turgot［1767e］, p. 667.
119) Turgot［1771］, p. 474.

といえば，ジャン＝ジャック・ルソーの友人で『人間認識起源論』や『感覚論』の著者エティエンヌ・ボノ・ド・コンディヤックを措いてほかにない[120]．はたしてそうであるとすれば，われらが"巨匠たち"は18世紀フランス哲学の華と称され一きわ光彩を放つ人間の主観ないし感覚にもとづく感覚的認識論，形而上学に精通していなかったということにほかならない．わが手塚教授一流の表現を借りれば，「此峻烈なる〔中略〕手紙」において，テュルゴーの批判の矛先は"TABVLA RASA"を忌み嫌うフィジオクラート派の面々を越えてケネーそのひとにも向けられたと考えなくてはなるまい．

この点は重要である．すなわち，もし以上のように考えられるとすれば，何よりもまずケネーの思想がマルブランシュの哲学とコンディヤックの哲学とを折衷した「二元論」[121]であると見付けたフィリップ・ステーネルの解釈を裏付ける傍証のひとつとなるからである．この解釈に従えば，ケネーの価値論が一見するところ主観価値学説のようであっても，かれが「人間論」でいうところの価値の源泉を人間の主観ないし欲求や欲望——このふたつの単語を並列する語法自体がコンディヤック調である——にもとめるという説明が単なる「お題目（ノミナティブ）」の域を脱し得なかった一半の理由を見出すことができる．しかるに，手塚の「〔テュルゴーが〕價値を論ずる所，重農學派の純生産物論其まゝである．従って〔「價値と貨幣」と『諸省察』〕の價値論とは背反が際立つてゐる」[122]の謂は的外れである．

なるほど手塚の指摘するように，テュルゴーが「純生産物」をはじめフィジオクラート派のタームを用いている．だからといって，テュルゴーもまた

---

120) コンディヤックの『人間認識起源論』第2部は「言語と方法について（Du langage et du méthode）」と題されているが，テュルゴーのいわゆる「言語と文法」のうち「文法」が，言語という人為的（制度的）な記号の起源とその使用のありようの分析に割かれていると考えれば，「言語と方法」と同義であるといっても問題ないであろう．ちなみに，ルソーも友人の説を受けて『人間不平等起源論（Discours sur l'origine et les fondaments de l' inégalité parmi les hommes）』（1755年）のなかで言語の起源について論じている．

121) Steiner [1992], pp. 227-30.

122) 手塚 [1933], 6ページ．

そのメンバーであるとの証明にはなるまい．あるいはまた，いま百歩ゆずって"ケネー贔屓"で知られるヨーゼフ・A. シュンペーターが『経済分析の歴史』のなかで記した「テュルゴーはフィジオクラート派ではなかったが，フィジオクラート派にシンパシーを抱いていた」[123]という説を認めれば，テュルゴーがケネーの価値論に「シンパシー」を見出したと考えられるかもしれない．しかし，そもそもテュルゴーのコンディヤック流の感覚的認識論の理解のふかさに思いを致せば，"わが親愛なるドクトゥル"ケネーにテュルゴーの負うところは限りなく零(ぜろ)に近かったに相違ない——そういっても大袈裟ではあるまい．

ちなみに，テュルゴーのフィジオクラート派のタームの活用の解釈についていえば，コンディヤックがたびたび『聖書』に言及するありように似ているもしれない．生涯一度しかミサを執り行わなかったといわれるわれらが神父どのの信心がいかほどであったかは知る由もないが，かれにはキリスト教の教義(ドグマ)を逆手にとってこれを批判し，結果として学問や哲学の領域からこれを排除しようとする戦略があったとの見方もできないではない[124]．コンデ

---

123) Schumpeter [1954], p, 244.
124) ここでのコンディヤック解釈は，『人間認識起源論』の邦訳者，古茂田宏の見解に拠った（くわしくは，『人間認識起源論』上，259-60 ページを参照されたい）．近代の哲学や学問の発展がモンテーニュこのかたキリスト教神学から距離を置くかたちで発展をとげたことは周知のことであり，とくに啓蒙思想が「時代精神」となる 18 世紀にはその傾向が強まった．コンディヤックもそうした時代精神の申し子のひとりといえるが，テュルゴーの場合はそうした傾向がより強く，かれは私生活においては敬虔なカトリック教徒であっても，こと学問の分野では世俗主義に徹し，代表作『富の形成と分配に関する諸省察』をはじめ神の御名(おんな)はもとより，道徳や倫理などのタームさえ登場しない．テュルゴーは 1769 年の作品と称される「価値と貨幣」（未定稿）のなかで，ガリアーニの言葉として「あらゆる価値の共通の尺度は人間である（La commune mesure de toutes les valeurs est l'homme）」(Turgot [1769], p. 88) という一文を紹介している．これはしかし，ガリアーニの謂というよりも，むしろトラキアはアブデラの人プロタゴラスの有名な言葉——「人間は万物の尺度である（Omnium rerum mensura est homo/L'homme est la mesure de toute chose）」に近似しているとの解釈も散見されるが，テュルゴーは友人アンドレ・モルレ神父がフランス語に翻訳したガリアーニの『貨幣論』第 1 編第 2 章のつぎの一節のなかに，ギリシャ初期のソフィストの「人間尺度（Homo mensura）」

付論I. カンティヨン―ケネー―テュルゴー 225

ィヤックと同様，テュルゴーがフィジオクラート派のタームを用いてかれらの教義(ドグマ)を逆手にとるくらい雑作もなかったであろう．くり返しになるが，テュルゴーのいわゆる「純生産物」論はひとり農業に限定しない商業や工業をも包括する広い概念であった．

　要約しよう．カンティヨンの『商業試論』は18世紀フランスの価値論研究を大きく前進させるきっかけとなった．本書のベースは，カンティヨンの書き残した草稿のコピーであり，グルネーとかれの協力者の与力を得て『商業試論』のタイトルで出版のはこびとなった．しかし，くだんの草稿はミラボー侯爵の手元にあって『商業試論』として日の目を見る以前から当時の知識人の多くの知るところとなっており，そのなかにはグルネーはもとより，

命題に相当する認識論的立場，あるいは認識の相対性を主張する立場を見出したものと考えられる．すなわち，"Il valore delle cose (giacché io di tutte generalemente ragiono) è da molti definito la stima che di esso hanno gli uomini", Galiani [2005 (1751)], *opere citato*, p. 66)．一見すると似たような表現に思われるが，その意味するところはガリアーニとテュルゴーの間でまったく似て非なるものである．のちの在仏ナポリ王国大使館付書記官の価値論が「人間のなす尊重 (la stima che di esso hanno gli uomini)」による諸物の価値規定を謳いながらも，価値の変化が最終的には絶対的価値，すなわち"Tetragrammaton (YHVH)"，"Providenza（現代イタリア語では"provvidenza"と表記）(神)"――あるいはフィジオクラート派の十八番の"Providentia dei (神の摂理)"といい換えることも可能かもしれない――によって調整され釣り合いのとれたものとなると説くのに対して，テュルゴーはどこまでも「人間的要因」，すなわち「人間のなす尊重」にもとづいて立論しているからである．このことは，テュルゴーによるコンディヤック流の感覚的判断に対する評価と同じであるかもしれない（コンディヤックの議論が『人間認識起源論』，つづく『認識論』のなかでもかならずしも成功しているはいえない立論がすくなくないからである）．その意味からすれば，テュルゴーの議論がコンディヤックやガリアーニに負うところがあったとしても，これらに全幅の信頼を置いていなかったとみるべきであろう．テュルゴーがコンディヤックの『認識論』にまったく言及しなかったことや，先に紹介した1770年1月にレピナス嬢に宛てたテュルゴーの書簡でのガリアーニ評（本論脚注100参照）をみれば明らかである．ちなみに，テュルゴーが『諸省察』執筆中にガリアーニの著作から「暗示を得てゐるものと思はるゝ」（手塚 [1933]，7ページ）と，手塚壽郎が評しているのはまったく正しいと考えられるが，ガリアーニはかりか，コンディヤックについても「暗示を得てゐる」というほうが，かれらのテュルゴーへの「影響」というよりはむしろより適切な表現であるかもしれない．

ケネー，テュルゴー，コンディヤックなどもふくまれる．若きテュルゴーの手になる「著作プラン」のなかにカンティヨンのタームが散見されるのはそのためである．テュルゴーがくだんの草稿に目を通してなみなみならぬ関心を抱いていたことは明らかである．そのさい，櫻井毅が自著『資本主義の農業的起源と経済学』のなかで引用しているアメリカの経済学者デイヴィッド・マクナリの著作の一節は，カンティヨンと『商業試論』の経済学史上の意義と位置づけを考えるさいに有力な手がかりをあたえてくれるように思われる．

> 非常に多くの解説者は，〔サー・ウィリアム・〕ペティが，その一般的な概念についても，概念的な構成においても，分析のやり方についても，〔リシャール・〕カンティヨンに主要な影響を与えた人物だという．しかしペティの分析は経済問題に対するカンティヨンの見解の多くに対して出発点を形成したかもしれないが，『商業試論』は経済学におけるすべての先行者の業績に対して重要な前進を表わしている[125]．

テュルゴーをはじめ多くの知識人たちがカンティヨンの価値・価格論を評価するに至った一半の理由は，『商業試論』の著者が「経済学におけるすべての先行者の業績に対して重要な前進を表わしている」というところにもとめられる．その意味からすれば，カンティヨンは「経済学におけるすべての先行者の後継者」であるとともに，経済学を志すすべての人間たちの「先駆者」であったといわなくてはならない．実際，カンティヨンの草稿が『商業試論』のタイトルで日の目をみてのち，グラスランといえどもこれを読み耽り大いに影響を受けたことを隠そうともしなかった．

このようにテュルゴー価値論の形成過程をたどってみると，カンティヨンとの理論的シークエンスだけでは十分ではない．テュルゴー価値論の際立っ

---

125) McNally [1988], p. 96. ただし引用は櫻井訳による（櫻井 [2009], 193 ページを参照されたい）．

た特徴のひとつである主観価値学説の系譜を説き明かさなければならない．これを説くカギがコンディヤックの思想であり，これにガリアーニやグラスランなどの主観価値学説が加わる．「価値と貨幣」はそのへんの事情を物語る貴重な作品であり，歴史的資料である．ガリアーニ，そしてとくにグラスランはテュルゴーの価値論の精緻化・高度化にとって欠かすことができないキーパーソンであったことに疑問の余地はない．テュルゴー価値論，ひいては主観価値学説として発展をとげた18世紀フランスの価値学説形成のプロセスを顧みるならば，コンディヤック，ガリアーニ，そしてグラスランの功に負うところ大である．これと好対照をなすのがカンティヨンやコンディヤックに一定の影響を受けたケネーである．わが親愛なるドクトゥル・ケネーは経済学の歴史に錦上花を添える不朽の名作『経済表』に匹敵する学問的功績を経済学，なかんずく価値論の領域で残すことはなかった．かれの子弟たちもまた然りである．

　はたしてそうであるとしてもひとつ疑問が残る．なるほど18世紀フランスの価値論形成の歴史を顧みれば，主観価値学説の精緻化・高度化の歴史といってよいかもしれない．しかし，その功がすべてフランス人に帰するとはいえないこともたしかである．カンティヨンの「思想の系統を極限にまで確かめようとするならば，われわれは，サー・ウィリアム・ペティにまでさかのぼる」[126)]と見つけたジェヴォンズの顰に倣って18世紀フランスの偉大な経済学者や思想家たちが傾倒した主観価値学説の「思想の系統を極限にまで確かめようとするならば」，はたしてどこまで遡ることができるのであろうか──．この疑問に解答することをもってこの論文の結語としたい．

むすびにかえて

　手塚壽郎は1933年に発表した「心理經濟價値説の歴史的研究の一節」と

---

126) Jevons [1881], p. 342. 訳73ページ．

題する論文のなかで，テュルゴーが「18世紀に於て價値を論じた者のうち，最も純粹に心理的見方をとつた人である．18世紀に於て，價値を人間の欲望にのみ基礎付けようとした者は，チュルゴー〔テュルゴー〕の他にいない．彼の價値論は18世紀に於ける心理經濟價値論の云はゞ point culminant〔最高峰〕をなす」[127]といってテュルゴーの「心理經濟價値論」の構想を明らかにした未完の論稿「價値と貨幣」を高く評価している．

　手塚論文の主旨は，テュルゴーの価値論の「想源」を，フランス西部のナント出身の徴税請負人・経済学者ジャン＝ジョゼフ＝ルイ・グラスランの『富と課税に関する分析』にあることを証明するところにあるが，つき詰めれば，「ガリアニのDella Monetaに就て」など一連の論稿におけると同様，フランスの価値論形成史を考証することを主たる目標とするところにあり，ここにかれの研究の際立った特徴がある．テュルゴーの価値論の「想源」を論じた手塚論文について，山川義雄が「わが手塚〔壽郎〕教授の詳細な考證に依つて明かにされた」[128]と絶賛するとおり，秀逸を極める研究業績のひとつといわなくてはならない．"わが手塚教授"はテュルゴーの「心理經濟價値論の起源」を論ずるにあたって口頭一番つぎのように記している．すなわち，

　　今から10数年前，三田學會雜誌の雑錄の一部を借りて，心理的經濟價

---

127) 手塚［1933］，2ページ
128) 山川［1948］，41ページ．管見の限りでは，グラスランはもとより，ガリアニの研究としても，手塚の論文は本邦初，すくなくともそのひとつと推察される．ちなみに，仏伊対訳『貨幣論』の編集者アンドレ・ティランによると，英語圏初のガリアニ研究は，ハーバード大学のエリ・モンローが1923年に発表した『アダム・スミス以前の貨幣理論（*Monetary Theory before Adam Smith*, Gloucester (Mass.), Smith, 1965 (réimpression de l'édition de 1923)』のなかのことであった（Tiran［2005］, p. XXXVIII．手塚は世界的にみてもガリアーニ研究の"パイオニア"といえるかもしれない．山川が1948年に発表した論文「十八世紀佛蘭西主観價値論の形成——ガリアニ・チュルゴー・コンジャック」が手塚論文に負うところ大であることは論をまたない．ただし，山川はコンディヤックの「主観主義的價値論」を手塚よりは高く評価していると思われる．

値説の起源がゴツセン〔ヘルマン・ハインリヒ・ゴッセン〕にあらずして，〔ウィリアム・F.〕ロイドにあるとの〔エドウィン・R.-A.〕セリグマンの所説を紹介したことがあつた．だが，佛蘭西に於ける傑才〔August〕Dubois〔オーギュスト・デュボワ〕の一論文 Les théories psychologiques de la valeur au XVIIIᵉ siècle, Rev. d'économie politique, 1897. を有し，もはやロイドに此〔心理経済価値論の〕起源を求むることが出来なくなつた．また Albert Schatz〔アルベルト・シャッツ〕の云ふやうに，Louis Say〔ルイ・セー〕もあり，レオン・ワルラス〔ヴァルラス〕の父 Auguste Walras〔オーギュスト・ヴァルラス〕もあらう（原注）．遡りて［Etienne Bonnot de］Condillac〔エティエンヌ・ボノ・ド・コンディヤック〕もあり，チュルゴー〔テュルゴー〕もあり，ガリアニ〔フェルディナンド・ガリアーニ〕もあらう．更に遡れば，［Geminiano］Montanari〔ジェミニアーノ・モンタナリ〕もある（原注）．尚遡れば［Jean］Buridan〔ジャン・ビュリダン〕もあらう（原注）．此らの學説とゴツセン，ワルラス，ヂエヴオンス〔ウィリアム・スタンレー・ジェヴォンズ〕，カール・メンガーとの間に，何らかの交渉なきか．ゴツセンの天狗の鼻，狡獪なるヂエヴオンスの天狗の鼻をへし折ることは不可能であるか．これは私の無限の興味を唆す問題である[129]

手塚のいわゆる「無限の興味を唆す問題」はテュルゴーとグラスランとの理論的シークエンスをみればかなりの程度究明できたと考えられる．「ゴツセンの天狗の鼻，狡獪なるヂエヴオンスの天狗の鼻をへし折ること」はできたといえるかもしれない．ただし手塚はこういうことを忘れない．すなわち，「然し私は，未だに此問題に答ふるに充分な資料も研究も勇氣も有さない．

---

[129] 手塚［1933］，1-2ページ．ちなみに，フランスの経済思想史家ジャン=クロード・ペロも手塚と同様の見方をしている．さしあたり，Perrot［1992］，pp. 72, 117-21 を参照されたい．

もし Dubois〔デュボワ〕の一論文を採り來りて金科玉條とすれば，問題はない．而も，Dubois の論文と譯文とはガリアニの一面のみを抽出したものであり，またチュルゴー，Condillac〔コンディヤック〕の解釋にすら，我田引水の趣ありとの評あるを如何ともなし得ない」[130]．

手塚のいうところの「心理的經濟價値說の起源」は，"ビュリダンの驢馬(âne de Buridan)"で著名な中世の哲学者ジャン・ビュリダンにまでたどり着くかどうかはさて措き，16世紀モデナ（現イタリア・エミーリア゠ロマーニャ州の県）出身の物理学者ジェミニアーノ・モンタナリに遡ることはたしかであろう．ただ手塚の主要な目標は一に「18世紀に關する部分の解答を作成する」ところにあり，その「一助」としてテュルゴーを「引き抜き來りて，その心理經濟價値論の幾何かの解明を加へて見ようと思ふ」と明記している．そしてそこから導かれた結論は，「〔テュルゴーこそは〕18世紀に於いて價値を論じた者のうち，最も純粋に心理的見方をとつた人である．18世紀において，價値を人間の欲望にのみ基礎付けようとしたものは，〔テュルゴーの〕他にない．彼の價値論は18世紀に於ける心理經濟價値論の云はゞ point cumulant〔最高峰〕をなすものである」[131] ということであった．

テュルゴーが「18世紀に於いて價値を論じた者のうち，最も純粋に心理的見方をとつた人である」という手塚の謂に異を挾む余地のないことは明白

---

130) 手塚［1933］，2ページ．かくいう手塚ではあるが，オーギュスト・デュボワを「佛蘭西に於ける傑才」と呼ばわるだけあって評価すべきところは評価している．なかでもデュボワによるグラスラン評がそうであり，手塚はデュボワ論文の一節を引用している．すなわち，「グラスランの方法は全く演繹的である．彼はフィジオクラツト〔フィジオクラート派〕よりは遙かに多く抽象的推論を濫用する．或人は彼をアダム・スミスの先驅者であると考へる．だがリカルド〔デイヴィッド・リカードゥ〕の先驅者であると考ふるのが，より正確である．彼は〔カール・〕マルクスと同じく抽象的であり，難解である．彼の著書には事實の記述はない．讀むに困難を感ずる．寧ろ彼は數理經濟學の祖先たるの趣を備へてゐる．Essai analytique [sur la richesse et sur l'impôt] は系統立てられていない幾何學書の如きものである．我々は彼の論理の鋭さを認めなければならない」（同上，18-9ページから引用）．

131) 同上，2ページ．

である．しかしながら，20世紀初頭にグラスランのテキストをあらためて世に送り出したオーギュスト・デュボワがコンディヤックを「心理經濟價値論の起源」に加えることにふれて「我田引水の趣ありとの評あるを如何ともし得ない」との謂はいかがなものであろうか．手塚の意図を推察するに，テュルゴーの価値論形成の過程で影響をあたえたガリアーニやグラスランが，コンディヤックを読んでいたかどうか定かでないということかもしれない．仮にそうであるとしても，テュルゴーがコンディヤックの認識論に多分に影響されていたことは，すでにみたとおりである．フランソワ・ケネーですら，コンディヤックの作品に目を通していたことは明白である．

だが，それにもかかわらず手塚がコンディヤックを「心理經濟價値論の起源」に加えることを拒む理由は，『人間認識起源論』なり『感覚論』なりがともに哲学書であり，経済学のテキストはないという点にあるといい得るかもしれない．事実，コンディヤック初の経済学テキスト『商業と統治』は1776年まで待たねばならなかった．だからといって，テュルゴーが一方でカンティヨン（それにカンティヨンの『商業試論』を世に送り出したグルネー）の「言語」に強い関心を抱きつつ，他方でこれをコンディヤック流の「文法」に即して読み解いたとの解釈に「我田引水の趣ありとの評ある」とはいえまい．テュルゴー初期の作品「商業，貨幣の流通と利子および諸国家の富に関する著作プラン」には，カンティヨンの用語ばかりかコンディヤックの「言語と文法」の手法を用いたと思われる痕跡を認め得る．コンディヤックがテュルゴーの価値論形成にすくなからぬ貢献をした証左である．それはまた，テュルゴーがのちにガリアーニやグラスランに接しても，フィジオクラート派のメンバーのようにこれを忌み嫌うことなく受け容れたということでもある．この点は，1771年2月15日付テュルゴー書簡からも容易に見て取れよう[132]．

このようにみていくと，手塚のいわゆる「心理經濟價値論の起源」，わけ

---

132) Turgot [1771]; Perrot [1992], p. 119.

てもその理論的継承関係の考証は，かれがいうほど単純明快ではない．たしかにテュルゴーの価値論はガリアーニやグラスランなくして成立しなかったであろう．だがガリアーニは，ベルナルド・ダヴァンザッティ，ジョン・ロック，ラ・ブレード＝モンテスキューの男爵どのらの名を挙げたものの，コンディヤックはもとよりモンタナリにさえ言及していない．かたやグラスランは，ジャン＝クロード・ペロによると，コンディヤックを名指しこそしないけれども，ヴォーバン侯爵セバスティアン・ル・プレストル，モンテスキュー，アンリ・ゴワイヨン・ド・ラ・プロンバニ，フランソワ・ヴェロン・ド・フォルボネらと並んでリシャール・カンティヨンの名を挙げたうえで，グラスラン自身の「知的営みがこれら先学の業績に負うことを躊躇せず認めている」[133]という．そしてテュルゴーはといえば，ガリアーニやグラスランを知る以前から，カンティヨンやわが男爵どの，コンディヤックらの思想的営みから多くを吸収していることは，まぎれもない事実である．

　以上を要するに，手塚説の最大の難点はテュルゴー価値論の形成過程におけるコンディヤックの貢献を認めようとしなかった――すくなくとも過度に軽んじたところにあるといってよい．はたしてそうであるとすれば，手塚のいわゆる「心理經濟價値論の起源」の考証には従前とは異なる解釈が成立するはずである．それはこういうことである――．すなわち，テュルゴーはもとより，ガリアーニ，グラスラン，コンディヤックらの諸研究はそれぞれがある程度までパラレルに行われ，かつ一定のオリジナリティを有しつつも，期せずしてテュルゴーというまれに見る「傑才」の手もとでこれらが総合され発展をとげて「18世紀に於ける心理經濟價値論の云は〝point cumulant をなす〟に至った」ということである．後世のフランスの研究者たちがテュルゴーの価値論を「心理經濟價値論」と並んで時に「感覚的経済価値論」と呼

---

[133]　このうちカンティヨンについていえば，グラスランは自著『富と租税に関する分析』第1部第12章「小麦輸出余談（Dégression sur l'exportation des blés）」のなかで「『商業〔一般〕の本性に関する試論』著者カンティヨン氏〔云々〕」と記している（Graslin [1767], p. 156）．

ばわるのは，テュルゴーの価値論のなかにガリアーニやグラスランの欲望理論のみならず，物の価値が人間の主観的評価にもとづくと見付けたコンディヤックの「言語と文法」の，ひいては「セクト主義〔フィジオクラート派〕の忌み嫌う」感覚的認識論の影響の跡をはっきりと認めることができるからにほかならない．

II. 「資本」概念成立探究
馬場宏二「資本・資本家・資本主義」を中心にして

「もう一度あの突破口へ突撃だ，諸君，もう一度，それが成らずば〔イングランド〕兵の死体(しかばね)であの穴をふさいでしまえ」
　　　　　　　　――シェークスピア『ヘンリー5世』第3幕第1場より

はじめに

　先生(^-^*)！　お忙しいところゴメンナサイ(^-^; お願いがあります．お借りしたカンティヨンの『商業一般試論』の第III部第7章のなかですが，地主が公債の利子を支払う記述があります．前後の脈絡からみて，唐突な気がします(・_・;? 地主が利子を支払うような背景の説明がないと思います．それとも，わたしがおバカだから読み取れないだけなのでしょうか(^_^; お返事お待ちしていま～すm(_ _)m

　先生!!　先日はテュルゴーさんのお話をしていただきましたが，経済学部でないわたしにもテュルゴーさんのエラさがよく理解できました．"資本家"の名づけ親がテュルゴーさんだったなんて驚きです．わたしはてっきり，マルクスか誰かだと思っていました．無知もいいところですね∑(´Д`)！　先生はおっしゃっていましたよね．一つの思想は突然変異的に生まれるのではなく，長い年月いろんな人たちの手を経て進化するのだと．テュルゴーさんの思想はグルネーさんの考えを発展させたもの，とおっしゃっていました（グルネーさんという人のことははじめて知りました）．では，グルネーさんはだれの思想の影響を受けて"資本"とか"資本家"とかの考えを進化させたのでしょうか．今度お会いするとき教えてください．よろしくぅ(^o^)/

二度目のサバティカルリーヴでパリに発つ準備や何やらで慌ただしい日々を送っていた 2008 年 7 月のことである．時をほぼ同じくして，自称「中川ゼミ」の学生からこんな電子メールが届いた．メールを読んだ当人は，正直にいって，(^_^;もいいところ．スパイ小説の十八番の暗号文もどきの顔文字が解読不能というのが一半の理由である．しかし本当に冷や汗ものだったのは，筆者のようなシニアには不案内な顔文字——当節の教員たるものこの程度でいちいち驚いていたのでは商売も上がったりとは百も承知している——もさることながら，彼女たちがぶつけてきた質問それ自身であった．

読者諸賢ご高承のとおり，ご両人の疑問はともにラテン語の"Capitalis"を語源とする"Capital"に関するものである．はじめのメールには「あれは誤訳です．あそこで Intérêt は"利子"ではなく，Capital を"資本"と訳すのも誤りです．"証券"，もっといえば"公債"でなければ意味が通じません」と書き送り，また後者には「グルネーさんが影響を受けたのは，ジョニー・デップ主演の映画"パイレーツ・オブ・カリビアン（*The Pirates of the Caribbian*）"に登場する東インド貿易会社の総裁を務めたサー・ジョサイア・チャイルドという人物（ただし，わがキャプテン・スパローとは違って，チャイルドは歴史上実在した人物）です．くわしいことは小生も勉強中です」と返信した．そのうえで，「お話ししたことを調べることが，このたびパリに行く目的のひとつです．委細帰国後」を結びとした．

帰国後，本務校の紀要『青山経済論集』に寄稿した「ジョン・ローとリシャール・カンティヨン」，「テュルゴー資本理論研究」や「チャイルド—グルネー—テュルゴー」は，わがゼミ生の疑問への回答といっても過言ではない（前者は『ジョン・ローの虚像と実像』（日本経済評論社，2011 年）第 6 章「ジョン・ローの銀行・信用論研究」として再録，後二者は「テュルゴー利子論への補遺」を加えて『テュルゴー資本理論研究』（日本経済評論社，2013 年）として刊行）．彼女たちなくしてこれらの論稿は日の目を見なかったであろう．さいわいなことに，パリ滞在中に「チャイルド—グルネー—テュルゴー」の系譜に属する，「新しい富の概念」としての資本の形成と成立に関

する思想的営みを考証する資料が刊行されたことが如上の論稿を作成する一助となった．

とはいえそれにしても，ひとつ懸念が残った．筆者がフランスの経済思想・経済学説の考究を旨とし，対照的にブリテン島の研究成果に多くを依存しているわが国の研究者の大多数の目から見れば不十分と謗られることも考えられないではなかった，というのがそれである．わが国の経済学説研究の歴史をふり返れば，例えば藤塚知義が『アダム・スミスの資本理論』で指摘するように，「経済学が体系として確立するのは，古典経済学の成立を以ってその時期を画されるといってよいであろう．そこで古典経済学の（体系としての）確立もどの時点に求めるかについては〔中略〕アダム・スミスの経済学の成立（完成）とくに『国富論〔*An Inquiry into the Nature and Causes of the Wealth of Nations*〕』の形成にこれを求めることには，大きな異論はないであろう」[1]という解釈が，いわば「通説」としてまかり通ってきた．しかもこの論文のテーマである「資本」概念の形成と成立についても，藤塚は「私はこれを，とくに労働価値論の形成〔中略〕と資本蓄積論の形成という，『国富論』の第一編と第二編との理論構成の成立に，求めるという見解をもっている．このことを私は前に拙著『アダム・スミス革命』（東京大学出版会，1952年刊，増補版1973年）において展開した．そこでは『スミスの価値論・剰余価値・論』『スミスの貨幣・信用・論』および『スミスの資本蓄積論』を三本の柱として，これを立証することをこころみた．その場合とくにスミスのいわゆる支配労働価値の視点と，『資本（キャピタル）』概念の成立をその最も重要なポイントであることを，示唆していた」[2]とのべている．藤塚にしてみれば，スミスが「資本（キャピタル）」概念の生みの親であることは議論の余地のないほど明白な事実であるということかもしれない．

こうしたわが国の研究事情に思いを致せば，馬場宏二著『経済学古典探索』は異色といってよいであろう．馬場はとくに同書第5部第12章「資

---

1) 藤塚［1990］，iページ．
2) 同上．

本・資本家・資本主義」において「資本」概念の生成・成立を独自の視点から探索しているのであるが，そのさい特筆すべきは，馬場が主要には藤塚説への批判を試みていることである．筆者は大筋として馬場説を支持するものである．すくなくとも筆者が上記拙稿の作成過程で「懸念」していたスミスをはじめとするブリテン島の研究業績を，馬場から学ぶことできたというのが理由のひとつである．いまひとつは，馬場一流の口上を借りれば，「資本」，「資本家」それに「資本主義」という用語が「経済学の古典に登場した模様を浚って見る」さいに，ブリテン島の研究だけでなく，「力の及ぶ限りで視野を拡げ」[3)]るべく，ドーバー海峡対岸のフランスの研究成果にも目を向けていることである．そういったあと，馬場は「無論，〔視野を〕充分拡げるには力不足であり，逆に，拡げたことで細部の考証が粗雑になる危険もある．だがここでは問題の大筋を示し得れば良い．視界の限界や考証の不足は，後日補完すべき課題として残しておきたい」[4)]と謙遜している．たしかにアンヌ・ロベール・ジャック・テュルゴーやかれが終生"メントール（Mentor）"と慕ったジャック＝マリー＝クロード・ヴァンサン・ド・グルネーなどのフランス・サイドの「資本」概念の分析とその評価に関しては「力不足」もないとはいえないものの，スミス説を金科玉条とするわが国の研究――とりわけ「資本」概念の形成と成立に関する先行説への有力な反証となっていることを認めないわけはいかない．惟惜しむらくは，馬場が「補完すべき課題」はこれをはたすことなく2011年10月14日鬼籍入りしてしまったことである．

　この論文の主たるテーマは，馬場の所説を手掛かりに「資本」概念の形成と成立の過程をいま一度省みてその真相を究明するところにある．それはまた，藤塚説に代表されるわが国におけるスミス学説研究への批判的検討，ひいてはドーバー海峡の両岸の経済学の古典形成への貢献と意義をあらためて評価することでもある．以下，まず馬場の所説を要約・紹介することからは

---

　3) 馬場［2008］，343ページ．
　4) 同，343-4ページ．

じめる．ついで馬場説の問題点を指摘して検討する．そして最後に，「資本」概念の成立と経済学の古典形成との関連に言及する．なお，馬場の提起した「資本主義」の語源探究については紙幅の都合で言及しなかった旨あらかじめお断りしておきたい．

1. 馬場説のスケッチ

(1) 問題意識

　馬場宏二は『経済学古典探索』を上梓したいきさつを「はしがき」でつぎのように記している．すなわち，「批判精神と好奇心が残っていたらしく，また一冊出来た．〔中略〕経済学発達史の，〔サー・ウィリアム・〕ペティから〔カール・〕マルクスに至る諸古典とそれらを繋ぐ流れの考察である．古典の世界を近頃になってから経巡った際の備忘録だが〔中略〕解り易くいえば，古典と崇められてきた諸著書ばかりか，無視軽視されてきたいくつかの著作も視野に入れ，全体の繋がりを推理で追う探偵の気分で確かめ歩いた記録だから，『経済学探偵記』としたいところである．しかしこの題では中身がかえって茫漠としてくる．多少控えて『経済学古典探索』とした」[5]．

　マクロ経済分析を専門とする馬場らしい物の言いようではある．だからこそ，既成学説に囚(とら)われることがなかったのかもしれない．現実分析の「思考パターンが残ったせいか，発達史と言う時，著名諸説の列挙では落ち着かず，諸説間の連関構造が気になる．ひいては，マイナー扱いされ埋もれていても，重要な媒介となり得た著作は改めて評価したくなり，著名な古典でも，先行説をどこまで明示したかと資料操作が気になる．古典を聖典として崇拝してはいない証拠である．その観点からすると，マルクスは標準形となるほどきちんと挙げているから合格点なのだが，それでも満点ではなく，〔アダム・〕スミスに至っては，必要なのに挙げないばかりか主要な著者文

---

[5] 同上，iページ．

献を意図的に隠蔽しているので，点数のつけようがない」[6]という捉え方が生まれでるゆえんである．しかるに，そのことが「古典崇拝から入った学説史家達は，多分こうした捉え方に反発するだろう」とはかならずしもいえまい．ダブリンのトリニティ・カレッジで長らく教鞭を執ってきたアントイン・E. マーフィーが好例であり，かれは愛読するアガサ・クリスティが生んだ名探偵エルキュール・ポワロやミス・マープルばりの推理を働かせてジョン・ローやリシャール・カンティヨンの伝記的評伝を上梓したものの，もとはといえば現実的なマクロ経済分析を専門とする学究であった．いやしくも経済学ひいては社会科学の学究であれば，馬場ならずとも「古典だからといって神聖化出来ない．本書は，諸古典の達成と限界を単純的確に選り分けるためにまず資料操作を批評基準とする」ということ自体，「しごく当たり前のこと」[7]であろう．

　馬場の「評価基準」からすれば，われらがスコットランド出身の偉大な思想家への評価がことのほか厳しいのは当然至極であろう．それというのも，「彼〔スミス〕の先学隠蔽は，手が混んでいるだけに余計，後の経済学の流れを歪めている」からである．そして，「その欠陥を事実上補塡したのが〔シャルル・〕ガニールや〔ジョン・ラムジー・〕マカロックだが，マルクスは彼ら特にマカロックに理不尽な罵声を浴びせ続け，せっかくの発掘成果を無視してしまった．マルクスといえども満点ではないゆえんである」[8]と，馬場はいう．

---

6) 同上，iii-iv ページ．
7) 同上，iv ページ．
8) 同上．馬場はつづけていう――．「スミスによる忘却の穴を埋めたのがマカロック〔中略〕である．彼は忘れかけていたペティに繰り返し照明を当て，同時に，知られぬままに埋没していた〔ヘンリー・〕マーチンおよび〔ジョウゼフ・〕ハリスさらに〔ダドリー・〕ノースを発見したばかりか，その著書を自編の名論集に収録することで，後世の継承を可能にした．ところがマルクスは，時にはペティとマーチンをスミスを越えるものと評価しながら，この二人を評価し業績を伝えたマカロックに対しては，悪罵を浴びせる以外の評価をしたことがなく，その行き過ぎが，自らのペティの評価ばかりかマーチン継承をも制約した」（同上，6 ページ）．

だが，スミスが「必要なのに挙げないばかりか主要な著者文献を意図的に隠蔽している」と馬場のいう問題は，サー・ウィリアム・ペティやヘンリー・マーチンにとどまらない．「経済学最重要の概念」である「資本」の形成と成立に及ぶ．馬場は同書第5部第12章の冒頭で，資本こそは「ヨーロッパ諸語であれば当然これ〔資本〕から派生する，資本家や資本主義も，経済学ひいては社会科学全体のキーワードである．以下では，この三つの用語が，経済学の古典に登場した模様を浚って見る」とのべているが，ここでのテーマは一にかかって馬場の「浚って見〔た〕」資本・資本家・資本主義をあらためて「探索」するところにある．

(2) "Capital"の初出探索──モンクレティアン/ペティからスミスまで

　馬場宏二によるまでもなく，この分野の先行研究として藤塚知義の1983年の論文「アダム・スミスの資本理論」（のちに藤塚［1990］に収録）を挙げなくてはならない．なぜなら，藤塚論文は「スミス『国富論』での『資本』特にCapitalの登場とその理論的意義を論じた労作である．それは徹底的な文献探索を伴う深い考察を示しており，今なお多分にそのまま依拠し得るところの名作」[9]だからである．とはいえ，馬場が藤塚論文に全幅の信頼を置いていないこともまた明白である．曰く，「敢えて批評すれば，スミスに集中しすぎた」ため，馬場のいわゆる「スミス前史」特にペティ以前への考察が不足したことであるが，じつは「そこにも今日なお有意な史実がある．また，これ〔藤塚論文〕に比較すべくもないが，2003年には私自身『資本家』と『企業者』の登場を考察した（原注）．これには考証の補完がなお必要な上，切り口を更えたほうが考察の意義を明確に出来る」[10]と．

　馬場のここでの議論は大略4つからなる．すなわち，①経済学における

---

9) 同上，343ページ．
10) 同上．なお，馬場がここでいう「考察」とは，2003年に『経営論集』（大東文化大学）に寄稿した「"資本家"と"企業者"」（馬場宏二『もう一つの経済学』御茶の水書房，2005年に再録）のことである．

Capital の初出，②ペティの Capital と Stock，③スミスの前史，そして④スミスの Capital の4つである．以下，順を追って馬場の議論を紹介しておこう．馬場はここではスミスによって完全に無視された「経済学の創始者」のひとりサー・ウィリアム・ペティ以前の Capital という用語の文献史上の丹念な探索をもっぱらとしている．

　馬場はまず，その端緒として「近代ヨーロッパ語で経済学を示す語 Œconomie Politique〔Æconomie Politique とも表記する〕を書名にした最初の本」[11]の著者であるアントワーヌ・ド・モンクレティアンを取り上げている．馬場も指摘するように，モンクレティアンとかれの著書『経済学要論（*Traicté de l'œconomie politique*)』は，ヨーゼフ・A. シュンペーターが『経済分析の歴史（*History of Economic Analysis*)』のなかで低い評価をあたえたことでつとに知られている．しかし，「シュンペーターは気づいていないようだが，モンクレチアン〔モンクレティアン，以下同〕は意外なところでペティと繋がっており〔中略〕，Capital の用語も，この可能性を補強する一助となり得る」[12]ともいっている．それによれば，「モンクレチアンの Capital とペティの Capital が全く同義」だということであり，「強く解すればこれも Economie Politique 同様，ペティが先輩モンクレチアンから読み取っていた」というのである．すなわち，モンクレチアンの著作では「『資本』の意味では fonds が数回使われている（原注）が，capital も一回だけ使われている．他に『元金』の意味で使われていて（原注），この使われ方は〔中略〕ペティの場合の，stock, capital, principal の現れ方と相当良く似ている」といい，「特に capital には注意すべきである」[13]と説き及ぶのである．

---

11) 馬場［2008］，343ページ．フランスの経済思想史家アラン・ゲリらは『モンクレティアンとカンティヨン（*Montchrestien et Cantillon*)』のなかでシュンペーターによるモンクレティアンの評価を批判的に考察している（Guery［2011］）．また，ジル・ドスタレールはモンクレティアンを「経済学という用語の考案者（inventeur de l'économie politique)」といったうえで高い評価をあたえている（Dostaler［2012a］, pp. 26-29)．

12) 馬場［2008］，344-5ページ．

13) 同上，345ページ．

付論 II. 「資本」概念成立探究　　　　　　　　243

　ただし，モンクレティアンとペティのcapitalという用語の用い方も，見方によっては，「オランダ東インド会社への参加諸都市からの出資金を意味している」[14]，いい換えるなら，「会社の資本金の意味のCapital，簿記用語のCapitalが西ヨーロッパ諸語で共用されていたとすれば，両者〔モンクレティアンとペティ〕がそれぞれ同じ語彙を使用していたことになる．いずれにしろ決め手はない．しかし〔中略〕モンクレチアンとペティの関連が，案外強いのかもしれないと予想する手掛かりにはなる．モンクレチアンを『資本』出現探索の端緒に置く理由は以上である」[15]というのが馬場の弁である．

　そのうえで，馬場は「危険を承知」のうえでCapitalの語義に迫ろうとする．馬場のここでの議論の多くは前出藤塚論文に依拠しているといってよいが，概していえば，ラテン語のCapitalisに由来するCapitalは「簿記用語としてイタリア語，オランダ語，フランス語を経由して，16世紀後半にはフランス語から英語に入ったことを示唆している．藤塚の探索に依拠すれば，簿記用語Capitalの英語語源考証について，エドウィン・キャナン→R. D. リチャーヅ→ヘンリー・ランド・ハットフィールドと論が進む（原注）につれて，Capitalが導入された最初は〔ヤン・〕インピン〔・クリストッフェル〕の『簿記新教程〔*Nieuwe Instructie*〕』（原注）の1547年の英訳であることが漸次明らかになった」[16]．以上の考察から，「経済学における最初の用例がモンクレチアン，英語経済学の最初がペティ，いずれもオランダ東インド会社の資本金の意味であったと捉え得るが，それはCapitalのかような国際的波及過程の一環だったと言えよう」[17]と結んでいる．

　もっとも，Capitalという用語のほか，ブリテン島では従前からStockという語があり，馬場は『オックスフォード英語大辞典』（OED）を引いてつ

---

14)　同上．
15)　同上，348ページ．
16)　同上，349ページ．藤塚論文からの引用は，藤塚［1990］，65-9ページからのものである．なお，以上については，Cannan［1921］および片岡［2007］もあわせて参照されたい．
17)　馬場［2008］，349ページ．

ぎのようにいう．すなわち，「経済用語，つまり，資金とか貯蔵品とかの意味の Stock が用いられたのは 15 世紀末からで，16 世紀にはいくつもの用例がある．商人の元本の意味では 1709 年が最初とある．他方，商業用語としての Capital——Capital stock or fund——の最初の用例は 1611 年である/これは OED が（インピンはともかくとして）ペティを完全に無視して来た結果であって，1670 年ころには『資本金』の意味の Capital も経済用語としての Stock も，ともに用例があったことは，われわれがすでに知るところである」[18]．

(3) 資本概念の成立

それでは，簿記用語，商業用語としての Capital なり Stock が，近代経済学の「最重要の概念」である「資本」の語義を有し，広く用いられるようになったのはいつごろか，その端緒は何にもとめることができるのであろうか．馬場はいう——．「経済学で Capital を多用し，今日の『資本』の意味〔中略〕を与えたのは，フランスの経済学者，特にチュルゴ〔テュルゴー，以下同〕である．スミスはそれを模倣吸収し，『国富論』特にその第二編で英語に転用した」[19] と．

ここで特記すべきは，馬場がテュルゴーを今日の経済学の用語としての「資本」概念の初出と推測していることである．馬場はまた「経済学最重要の概念」である「資本」の使用におけるテュルゴーの「先駆性」を認めたうえで，テュルゴーのスミスへの影響をつぎのようにのべている．すなわち，「スミスにおける Capital に影響したのは，〔フランソワ・ケネーのいわゆる〕avances を直接 capital に言い換えて多用した，チュルゴ『富の形成と分配に関する諸考察』〔『富の形成と分配に関する諸省察（*Réflexions sur la formation et la distribution des richesses*）』．以下，『諸省察』と略記〕であ

---

18) 同上，350-1 ページ．
19) 同上，350 ページ．この点については，さしあたり，Jessua [1991]; Lundberg [1964]; Ravix et Romani [1997]; Vissol [1982] を参照されたい．

付論 II．「資本」概念成立探究　　245

る」[20].

　その『諸省察』であるが，馬場は「全編挙げて資本概念の解明である」と評したうえで，テュルゴーとスミスの"Capital"にふれてこういう――．『諸省察』では「Capital の語は，複数形 Capitaux も含んでほぼ 100 回使われている．Fonds は数回出てくるが，ほとんどが土地資産〔フランス語の fonds de terre,"土地ストック"と訳すのが妥当〕の意味だから資本の原語として算入するまでもない．同時に資本家 Capitalistes の語もしばしば entrepreneurs と対になりながら，計 16 回使われている．これに対して，『国富論』では，Capital はほぼ 500 回，他に Stock が 300 回近く使われているが，叙述総量が 17.6 倍だから，capital の出現頻度はチュルゴが数倍高い．なお注目すべきは，スミスは企業者 entrepreneur は無論として資本家 Capitalist も使っていないことである」[21].

　こののち馬場は，『諸省察』におけるテュルゴーの資本理論の要約を行っている．その詳細はともかく結論だけを示せば，テュルゴーの資本は蓄積された生産物,「まず動産の富の形を採る」が,「貨幣が知られると富の蓄積は主として貨幣の蓄積」であり，それには「地所〔土地ストック〕の購入，土地を貸借する耕作企業への投資，工業製造企業への投資，商業への投資，そして年々の利子を条件とした貸し付け，の〔5つの〕用途がある．資本は諸企業の継続に再投入され利潤を伴って回収される．これが貨幣の循環と呼ばれるものである」といったうえで，こうのべている．「ここは資本の本質を言い当てたものとして，特に高く評価されるべき把握である」[22]. さらに馬場はテュルゴーの資本―利子関係に言及して「極めて明晰かつ体系的な考察である」[23] と結んでいる．

　それでは，スミスはテュルゴーの語の用法を吸収したとして，これを超え

---

20)　馬場［2008］, 355 ページ.
21)　同上.
22)　同上, 356-7 ページ.
23)　同上, 357 ページ. テュルゴーの利子論の評価については，さしあたり中川［2013b］を参照されたい.

る資本概念を追加し得たのであろうか——．こう自問した馬場は，スミス『国富論』の第 1, 2 編を要約したのちつぎのような結論を導いた．「スミスはチュルゴを完全に模倣したわけではない．時にはチュルゴを超える説を示した．しかし議論の大枠は，まずチュルゴを下敷きにし，ほぼその展開に即す形で行われている．細部の議論でも，チュルゴが示した論点をヒントに，取り込んだり，自分の文脈に引きつけたり，ズラしたと見得るところがかなり多い．スミスは，着想力の上では見かけほど独創的ではなかったものと思われる」[24]．

馬場のいわゆる「経済学最重要の概念」である「資本」の初出がテュルゴーに由来[25]するとすれば，スミスが一語も用いていない「資本家」なる語法はだれが，どこで使用し今日に至るのであろうか．それはまた，先に引用した馬場の「ヨーロッパ諸語であれば当然これ〔資本〕から派生する，資本家や資本主義も，経済学ひいては社会科学全体のキーワードである．ここでは，この三つの用語が，経済学の古典に登場した模様を浚って見る」への回答ともなる．以下では，「資本家」のテーマに限定して馬場が「浚って見〔た〕」資本家の「探索」をみていくことにしたい．

馬場は OED によりながら，英語圏での Capitalist の初出は「アーサー・ヤングの『フランス紀行〔*Travels in France*〕』1792 年とある．〔中略〕語義はこの場合金持ち程度のことであろう」[26]という．だが，ブリテン島の研究者の間で画期をもたらしたのは，デイヴィッド・リカード〔リカードゥ，以下同〕の『経済学および課税の原理（*Principles of Political Economy and Taxation*）』（以下，『原理』と略記）であった．馬場はいう——．「リカードは，

---

24) 馬場 [2008]，359 ページ．
25) テュルゴーの『諸省察』のなかに近代経済学の「最重要の概念」としての資本の初出を見出す点については，馬場をして「スミスに集中しすぎた」といわしめた藤塚もまた認めるところとなっている．すなわち，「テュルゴの『諸考察』〔テュルゴーの『諸省察』〕の場合の capital という用法は，従来の人々とはかなり違っており，とくに，資本の使用とか資本の形成とか資本の蓄積などの観点が非常に入りこんでいる」（藤塚 [1990]，108 ページ）．
26) 馬場 [2008]，359 ページ．

資本家の語を当り前のように多用した．『原理』における『資本家』の出現は 20 回を超えるが，もはや回数の問題ではない．語義は一般には出資者且つ企業経営者だが，単なる出資者の場合でも，また利潤生活者の場合も含めて地主・資本家・労働者と，三大階級の一つを表現する，経済学当然の用語となっているのである」[27]．

　問題は，「リカードの用法がどこから来たのか」のかというところにあるが，こう問うた馬場は自ら答えて曰く——．「アーサー・ヤング以来 Capitalist が英語化したのでリカードはそれを日常用語として用いたのか，あるいはこの語の使用では先行していたフランスの経済学者から直接導入したのか？——今のところ決め手は見出せない．しかし，フランス経済学から直接入った可能性が結構高いように思われる」[28] と．そのリカードであるが，馬場はかれの著作の「序言」のなかの，「この学問〔経済学〕はチュルゴ，スチュアート〔サー・ジェイムズ・スチュアート，以下同〕，スミス，セイ〔ジャン＝バティスト・セー，以下同〕，〔シモンド・ド・〕シスモンディおよびその他の人々の著作によって大いに進歩」したの一節を引用してこうのべている．すなわち，「スチュアートにもスミスにも Capitalist はない．フランス人学者の場合は，チュルゴが Capitaliste を先行的に多用していたし，リカードの論敵セイは自ら capitaliste を使っていたばかりか，紹介し賞賛したスミスが，英語の限界——『資本家』と『企業者』を区別する語彙を持たない英語の限界——のために理論的にも限界に達していることを指摘していた．また，リカード自ら訪仏時に直接交流したシスモンディも capitaliste は当然のように使っていた（原注）『資本家』は，語をフランス経済学から継承したリカードが経済学的に範疇化したことで，かえって一般語として定着したのではなかろうか」[29]．

　要約しよう．馬場は「経済学最重要の概念」である資本とそこから派生し

---

27) 同上，360 ページ．
28) 同上．
29) 同上，360-1 ページ．

た資本家はともにフランス経由でブリテン島に移入されたという結論に至るのである．だが，かくいう馬場にあっても，Capital の初出をテュルゴーと事実上特定し得たのに対して，そこから派生した Capitaliste/Capitalist については，かれ一流の丹念な文献探索にもかかわらず，その初出をついに突き止められないで「古典探索」の旅を了えざるを得なかったのでは，という読後感を拭い去ることができない——そう考えるのは筆者ひとりだけではあるまい．

2. 馬場説の問題点——古典再探索

前節では馬場宏二の『経済学古典探索』に収録された論文「資本・資本家・資本主義」を手掛かりに，「経済学最重要の概念」である資本およびそこから派生した資本家の初出の探索結果を梗概(こうがい)してきた．馬場は本書の「はしがき」で，現実のマクロ経済分析の「思考パターンが残ったせいか，〔経済学〕発達史と言う時，著名諸説の列挙では落ち着かず，諸説間の連関構造が気になる」とのべているが，「マイナー扱いされ埋もれていても，重要な媒介となり得た著作は改めて評価したくなり，著名な古典でも，先行説をどこまで明示したかと資料操作が気になる．古典を聖典として崇拝してはいない証拠である」との基本的姿勢は最後まで貫かれており，馬場から学ぶべき点は多くある．しかしながら，馬場といえども，「マイナー扱いされ埋もれていても，重要な媒介となり得る著作」をすべてフォローしていないことは認めなくてならない．以下では，馬場のフォローし得なかった著作や資料を参照しつつ，その所説の補強を試みたい．

(1) "Capital" と "Capital Stock（または Fonds Capital）" との峻別
　　——テュルゴー資本論の意義

まず取り上げなくてはならないのは，Capital という簿記や会計の用語が「経済学最重要の概念」として用いられるようになったという点に関してで

ある．馬場は，アントワーヌ・ド・モンクレティアンやサー・ウィリアム・ペティにまで遡って Capital の初出の探索を試みている．また，そのさい OED などを引きながら，その語源をたどっている．この結果，藤塚知義が前出「アダム・スミスの資本理論」のなかで取り上げなかったペティとスミスとの関連や，本来であればかれらの間に重視すべき論者が浮かび上がってきたという．すなわち，「〔トマス・〕マン，サー・ジョサイア・チャイルド，チャールズ・ダヴィナント〔ダヴェナント〕，ヘンリー・マーチン」がそれあり，これらの論者に「サー・ダドリー・ノースやニコラス・バーボンも含まれる」[30]．

ところが，如上の論者たちの「資本」は「悉く Stock〔の語義〕であり，チャイルドが，仏訳（〔ジャック・ヴァンサン・ド・〕グルネーの訳だという）だと数回 Capital を使っているが，英語原文では悉く Stock である．ただ〔ジェイコブ・〕ヴァンダーリントはフランドル系であるせいか，大陸風の Capital を使っていた」[31]と探索結果を披露する．要するに，馬場によると，ブリテン島の論者はラテン語の Capitalis を語源とする Capital を用いたチャイルドを例外とすれば，もっぱら Stock の語義で多用したことになる．だがそのチャイルドといえども，Capital は「数回」というのであるが，おそらくこれは馬場の誤解であろう．チャイルドの『商業講話（A Discourse about Trade）』または『新商業講話（A New Discourse of Trade）』では，Capital の語はわずかに一度だけ，これに関連する用語として Capital Stock が数度登場する[32]．

この点は重要である．それというのも，チャイルドの Capital Stock は現代の経済用語に置き換えるなら「資本ストック」の語義で用いられていると

---

30) 馬場［2008］，353 ページ．
31) 同上．
32) チャイルド『商業講話』第 2 版，『新商業講話』と題された第 5 版で Capital の初出はそれぞれ，Child［1694］，p. 22 および Child［1751］，p. 26．また，Capital Stock のそれは，Child［1694］，p. 19 および Child［1751］，p. 23 である．なお，以上に関連してフランス語訳『新商業講話』（Child［1754］）もあわせて参照されたい．

解釈可能だからである．そしてそうであるとすれば，貨幣が財・サービスの購入のために支出された，いわば物量タームのCapitalと見做すことができる．グルネーが『新商業講話』をフランス語訳したのも，東インド会社総裁を務めたウォンステッド準男爵の経済思想や経済学説——とくにマクロ経済分析——を高く評価したからにほかならない．しかもグルネーはフランス語訳に添付すべく，かれの支持者ら (partisans de Gournay) とともに「注釈 (Remarques)」を作成している．ただグルネーの意志に反して，刊行されたのはチャイルド『新商業講話』のフランス語訳だけであり，「注釈」の草稿はかれの死後ひさしく行方不明となっていた．ばかりか，のちにみるように，テュルゴーがかれのメントールの死にさいして作成した追悼文「ヴァンサン・ド・グルネー頌 (Eloge de Vincent de Gournay)」[33]のなかで「注釈」に言及しなければ，その存在自体を知ることもなかったであろう．

　さいわいにも，わが国の書誌家・津田内匠が1976年にフランス北西部のサン=ブリュウ市立図書館の所蔵する「グルネー文庫 (Fonds Gournay)」のなかから「注釈」の草稿を発見，「チャイルド商業講話注釈 (Remarques sur le commerce de Child)」のタイトルのもとに刊行し，ようやく日の目を見たのである[34]．その後，フランスの経済思想史家シモーヌ・メイソニエが，サン=ブリュウ市立図書館所蔵のものとは異なる，「完成版」に近い「注釈」の原稿をフランス国民議会図書館で発見・刊行したことから，今日ではグルネーの経済思想，経済学説の全容を知ることが可能となった[35]．馬場のみならず，藤塚にあっても，すくなくとも津田の発見・刊行したグルネーとかれの

---

[33] Turgot [1759]. ちなみにいえば，テュルゴーは1753年から54年に執筆したといわれる小品「チャイルド商業講話の注釈に関する考察 (Remarque sur les notes qui accompagnent la traduction de Child)」でも，グルネーの「注釈」に言及している (Turgot [1753-1754b] を参照されたい)．なお，このほかにも，Schelle [1897; 1909]；手塚 [1927] をあわせて参照されたい．

[34] Tsuda [1979]. 津田はまた，1993年にグルネーの覚書や書簡類などを編集・刊行している (Tsuda [1993])．

[35] Meyssonnier [2008]. なお，メイソニエの業績については，中川 [2013a]（とくに付論I「チャイルド—グルネー—テュルゴー」）を参照されたい．

協力者たちによる「チャイルド商業講話注釈」などを参照すれば，18世紀フランスやブリテン島におけるCapitalやStockの，ひいては資本概念の形成と成立の思想的営みの「真相」を知ることができたのであるが，馬場も藤塚もせっかくの津田の業績に言及することはなかった．

グルネーの「注釈」は別の機会で論じたのでここで要点だけを記すにとどめたい．すなわち，資本概念の形成過程におけるチャイルド—グルネーの理論的な継承関係の流れをはっきりと認めることができる，ということである．そして，チャイルドの理論を厳密に吟味・検討してグルネーが得た成果は，かれを師と仰いだテュルゴーに受け継がれ，馬場のいわゆる「経済学最重要の概念」である「資本」の成立につながることとなったといってよい[36]．その最大のポイントは，資本は一義的には「貨幣」タームで定義されるという点にある．ことほどさように，テュルゴーは前出『諸省察』第29節で「資本一般（Capital en général）」もしくは資本の一般規定を「貨幣的資本（Capital en argent）」と定義している[37]．かたや「資本ストック（Capital Stock）」とは，貨幣的資本が企業者の行う何がしかの事業に投下されたもの——資財的資本に姿を変えたものであり，これを生産的労働と結合して何がしかの財または商品を生産する．しかるのちこれを販売して利潤とともに回収，貨幣的資本に（再）転化する．テュルゴーはこの一連のプロセスを「貨幣の循環（circulation de la monnaie）」と呼んで，財市場における交換手段としての「貨幣の流通」と峻別したのである．

このように考えられるなら，テュルゴーがケネー『経済表（*Tableau économique*）』の「前貸し（avances）」に負うところ大であるとはいえ，テュルゴーが「avancesを直接capitalに言い換えた」との馬場の解釈はまったく当たらない[38]．既述のように，テュルゴーにあっては，Capitalは一義

---

36) この点については，中川［2013a］を参照されたい．また，アントニー・ブリュワーも資本概念形成における「チャイルド—グルネー—テュルゴー」の継承関係に言及している．くわしくは，Brewer［2010］, pp. 27 and 117-8を参照されたい．

37) Turgot［1766］．

38) 馬場の議論とはいささか視点を異にするとはいえ，アントイン・E. マーフィーも

的には貨幣であり，avances とはその貨幣を財・サービスの購入に支出した資本ストックである．その意味からすれば，テュルゴーが 1767 年に執筆した，農村フィジオクラート派の論客ジャン＝ニコラ・マルスラン・ゲリノ・サン＝ペラヴィの「草稿に関する所見（Obsevations sur le mémoire de M. Saint-Péravy）」のなかでいうように，「〔前貸しとは〕単なる支出にすぎない」[39] のである．つまり，テュルゴーにとって，資本とはあくまでも貨幣形態の資本——貨幣的資本であり，素材的な観点でのみ「資本（Stock）」を定義するケネーやフィジオクラート派とは明らかに異なるといってよい[40]．中世イタリアの都市フィレンツェの商人や金融家たちの日常用語であったイタリア語の Capitale を近代経済学の「新しい富の概念」である「資本」として定義するに至った長く曲がりくねった道程の終点は，ひとえにグルネーおよびかれを終生師と仰いだテュルゴーの功績に依存するといって決して過言ではないのである．

(2) "Capital" の語義——誤解されたカンティヨンの用法

つぎに，順序が逆になったが，テュルゴーとともにリシャール・カンティ

　　また，テュルゴーの資本概念が貨幣と密接に関わることを重要視しながらも，結果的にこれを軽視したとの解釈をしている（例えば，Murphy［2009b］, p. 15 を参照されたい）．なるほどマーフィーのいうように，テュルゴーがケネーの「前貸し」論をある程度受け容れていることを認めるのにやぶさかではない．しかしながら，テュルゴーのいわゆる資本とは「節約（蓄積）された貨幣」のことであるのに対して，「前貸し」というタームは貨幣的資本の特殊な使途——農業，工業，商業のいずれかの産業部門に投資すること——のことをいうのであって，ジョエル＝トマ・ラヴィックス／ポール＝マリー・ロマーニの「両者を同じ語義と考えることはできない」（Ravix et Romani［1997］, pp. 51-2）という解釈は正しいであろう．

39) Turgot［1767c］, p. 643.
40) メイソニエによると，グルネーは前記「注釈」のなかで，チャイルドの Capital Stock に fonds capital というフランス語をふったが，テュルゴーをふくむ後世の研究者の採用するところとはならなかったようである（Meyssonnier［2008］, pp. xlix-l）．ラテン語の abantiare から派生した avance のほうが通用力があり，テュルゴーもこれに倣ったのかもしれない．なお，Murphy［2009b］もあわせて参照されたい．

ヨンを取り上げたことは，馬場の「スミス前史」の議論のひとつの特徴をなす．馬場のいうように，「主要な著者文献を意図的に隠蔽」するのに長けたスミスが「書名なしに〔カンティヨンの〕名を挙げただけでも注目に値する」というのが理由のひとつである．いまひとつは，より重要なことであるが，「先駆的学説の提唱者であり，またチャイルドやダヴィナントやマーチンとともにペティの継承者」[41]であるカンティヨンの著書『商業一般の本性に関する試論 (*Essai sur la nature du commerce en général*)』(以下，『商業試論』と略記) から，スミスがすくなからぬ影響を受けていたという事実である．馬場によると，「20世紀初頭の編者〔エドウィン・〕キャナンによれば，『商業試論』の影響は『国富論』(原注) 全体では10ヵ所以上に及び，同書はスミスの蔵書に残されていた (ASL〔Adam Smith Library〕) から，いわば愛読書である．刊行200年記念の新版『国富論』編者 (原注)，スキナー・トッド・キャンベルは，カンティロン〔カンティヨン〕が影響した可能性のある箇所を『国富論』中40以上挙げている」[42]という．

そのカンティヨンはといえば，馬場によれば「『資本』を30回余り使っている」とされるが，「原語は大部分 fonds〔中略〕英語の stock に匹敵する，地元語的経済用語であろう．しかし『商業試論』では5箇所 capital が使われている (原注) 語義はかなり明確であり，貸し付けられた貨幣である」．ただ馬場はこの用法が「直接スミスに影響した可能性もある」とはいえ，あくまでも断定を避けて，「無論チュルゴからの影響も考えられ，また，18世紀半ばには英語の Capital が，既に，利子を取って貸し出される貨幣額・利子に対する元本の意味に定着していたのかもしれない (原注)」[43]とものべている．なるほど馬場のいうとおり，グルネー・グループの面々によって1755年にロンドンはホールボーンの法学院近く——推理小説好きの向きには，リチャード・オースティン・フリーマンの生んだ科学者探偵ジョン・E.

---

41) 以上，馬場 [2008]，354 ページ．
42) 同上．
43) 同上，354-5 ページ．

ソーンダイク博士の住居兼法医学研究所の近くというほうがピンとこよう——のフレッチャー・ガイルズ書店から出版されたとされる匿名の著書のなかで"Capital"というタームが何度か登場する．だが，どのような場合でも「利子を取って貸し出される貨幣額・利子に対する元本」の語義で，当該著書の著者であるアイルランド出身の国際的銀行家がはたして用いているかは，はなはだもって疑問であるといわねばならない．

　この点について，馬場が主に典拠とする資料は藤塚知義の論稿「アダム・スミスの資本理論」と推察される[44]．その藤塚がカンティヨンを引用するさい用いたのは，ヘンリー・ヒッグズの英訳『商業試論』を参照しつつ邦語訳されたものである（訳者・戸田正雄）．ヒッグズ訳『商業試論』はグルネーらの手になるフランス語版と語義を異にするところもすくなくないのであるが，馬場は大筋として藤塚の解釈に倣って，カンティヨンの Capital を「元本の意味に使われていることが多いようである」[45]と推理している．たしかに 18 世紀になると，イタリア語の Capitale から転じた Capital が「元本」の語義で一般に通用していたようであり，例えば聖職者を目指していた若き日のテュルゴーにあっても，1749 年に友人のシセ兄弟の長兄（のちにオーセール司祭）に宛てた書簡のなかに「大金」または「元本」の語義で登場するくらいであるから，18 世紀には万民周知（quod omnes tangit）の世俗のありふれた言葉（verbum quotidianum）として定着していたと推察される[46]．

　話をもどそう．既述のように，藤塚がヒッグズの英語版から引いた Capital は，ヒッグズが底本とした 1755 年版『商業試論』のなかでは 5 箇所——第 II 部第 9, 10 章，第 III 部第 3, 4, 7 章——に登場する．だが，5 箇所中最後の第 III 部第 7 章における Capital の語法は，ほかの章とは明らかに意を異にする．ありていにいえば，戸田訳，そして津田内匠が 1992 年に上梓

---

44) 藤塚 [1990], 104-5 ページを参照されたい．
45) 同上，105 ページ．
46) Turgot [1749]．テュルゴーの書簡については，中川 [2011; 2013a] を参照されたい．

付論 II．「資本」概念成立探究　　　　　　　　　　　255

した新訳[47]もまた，当該箇所の訳文は，この論文の冒頭で紹介したわがゼミ生のメールの疑問に返答したように明らかな「誤訳」である．藤塚はこれが誤訳であることに気づかないまま自説を展開したと解釈することができないでもない．

　藤塚が引用している戸田訳では「……これらの，銀行に預け入れられた資本（capitaux）または貨幣」，また津田訳でも「このような，銀行に預けられた資本あるいは貨幣」[48]と訳出されている．藤塚は前出論文では引用していないけれども，この一文の前段からあらためて当該箇所のカンティヨンの議論を見直すなら，ここで capital/capitaux を「資本」と訳出することが致命的な誤りであることがよりいっそう明らかとなる．さしあたり津田訳から引用すれば下記のとおりである——．

　　銀1000オンスを所有する地主がいて，彼がもし公債の利子として200オンスを支払い，自分自身で800オンスを出費するとすれば，この1000オンスは常に現金を必要とするだろう．すなわち，この地主は800オンスを支出するだろうし，公債の所有者たちは200オンスを支出するだろう．しかしこの公債の所有者たちが投機，すなわち公債の売買に習熟していれば，この売買の操作のために現金は全く必要ではない．銀行券で十分である．もしもこれらの売買に用いるために現金を流通からひき出さなければならないとすれば，それは莫大な額になるであろうし，

---

47) 津田訳『商業一般試論』は，かれが1978年にフランス北部の都市ルーアンの市立図書館で発見した「ルベール・コレクション（Collection Leber 999 (3050)）」所蔵のカンティヨンの草稿（Tsuda [1979]）を底本としている．カンティヨンの草稿や発見の経緯については，津田訳『試論』末尾の「解題」にくわしい．また，カンティヨンの『商業試論』の出版と背景事情に関しては，さしあたり，Brewer [1986]; Murphy [1986; 1992; 1997a; 1997b]; Charles, Lefebvre et Théré [2011] を参照されたい．このほかにも，中川 [2006/2007] および中川 [2011] もあわせて参照されたい．

48) 戸田訳は，藤塚 [1990]，105ページから引用．また津田訳は，津田 [1992]，170ページから引用．

しばしば流通を妨げるだろう．というよりむしろ，こういう場合には公債の売買はそれほど頻繁には行われえないようになるであろう[49]．

この論文の冒頭で紹介したわが中川ゼミ生への返信メールで「あれは誤訳です」と大口を敲(たた)いた手前，拙訳を披露しないわけにはいくまい．ことほどさように，ここはすくなくとも以下のように訳出しなければ意味は通じまい．すなわち，

> ここに銀1000オンスを保有する土地所有者がいる〔と仮定しよう〕．いまかれがもし公債証券〔または持ち分〕を200オンスで購入（deux cents pour les intérêts des fonds publics）し，残余の800オンスを自身の消費に支出するとすれば，この1000オンスはつねに正貨（espèces）であらねばならないであろう．つまり，この土地所有者は800オンスの買い物をするであろうし，公債の保有者たち（propriétaires des fonds）は200オンスを公債証券の購入に充てるであろう．ところが，公債の保有者が投機（agio）——公債の売買操作に精通していれば，当該売買操作のための現金（argent comptant）をまったく必要としない．銀行券で十分である．もしも〔公債保有者たちが〕公債の売買操作に用いる正貨を流通から引き出さなければならないとすれば，莫大な金額にのぼるであろうし，そうすればしばしば流通を阻害するであろう．そのような場合にはむしろこの種の証券〔公債〕の売り買い（achats et ventes de ces capitaux）はそれほど頻繁には行われない可能性がある[50]．

そうであるとすれば，うえで引用した戸田の「これらの，銀行に預け入れられた資本または貨幣」，戸田訳を無批判的にただただなぞっただけの津田の「このような，銀行に預けられた資本あるいは貨幣」とはまったく異なる

---

49) 津田（訳）[1992], 206 ページ．
50) Cantillon [1755], p. 170.

訳をつけなくては意味が通じないことになる．「この種の証券の源泉（l'origine de ces capitaux），あるいは銀行に預けられた〔中略〕貨幣（l'argent）」というように訳すべきであったろう．もちろん，Capitalを「証券」または意味をとって「公債」の語義で使っているのはひとりカンティヨンだけではない．例えばかれのライバルであり，アダム・スミスの同胞であるジョン・ローもまた，自著『貨幣と商業に関する考察（Money and Trade Considered, with Proposal for Supplying the Nation with Money）』のなかでCapitalの語をなべてアイルランド出身の国際的銀行家と同義で用いている[51]．

馬場宏二のいうように，カンティヨンが「先駆的学説の提唱者であり，またチャイルドやダヴィナントやマーチンとともにペティの継承者」であることは論をまたない．しかしながら，資本概念の成立にかかる探索に関する限り，馬場の議論が成功しているとはいえない．より厳密にいえば，馬場の依拠した藤塚説そのものが成立しないのである．馬場は藤塚や津田を手掛かりにしつつも，これに安易に倣うのではなく，真骨頂である旺盛な「好奇心」と「探究心」をもっと発揮して独自の探索をすべきであったろう．そうすれば，馬場は藤塚――もちろん藤塚に限定されるわけではない――のCapitalというタームの無限定的理解の誤りをより正確に知り得たであろう．

例えば，「元本」はこれを「事実上の資本（de facto capital）」と解釈できるとする向きのあることはたしかである．そうであるとすれば，藤塚のようなカンティヨン解釈もあながち間違いとはいえなくなるかもしれない．しかし仮にそうした解釈が正しいとすれば，シェークスピアの戯曲『ベニスの商人（The Merchant of Venice）』に登場するシャイロックとアントニオの遣り取りは歴とした「資本」のそれであり，その営みはシャイロックのご先祖さまで古代ローマの属州で貨幣取扱を生業（なりわい）としていた"negotiator（ユダヤ系金融業者の呼称）"に遡り，さらには貨幣貸借の発祥の地とされる紀元前2400年ころのメソポタミアの諸都市の商人たちにしてからが「事実上の資

---

51) Law [1705]．この点については，中川 [2011]（とくに第2部第6章「ジョン・ローの銀行・信用論研究」）もあわせて参照されたい．

本」の遣り取りを行っていたということになる．諸賢ご高承のように，こうした「事実上の資本（capital de facto）」という類の解釈は無限定的な概念規定に道を開くご都合主義の見本のようなものであり，17，18 世紀の経済学の先人たちの学問的な営みを無にする仕儀に等しい．

　だが，馬場の所説の問題点は以上にとどまらない．

（3）　"Capitaliste" の初出——グルネー＝テュルゴーのネオロジスム

　前節でみたように，馬場は，デイヴィッド・リカードゥの Capitalist の「用法がどこから来たのか」と自問しつぎのような推理をしていた．すなわち，「アーサー・ヤング以来 Capitalist が英語化したのでリカードはそれを日常用語として用いたのか，あるいはこの語の使用では先行していたフランスの経済学者から直接導入したのか？——今のところ決め手は見出せない．しかし，フランス経済学から直接入った可能性が結構高いように思われる」[52]．また，馬場はリカードがかれの代表作『原理』の「序言」のなかで「この学問〔経済学〕はチュルゴ，スチュアート，スミス，セイ，シスモンディおよびその他の人々の著作によって大いに進歩」したという一節を引用してこうのべている．「スチュアートにもスミスにも Capitalist はない．フランス人学者の場合は，チュルゴが Capitaliste を先行的に多用していたし，リカードの論敵セイは自ら capitaliste を使っていたばかりか，紹介し称賛したスミスが，英語の限界——『資本家』と『企業者』を区別する語彙を持たない英語の限界——のために理論的にも限界に達していることを指摘していた．また，リカード自ら訪仏時に直接交流したシスモンディも capitaliste は当然のように使っていた（原注）『資本家』は，語をフランス経済学から継承したリカード〔リカードゥ，以下同〕が経済学的に範疇化したことで，かえって一般語として定着したのではなかろうか」[53]と．

---

52)　馬場 [2008], 359 ページ．
53)　同上，360-1 ページ．馬場説は基本的に間違っていないと考えるが，しかし，つぎのような致命的な問題点がある．1793 年に出版された英訳『富の形成と分配に関

付論 II. 「資本」概念成立探究   259

　馬場らしい慎重な言い回しではあるが，詰まるところ，フランス人学者の場合は「チュルゴが Capitaliste を先行的に多用していた」といって，Capitaliste の初出をテュルゴーであると事実上言い当てていたことはほぼ間違いない．問題は，「今のところ決め手は見出せない」という点だけである．はたして今日に至るも「決め手」はないのであろうか．馬場になり代わって回答すれば，否，断じて否である．英語の Capitalist の語源となった Capitaliste の初出は，テュルゴーの『諸省察』である．より正確にいえば，Capitaliste は，かれの師ヴァンサン・ド・グルネーが考案した用語であるが，グルネーはこれを活字として残さず，愛弟子のテュルゴーが自著のなかで復活させ「多用」した，というのが偽らざるところである．

　このことを歴史的資料にもとづいて考証したのは，フランスの経済思想史家シモーヌ・メイソニエである．メイソニエの研究業績は他の機会に論じたことがあるのでここでは必要最低限の紹介にとどめたい．摘要するに，メイソニエはグルネーがかれの支持者とともにフランス語訳したサー・ジョサイア・チャイルドの『新商業講話』の「注釈」の草稿のなかで，新しい富の概念としての Capital の定義にとどまらず，「資本の所有者（possesseur des capitaux）」として Capitaliste という用語を考案したものの，しかし最終的には「資本の所有者」ではなく，「貨幣の所有者（possesseur d'argent）」という語に置き換えたというのである[54]．

　ことほどさように，メイソニエはグルネーの「貨幣の所有者」の用語について，津田の発見したサン＝ブリュウ市立図書館所蔵の草稿では「われらが資本家たち（nos capitalistes）」という言葉が当てられていたが，メイソニエの発見したフランス国民議会（下院）図書館所蔵の草稿では「貨幣の所有

　　する諸省察（Reflections on the Formation on and Distribution of Wealth)』（ただし，訳者不明）を考慮していないことである．この結果，イギリスではテュルゴーの経済理論が，資本，資本家，それに企業や企業者とともに広く知られるようになったのである．この点について，さしあたり，Lundberg [1964] を参照されたい．
54) Meyssonnier [2008]．メイソニエの業績については，中川 [2013a]（とくに付論 I「チャイルド―グルネー―テュルゴー」）を参照されたい．

者」という表現に差し替えられたと記している．もちろん，だからといってグルネーが「資本家」というかれのネオロジズムを完全に放棄したかといえばそうではないであろう．つぎの章句が一例である．グルネーはいう――．オランダでは貨幣の利子率が（イングランドの半分の）3パーセントであるので，オランダ人は「そこにメリットを見出し，2, 3の資本（deux ou trois capitaux）から安んじて資金の採り入れ（emprunt）」を行う」[55]と．ここでグルネーのいわゆる「2, 3の資本」に「2, 3の資本家」という人格化した表現をあたえることも不可能ではない．メイソニエは「かれらこそ『資本家そのもの（c'est eux les 〈capitalistes〉）』」と評している[56]．

　テュルゴーが前出「ヴァンサン・ド・グルネー頌」のなかで，「〔グルネー氏は〕チャイルドの著書〔『新商業講話』〕の仏訳書に興味ある膨大な注釈を付け加えた．同氏はその注釈のなかでチャイルドの説く諸原理をふかく吟味・検討し，そして商業〔経済活動〕のなかでもっとも重大な諸問題にそれらの諸原理を適用することによってその解明にこれ努めたのであった」[57]というとき，師のCapitalおよびCapitalisteというネオロジズムをふくむことは明らかである．テュルゴーがCapitalisteを復活させていることは何よりの証左であろう．馬場が探究してきたCapitalおよびCapitalisteの語法におけるチャイルド―グルネー―テュルゴーの継承関係をここに，はっきりと認めることができる[58]．

　テュルゴーによる経済学の古典形成への貢献はそれにつきるものではなかった．「資本家」概念の精緻化がそれである．既述のように，テュルゴーのいわゆる資本家とは一義的には資本の所有者であり，企業者に資本を提供する投資家機能を担う経済主体であると定義されるが，しかしかれは『諸省

---

55) Gournay [2008(1754)], p. 50.
56) Meyssonnier [2008], p. l.
57) Turgot [1759], p. 612（拙訳による）．なお，Schelle [1897], p. 372の記述もあわせて参照されたい．
58) イギリスの経済学者アントニー・ブリュワーもこうした継承関係を認めている（Brewer [2010]）．

察』第63節以下では単なる「資本家」ではなく,「農業資本家的企業者 (capitaliste entrepreneur de culture)」とか「貨幣貸付資本家 (capitaliste prêteur d'argent)」といった術語を用いている[59]．その意味するところは, 一方でリシャール・カンティヨンの「企業者」論を踏襲して,自らはその事業や企業の所有権を主張しない経営者と定義しつつも, 他方同時にグルネーの「資本家」論を援用して両者を一体化したオーナーシップ (ownership) ——企業の所有者に言及したものと考えられる．テュルゴーはこうした所有と経営を一体化した「資本家」概念を当時のフランスの経済実態に即して思いついたものと推察されるが, かれがカンティヨンやグルネーの学説を継承・発展させて考案した新機軸のひとつとして評価すべきであろう．

ところが, 後世の——主として19世紀のフランスやブリテン島の経済研究では, テュルゴーの「資本家的企業者」は「資本家」とほぼ同義語と考えられ, とりわけ「企業者」のタームが18世紀半ばこのかた"死語"と化したドーバー海峡対岸のアルビオン島すなわちイングランドの住民たち——この島の一都市を終の住み処としたカール・マルクスや実業家出身でマルクスの刎頸の友フリードリヒ・エンゲルスらをふくむ——は, ルイ16世治下の初代フランス王国財務総監として師グルネーの自由主義的改革を目指し挫折したオーヌ男爵アンヌ・ロベール・ジャック・テュルゴーのいわゆる「資本家的企業者」論の恩恵にあずかるところ大であった[60]．

ちなみに, 詳細はともかく, "Capitaliste"という用語がフランス国内では比較的早くから通用するようになったことは, 例えば, エティエンヌ=フランソワ・ド・セノヴェール将軍がフランス革命の最中の1790年に編集・刊行した『ジョン・ロー全集——正貨, 商業, 信用および銀行に関する諸原理』のなかで自身が訳出して, "*Considérations sur le numéraire et le commerce*"のタイトルで収録したテキストに登場することをみれば明らかである．将軍はジョン・ローの代表作『貨幣と商業に関する考察』のなかで

---

59) Turgot [1766b], pp. 571, 594.
60) この点については, 中川 [2006/2007] および本書第2, 3章を参照されたい．

用いられている英語の"Money'd man"をフランス語の"Capitaliste"に置き換えたものであるが，あながち間違いとはいえまい[61]．

このように考えられるとすれば，アーサー・ヤングが訪仏中にCapitalisteの語を見聞きしたとしも不思議でもなんでもない．ただ先にのべたように，Entrepreneurの語が死語となっていたブリテン島にあって，Capitalisteはともかく Capitaliste-Entrepreneur なるテュルゴーのネオロジスムは受け容れられるところとはならなかったとみてよい．その意味からすれば，馬場のつぎの一節は言い得て妙といえるかもしれない．すなわち，「〔セイは

---

61) Law [1790 (1705)] 参照．ちなみにいえば，サー・ジェイムズ・ステュアートの作品の紹介者・仏訳者として後世にその名を刻むセノヴェール将軍ののち，ロー全集を編集・刊行したポール・アルサンも将軍のテキストをベースに新訳を収録しているためか，"money'd man"を"capitaliste"と訳出している（Law [1705]）．セノヴェール将軍にしても，アルサンにしても，テュルゴーのいうような意味での「資本家」かどうかは別にして，字義どおり「貨幣所有者」という訳語を充てるほうが一見するところ自然であり，かつ適切のように思われる．ところが，アントニー・ブリュワーのいうように，ローのいう「貨幣」が単に商品を購入するためのものでなく，労働者の雇用のために支出されるものであることから，企業者による前貸しに近い性質の貨幣の支出と解釈することがもし許されるとすれば，この場合の貨幣は「資本」——すくなくとも流動資本であり，したがってローのいわゆる"money'd man"はかれ一流の「資本家」と考えられないこともない（Brewer [1986], p. 151）．そして仮にそのような解釈が成り立つとすれば，将軍が，そしてのちにアルサンがともにこの語を"capitaliste"と訳出したことはむしろ評価すべきかもしれない．しかしだからこそなおのこと，つぎのことがロー理論の問題——それも致命的な問題といわなくてはならないのである．すなわち，スコットランド出身の銀行家にあっては，テュルゴー一流の「支出された貨幣」と「蓄積された貨幣」したがってまた貨幣の循環と資本の循環とを明確に区別する視角が存在しなかったということ，これである．この点，ジョン・ローの貨幣論・信用論をきわめて高く評価するステュアートの代表作『経済学原理（*An Inquiry into the Principles of Political Economy*）』の貨幣理論も同様である．櫻井毅の的確な表現を借りれば，ローやステュアートの場合，貨幣の積極的な機能を正しく指摘しながらも，これを資本の流通ないし循環として定位することはなかった——かれらの問題関心の「中心」はあくまでも「貨幣の流通」にあったといわなくてはならないのである（櫻井 [2009], 150ページ）．いい換えれば，「貨幣の流通過程」とはその性質を異にする「資本の生産過程と資本の蓄積の分析」（同上）というアイディアへと導くことが結果としてなかったといってよいのである．なお，以上の点については，Perrot [1992], pp. 207-9 もあわせて参照されたい．

付論 II. 「資本」概念成立探究

スミスが〕英語の限界——『資本家』と『企業者』を区別する語彙を持たない英語の限界——のために理論的にも限界に達していることを指摘していた．また，リカード自ら訪仏時に直接交流したシスモンディもまた Capitaliste は当然のように使っていた（原注）『資本家』は，語をフランス経済学から継承したリカードが経済学的に範疇化したことで，かえって一般語として定着したのではなかろうか」[62]．

しかし，資本家というタームが「経済学ひいては社会科学全体のキーワード」であるとはいえ，「ヨーロッパ諸語であれば当然これ〔資本〕から派生する」といえるかどうかは，このタームが「経済学の古典に登場した」経緯をふり返るとき，大いに疑問といわなくてはならない．ましてや「資本主義」なる言葉に至ってはなおのことそうである[63]．

---

62) 馬場［2008］，360-1 ページ．
63) グルネーやテュルゴーが「資本」，「資本家」というタームの生みの親であっても，そしてかれらが分析対象とした経済社会や経済システムを「商業社会（société commerçante）」と呼んでも「資本主義（capitalisme）」とは表現しなかった．周知のように 18 世紀の商業社会はやがて「市場経済」とか「資本主義」と称されるようになるが，そのことはテュルゴーらの考案した「資本家」が社会的経済システムを構築していくうえで中心的役割を演じるようになったことの帰結であった．その意味からすれば，馬場がテュルゴーの『諸省察』を評して「全編挙げて資本概念の解明である」というのはまったく正しい．だが，「資本主義」はその語尾 "-isme" に示されるような何がしかの主義・主張や，何がしかの理念を有していたわけでは決してない．「急進主義（radicalisme）」や「社会主義（socialisme）」を標榜する党派の運動家たちが低賃金で労働者・人民を「搾取」する企業経営者を「資本家」と敵意を込めて呼び，そしてそんな搾取者連中の支配する社会が資本主義社会であった．それゆえ資本主義（社会）とは，フランソワ・ペルウ門下生のマクロ経済学者クロード・ジェシュアが師の著書『資本主義（Le capitalisme）』のなかで用いた表現を借りて「闘争の言葉（mot de combat）」（Perroux［1962］, p. 5．訳，11 ページ）とのべているが，ひとつの解釈として有効と思われる（なお，Jessua［1991］, pp. 3-5 もあわせて参照されたい）．しかるに，馬場のいうような「ヨーロッパ諸語であれば当然これ〔資本〕から派生」したとするような説にはにわかに首肯できない．

むすびにかえて

　以上みてきたように，馬場の『経済学古典探索』収録の「資本・資本家・資本主義」のなかで探求した，「経済学最重要の概念」である「資本」やそこから派生した「資本家」概念について，「フランスの経済学者から直接導入したのか？」との馬場の問いには，いまや「然(ウィ)り」と答えるだけの「手掛かり」どころか，決定的物証をさえ手にしている．それによれば，「経済学最重要の概念」である資本や資本家の思想的営みの流れは，フランス経済学の，とりわけグルネーとテュルゴーの貢献を抜きにはあり得ない．しかるに，「徹底的な文献探索を伴う深い考察を示し」「古典と崇められてきた諸著書ばかりか，無視軽視されてきたいくつかの著作も視野に入れ，全体の繋がりを推理」することを旨とした馬場ではあったが，グルネーを視野に入れるには至らなかったといわなくてはなるまい．

　馬場がグルネーを視野に入れていたならば，「経済学でCapitalを多用し，今日の『資本』の意味〔中略〕を与えたのは，フランスの経済学者，特にチュルゴ〔テュルゴー〕である．スミスはそれを模倣吸収し，『国富論』特にその第二編で英語に転用した」という推理はよりいっそう説得力を有したことであろう．そしてそれはまた，資本概念の成立を「労働価値論の形成〔中略〕と資本蓄積論の形成という，『国富論』第一編と第二編との論理構成」にもとめる藤塚の主張への有力にして決定的な反証ともなり得たはずである．馬場の「スミスに集中しすぎた」の謂とは，『淮南子』要略篇にいう「一跡ノ路二循(したが)ヒテ一隅ノ指(むね)ヲ守ル」さながらに，藤塚がスミスの言に付会して説をなした，ということにほかならない．

　もっとも，藤塚説を「スミスに集中しすぎた」と批判する馬場にしても，「経済学の古典に登場した模様を浚(さら)って見る」さいに「スミス前史」といって，スコットランド出身の思想家の前と後に垣根を設けたのはいただけない．馬場は，スミス説を「チュルゴを下敷きにし，ほぼその展開に即した形で行

付論 II. 「資本」概念成立探究

われている」というかたわら，「スミスはチュルゴを完全に模倣したわけではない．時にはチュルゴを超える説を示した」とものべている．もとより，スミス学説の意義を認めるにやぶさかではないが，馬場のいわゆる「チュルゴを超える説」とはどのような説を指すのであろうか．その例として馬場が挙げているのは「スミスは〔『国富論』第2編第1章〕第1節後段で固定資本・流動資本の区別」をしており，「その解明には時々混乱があるが，ともかくこの区分はチュルゴを超えている」[64]の一節である．

はたしてそうであろうか．テュルゴーが『諸省察』第86節「土地耕作，製造業，商業に用いられた貨幣は，貸し付けられた貨幣の利子よりも多く〔の収入〕をもたらすであろう」のなかでのべていたことに思いを致せば，馬場の言い分が適切でないことが理解できる．テュルゴーはいう──．

> 農業，製造業，商業に用いられた貨幣は，これらに使用されたのと同額の資本（capital）を土地に投下して得る収入，もしくはこれと同額の貨幣の貸付から生じる利子よりも多くの利潤をもたらすであろう．なぜなら，農業，製造業，商業における資本（capital）の使途は，前貸し資本（capital avancé）のほか，多くの勤勉と労働を必要とするので，仮にもしそれらがより多くの利益を生まなくとも，何がしかのことを行えば享受することができるのと等しくなる収入を確保するに如くはないからである．これによって，企業者は年々歳々自らの手にする資本（capital）〔中略〕の利子〔に相当する額〕のほか，かれの勤勉，労働，資質，リスクを償い，それにまた企業者がすでに負担している前貸しの年ごとの償却分（dépérissement annuel des avances）を支弁する利潤を確保しなければならないのである[65]．

みられるとおり，テュルゴーの説明は，ケネーのいわゆる「原前貸し

---

64) 馬場 [2008], 358 ページ．
65) Turgot [1766b], p. 591.

（avances primitives）」，「年前貸し（avances annuelles）」と言明していないものの，かれの議論を受けて，事実上両者を，したがってまた固定・流動資本を区別していたと考えられる．しかるに，固定・流動資本の区分をもって，スミスが「チュルゴを超えている」証拠とはなるまい．馬場はほかにスミスがテュルゴーを「超えている」とする事例を明示的に挙げていないのでこれ以上論じようがないのであるが，いわれるように「スミスは，着想力の上では見かけほど独創的でなかった」かどうかはともかくとして，「スミス前史」という区分ははたして妥当であろうか．なるほど，藤塚のように「古典経済学の（体系としての）確立もどの時点に求めるかについては〔中略〕アダム・スミスの経済学の成立（完成）とくに『国富論』の形成にこれを求めることには，大きな異論はないであろう」というのであれば，話は変わってこよう．けれども，馬場には藤塚のようなスミス的「偏向」が存在しないとすれば，「スミス前史」とは，「古典経済学の（体系としての）確立」を「スミス『国富論』の形成」にもとめる藤塚説とは異なる意味をもつものでなければならない[66]．それというのも，馬場自らが名探偵ぶりをいかんなく発揮して事実上言い当てていたように，「『スミスの価値論・剰余価値・論』『スミスの貨幣・信用・論』および『スミスの資本蓄積論』を三本の柱として，これを立証することをこころみた．その場合とくにスミスのいわゆる支配労働価値の視点と，『資本(キャピタル)』概念の成立」が「その最も重要なポイントである」との説に困難を見出すからである．

ことほどさように，スミスの「支配労働価値」論とは異なり，テュルゴーは主観価値学説の一種である「感覚的経済価値説（théorie sensualiste de la valeur）」もしくは「新心理的経済価値説（théorie psychologique de la valeur）」にもとづいて価値論・貨幣論を展開している．手塚壽郎は1933年

---

66) アントニー・ブリュワーは，テュルゴーの資本理論がスミス，リカード，マルクスをはじめ後世のさまざまの経済学説に継承されたことなどから，テュルゴーを「多くの点で最初の古典経済学者」，「古典経済学の先駆者（pioneer）」であると評価している（Brewer [1986], p.186）．またテュルゴーとスミスの資本理論については，Lunberg [1964]; Vissol [1982] を参照されたい．

に発表した「心理經濟價値説の歴史的研究の一節」と題する論文のなかで，テュルゴーは「十八世紀に於て價値を論じた者のうち，最も純粋に心理的見方をとつた人である．十八世紀に於て，價値を人間の欲望にのみ基礎付けようとした者は，〔テュルゴー〕の他にいない．彼の價値論は十八世紀に於る心理経濟價値論の云はゞpoint culminant〔最高峰〕をなすものである」[67]といってその感覚的経済価値学説もしくは心理経済価値説の構想を明らかにした未完の論稿「価値と貨幣（Valeurs et monnaies）」を高く評価するものである．

はたして手塚の説くとおりであれば，テュルゴーの資本理論とこれを基礎とする経済学説の評価は，スミス学説や古典経済学の形成の流れをはるかに超えて，フランス出身の社会主義者レオン・ヴァルラス（ワルラス）をはじめとする，「新古典派（neo-classic）」経済学の形成と成立の事情――それが「革命」であったかどうかはさて措き――を視野に入れなくてはならないであろう．すくなくとも，「ペティからマルクスに至る諸古典とそれらを繋ぐ流れの考察」に限定するいわれはひとつとしてないはずである．

そのように考えられるとすれば，「資本・資本家・資本主義」の探索のもつ意味は，馬場が思い描いたよりもはるかに広く，かつ深いといわなくてはならないであろう．

---

67) 手塚［1933］，2ページ．この点については，手塚［1929］もあわせて参照されたい．ちなみに，手塚と同様に，テレンス・ウィルモット・ハチスンも「テュルゴーとスミス（Turgot and Smith）」という論文のなかでテュルゴーの「主観価値説」を高く評価し，この領域におけるテュルゴーのスミスに対する優位性の証としたのをはじめ，ジイド・イレイジャース，ジルベール・ファッカレロなどもテュルゴーの心理価値学説を評価する論文を発表している．くわしくは，Hutchison [1982]; Faccarello et Cot [1992]; Erreygers [2000]; Faccarello [2008] などを参照されたい．

参考文献

1. 欧文文献

Andreau, Jean [2011], "Entrepreneurs et entreprise chez Montchrestien et Cantillon", dans : Alain Guery (sous la direction de), *Montchrestein et Cantillon : Le commerce et l'émergence d'une pensée économique*, Paris, ENS Éditions, 2011.

Balder, Jean-Marie et Anne Conchon [2011], "Territoires de l'économie. Lectures croisées de Montchrestien et de Cantillon", dans : Alain Guery (sous la direction de) [2011], *Montchrestian et Cantillon : Le commerce et l'émergence d'une pensée économique*, Paris, ENS Éditions, 2011.

Blaug, Mark [1962], *Economic Theory in Retrospect* (1st Edition), Cambridge/New York, Cambridge University Press : revised as Blaug, Mark [1997], *Economic Theory in Retrospect* (5th Edition), Cambridge/New York, Cambridge University Press.

Blaug, Mark [1991], "Introduction to *Richard Cantillon (1680-1734) and Jacqus Turgot (1727-1781)*" : reprinted in Mark Blaug (ed.), Pioneers in Economics, Vol. 9, Edward Elgar, Aldershot, 1991.

Bödeker, Hans Erich and Peter Friedemann [2008], *Gabriel Bonnot de Mably : Textes politiques 1751-1783*, Paris, Éditions L'Harmattan.

Bordo, Michael D. [1983], "Some aspects of the monetary economics of Richard Cantillon", *Journal of Monetary Economics*, 12(2) : reprinted in Mark Blaug (ed.), *Richard Cantillon (1680-1734) and Jacques Turgot (1727-1781)*, Pioneers in Economics, Vol. 9, Edward Elgar, Aldershot, 1991.

Brewer, Anthony [1986], *Richard Cantillon : Pioneer of Economic Theory*, Routledge, London : reprint, 2002.

Brewer, Anthony [1987], "Turgot : founder of classical economics", *Economica*, 54 : reprinted in Mark Blaug (ed.), *Richard Cantillon (1680-1734) and Jacques Turgot (1727-1781)*, Pioneers in Economics, Vol. 9, Edward Elgar, Aldershot, 1991.

Brewer, Anthony [1988a], "Cantillon and the land theory of value", *History of Political Economy*, 20(1) : reprinted in Mark Blaug (ed.), *Richard Cantillon (1680-1734) and Jacques Turgot (1727-1781)*, Pioneers in Economics, Vol. 9, Edward Elgar, Aldershot, 1991.

Brewer, Anthony [1988b], Cantillon and mercantilism", *History of Politic Economy*, 20(3) : reprinted in Mark Blaug (ed.), *Richard Cantillon (1680-1734) and*

Jacques Turgot (*1727-1781*), Pioneers in Economics, Vol. 9 Edward Elgar,, Aldershot, 1991.

Brewer, Anthony [2010], *The Making of the Classical Theory of Economic Growth*, London/New York, Routledge.

Cannan, Edwin [1921], "Early history of the term capital", *Quaterly Journal of Ecomomics*, Vol. 35.

Cantillon, Richard [1755], *Essai sur la nature du commerce en général*, réimpression de l'édition de 1952 (sous la direction d'Alfred Sauvy) avec le préface d'Antoin E. Murphy, fondée sur le texte oroginal (*Essay sur la nature du commerce général*, à Londres, Chez Fletcher Gyles, dans Holborn) de 1755, avec études et commentaires revues et augumentées, Paris, Institut national d'études démographiques (I.N.E.D.), 1997.

Cartelier, Jean [2008], "L'économie politique de François Quesnay ou l'utopie du royaume agricole", dans : *François Quesnay, Physiocratie : droit naturel, tableau économique, et autres textes*, édition établie par Jean Cartelier, Paris, GF Flammarion.

Cesarano, Filippo [1976], "Monetary theory in Ferdinando Galiani's *Della Moneta*", *History of Political Economy*, 8, Fall, in Filippo Cesarano, *Monetary Theory in Retrospect : The Selected Essays of Filippo Cesarano*, London/New York, Routledge, 2007.

Chancellor, Edward [2015], "The Devil's Dictionary of Post-Crisis Finance", *Reuters-Breakingviews*, October 9 : http://blogs.reuters.com/breakingviews/2015/10/09

Charles, Loïc [2011], "Le cercle de Gournay : usages culturels et pratiques savantes", dans : Loïc Charles, Frédéric Lefebvre et Christine Théré (sous la direction de), *Le cercle de Vincent de Gournay : Savoirs économiques et pratiques administratives en France au milieu du XVIIIe siècle*, Paris, Institut national d'études démographiques (I.N.E.D.), 2011.

Charles, Loïc, Frédéric Lefebvre et Christine Théré [2011], "Introduction. La science du commerce de Vincent de Gournay: une historiographine en renouveau", dans: Loïc Charles, Frédéric Lefebvre et Christine Théré (sous la direction de), *Le cercle de Vincent de Gournay : Savoirs économiques et pratiques administratives en France au milieu du XVIIIe siècle*, Paris, Institut national d'études démographiques (L.N.E.D.), 2011.

Child, Sir Josiah [1694], *A Discourse about Trade* (Second Edition) : reprint, General Books Publication, UK, 2009.

Child, Sir Josiah [1751], *A New Discourse of Trade* (Fifth Edition) ; reprint, Genenral Books Publication, UK, 2009.

Child, Sir Josiah [1754], *Traité sur le commerce et sur la réduction de l'intérêt de l'argent, par Josiah Child, Chevalier Baronet : avec un petit traité contre l'usure, par Chevalier Thomas Culpepper*, traduction de l'anglais, à Amsterdam et à Berlin, chez Jean Néalme, et se vend à Paris, chez Guénin et Delatour dans *Traité sur le commerce de Josiah Child : suivi Remarques de Jacques Vincent de Gournay : text intégral d'après les manuscrits*, édition et préface de Simone Meyssonnier, Paris, Editions L'Harmattan, 2008.

Colemann, D.C. [1957], "Eli Heckscher and the Idea of Mercantilisim", *Scandinavian Economic History Review*, V. 1(1) : reprinted in Mark Blaug (ed.), *The Later Mercantilists : Josiah Child (1603-1699) and John Lock (1632-1704)*, Pioneers in Economics, Vol. 5, Aldershot, Edward Elgar Publishing Co., 1991.

Condillac, Etienne Bonnot de [1746], *Essai sur l'origine de connaissances humaines*, Œuvres complètes de Condillac, tome 1, Paris, Lecointe et Durey : reprinted in USA, Nabu Press, Nabu Public Domain Reprints, 2013. 古茂田宏訳『人間認識起源論（上・下）』岩波文庫，1994 年．

Condillac, Etienne Bonnot de [1776], *Commerce et Gouvernement*, Œuvres complètes de Condillac, tome 6, Paris, Dufat, Imprimeur-Libraire ; reprinted in USA, Nabu Press, Nabu Public Domain Reprints, 2014.

Daire, Eugène [1843], "Notices sur Jean [John] Law, ses écrits et les opérations du système", dans : *Les économistes financiers du 18e siècle*, éd. Eugène Daire, Paris, chez Librairie de Guillaumin, 1843.

Daire, Eugène [1846], *Physiocrates : Quesnay, Dupont de Nemours, Mercier de la Rivière, L'abbé Baudeau, Le Trosne*, Paris, chez Librairie de Guillaumin ; reprint, Nabu Press, USA, 2014.

Dauphin-Meunier, Achille [1964], *Histoire de la banque* (3e édition), Paris, Presses Universitaires de France : Collection 〈Que sais-je?〉 n° 456 : La première édition, 1950. 荒田俊雅，近澤敏里共訳，『銀行の歴史』＜文庫クセジュ＞69，白水社，1952 年（邦訳は 1950 年出版の初版より）．

Dooley, Peter C. [2005a], "Sir William Petty : the farther of political economy", in *The Labour Theory of Value*, Routledge, Abingdon/New York.

Dooley, Peter C.[2005b], "Richard Cantillon", in *The Labour Theory of Value*, Routledge, Abingdon/New York.

Dooley, Peter C. [2005c], "François Quesnay", in *The Labour Theory of Value*, Routledge, Abingdon/New York.

Dostaler, Gilles [2012a], "Antoine de Monchrestien, inventeur de l'économie politique", *Les grands auteurs de la pensée économique*, Alternatives Economiques Poche n° 57, Paris, Alternatives Economiques, 2012.

Dostaler, Gilles [2012b], "Richard Cantillon, théoricien monétaire majeur du XVIIIe siècle", dans : Gilles Dostaler, *Les grands auteurs de la pensée économique*, Alternatives Economiques Poche n° 57, Paris, Alternatives Economiques, 2012.

Dostaler, Gilles [2012c], "Turgot, théoricien du capitalisme, avocat du liberalisme", dans; Gilles Dostaler, *Les grands auteurs de la pensée economique*, Alternatives Economiques, Poche n° 57, Paris, Alternatives Economiques, 2012.

Dostaler, Gilles [2012d], "Henry Thornton, financier, évangéliste et philanthrope", dans : Gilles Dostaler, *Les grands auteurs de la pensée économique*, Alternatives Economiques Poche n° 57, Paris, Alternatives Economiques, 2012.

Erreygers, Guido [2000], "Turgot et le fondement subjectif de la valeur", dans *Le libéralisme économique : Interprétations et analyses*, Cahiers d'économie politique, n°16, Paris, Editions L'Harmattan.

Faccarello, Gilbert [2008], "Galimatias simple ou galimatias double? Sur la problématique de Graslin", dans : Le Pichon, Philippe et Arnaud Orain (sous la direction de), *Jean-Josephe-Louis Graslin (1727-1790). Le temps des Lumières à Nantes*, Rennes, Presses universitaires de Rennes, 2008.

Faccarello, Gilbert et Annie Cot [1992], "Turgot et l'économie politique sensualiste", dans : Alain Béraud et Gibert Faccarello (sous la dir. de), *Nouvelle histoire de la pensée économique*, tome 1 : Des scolatiques aux classiques, Paris, Éditions La Découverte, 1992.

Faccarello, Gilbert et Antoin E. Murphy [1992], "Pierre de Boisguilbert et John Law", dans : Alain Béraud et Gibert Faccarello (sous la dir. de), *Nouvelle histoire de la pensée économique*, tome 1 : Des scolatiques aux classiques, Paris, Éditions La Découverte, 1992.

Fage, Anita [1952], "La vie et l'oeuvre de Cantillon (1697-1734)", dans : Richard Cantillon, *Essai sur la nature du commerce en général*, sous la direction d'Alfred Sauvy, Paris, Institut national d'études démographiques (I.N.E.D.), 1997 : réimpression de l'édition de 1952.

Fanfani, Amintore [1952], "Introduction à l'*Essai sur la nature du commerce en général*", dans : Richard Cantillon, *Essai sur la nature du commerce en général*, sous la direction d'Alfred Sauvy, Paris, Institut national d'études démographiques (I.N.E.D.), 1997 : réimpression de l'édition de 1952.

Galiani, Ferdinando [2005 (1751)], *Della Moneta/De la monnaie*, édité et traduit sous la direction de André Tiran et traduction coordonnée par Anne Machet, Paris, Editions Economica.

Gillard, Lucien [2011], "Le statut de la monnaie dans la Traité de Montchrestien et l'Essai de Cantillon", dans : Alain Guery (sous la direction de) [2011], *Montchrestian et Cantillon : Le commerce et l'émergence d'une pensée économique*,

Paris, ENS Éditions.
Goglio, Karine [2003], "L'entrepreneur porteur de fausses représentations chez J.-B. Say", *Économie et Société*, n° 33, ISMEA, décembre.
Gournay, Jacques Vincent de [2008(1754)], *Remarques sur le commerce de Josiah Child* ; dans *Traités sur le commerce de Josiah child ; suivi des Remarques de Jacques Vincent de Gournay : texte intêgral d'après les manuscrits*, édition et préface de Simone Meyssonnier, Paris, Éditions L'Harmattan.
Graslin, Jean-Joseph-Louis [1767], *Essai analytique sur la richesse et sur l'impôt* (rédition du texte de 1911), texte présenté et commenté par Djalel Maherzi, Paris, Editions L'Harmattan, 2008.
Groenewegen, Peter. D. [1970], "A reappraisal of Turgot's theory of value, exchange and price determination", *History of Political Economy*, 2(1) : reprinted in Mark Blauge (ed.), *Richard Cantillon (1689-1734) and Jacques Turgot (1727-1781)*, Pioneers in Economics, Vol. 9, Edward Elgar, Aldershot, 1991.
Groenewegen, Peter D. [1992], "Turgot and Adam Smith", in Groenewegen, *Eighteenth Cencury Economics : Turgot, Becaria and Smith and Their Contemporaries*, London, Routledge, 2002.
Guery, Alain [2011], "Introduction. De Montchrestien à Cantillon : de l'économie politique à l'analyse économique", dans : Alain Guery (sous la direction de), *Montchrestien et Cantillon : Le commerce et l'émergence d'une pensée économique*, Paris, ENS Éditions, 2011.
Hayek, Friedrich A. von [1932], "Sur l'*Essai sur la nature du commerce en général* de Richard Cantillon, édité avec une traduction anglaise à Londres en 1931", *Economic Journal*, vol. XLII.
Hayek, Friedrich A. von [1936], "Richard Cantillon, sa vie, son œuvre, avec note", *Revue des sciences économiques*, Liège, avril, juin et octobre.
Higgs, Henry [1891], "Richard Cantillon", *Economic Journal*, 1 : reprinted in Mark Blaug (ed.), *Richard Cantillon (1680-1734) and Jacques Turgot (1727-1781)*, Pioneers in Economics, Vol.9, Edward Elgar, Aldershot, 1991.
Higgs, Henry [1892], "Cantillon's place in Economics" *Quarterly Journal of Economics*, 6 : reprinted in Mark Blaug (ed.), *Richard Cantillon (1680-1734) and Jacques Turgot (1727-1781)*, Pioneers in Economics Vol. 9, Edward Elgar, Aldershot, 1991.
Higgs, Henry [1897], *The Physiocrats : Six Lectures on French Économistes of the 18th Century*, London, Macmillan and Company : reprint, Batoche Books, Kitchener, Ontario, 2001. 住谷一彦訳『重農學派』社会科学ゼミナール16, 未来社, 1957年.

Higgs, Henry [1931], "Life and work of Richard Cantillon", Higgs (ed.), *Richard Cantillon, Essai sur la nature du commerce en général*, London, Royal Economic Association : reprint, Augustus Kelly, New York, 1964.

Hollander, Samuel [2005], *Jean-Baptiste Say and the Classical Canon in Economics : The British Connection in French Classicism*, Routledge, New York.

Hone, Joseph [1944], "Richard Cantillon, Economist – Biographical Note", *Economic Journal*, 54 : reprinted in Mark Blaug (ed.), *Cantillon (1680-1734) and Turgot (1727-1781)*, Pioneers in Economics, Vol 9, Edward Elgar, Aldershot, 1991.

Hoselitz, Bert, F. [1951], "The early history of entrepreneurial theory", *Explorations in Entrepreneurial History* : reprinted in Mark Blaug (ed.), *Richard Cantillon (1680-1734) and Jacques Turgot (1727-1781)*, Pioneers in Economics, Vol. 9, Edward Elgar, Aldershot, 1991.

Hutchison, T. W. (Terence Wilmot) [1982], "Turgot and Smith", dans : Bordes, Christian et Jean Morange (sous la dir. de), *Turgot, économiste et administrateur : Acte d'un séminaire organisé par la Faculté de droit et des sciences économiques de Limoges pour le bicentenaire de la mort de Turgot, 8, 9 et 10 octobre 1981*, Limoges, Presses Universitaires de France : Publication de la Faculté de droit et de sciences économiques de l'Université de Limoges.

Hutchison, T.W. (Terence Wilmot) [1988], *Before Adam Smith : The Emergence of Political Economy 1662-1776*, Oxford/New York, Basil Blackwell.

Jessua, Claude [1991], *Histoire de la théorie économique*, Paris, Presses Universitaires de France.

Jevons, William S. [1881], "Richard Cantillon and the nationality of political economy", *Contemporary Review*, reprinted in Henry Higgs (ed.) [1931], Richard Cantillon, *Essai sur la nature du commerce en général*, London, Royal Economic Association : reprint, Augustus Kelly, New York, 1964. 高野利治訳「カンティヨン論（ジェヴォンズ）」, H. W. スピーゲル編, 越村信三郎・伊坂市助監訳『経済思想発展史』I（経済学の黎明）, 東洋経済新報社, 1954 年, 所収（ジェヴォンズ論文の邦訳は, このほかにも戸田正雄訳, カンティヨン著『経済概論』（春秋社, 1949 年）の巻末に収録されたものがあるが, 本稿でのジェヴォンズ論文の引用は高野訳に従った）.

Kindleberger, Charles P. [2005], *Manias, Panics, and Crashes : A History of Financial Crises* (Fifth Edition), New Jersey, John Wiley & Son : Wiley Investment Classics.

Larrère, Catherine [2011], "Montesquieu et Cantillon", dans : Alain Guery (sous la direction de) [2011], *Montchrestien et Cantillon : Le commerce et l'émergence d'une pensée économique*, Paris, ENS Éditions.

Law, John [1994(1704)], *John Law's Essay on a Land Bank*, edited by Antoin E. Murphy, Dublin, Aeon Publishing.

Law, John [1705], *Money and Trade Considered, with a Proposal for Supplying the Nation with Money*, Edinburgh, printed by the Heirs and Successors of Andrew Anderson, Printer to the Queens most Excellent Majesty, ANNO DOMINI 1705, dans *John Law : Œuvres complètes*, t. 1, éd. Paul Harsin, Paris, Libraire du Recueil Sirey, 1934 ; reprint, Vaduz/Liechtenstein, Topos Verlag AG, 1980.

Law, John [1711-1712] "Projet d'établissement d'une banque à Turin", dans John Law : *Œurves complètes*, tome 3, éd. Paul Harsin, Paris, Librairie du Recueil Sirey, 1934 ; reprint, Vaduz/Liechtenstein, Topos Verlag AG, 1980.

Law, John [1724], "Mémoire de Law au duc de Bourbon sur la liquidation des effets (25 août 1724)", dans *John Law : Œuvres complètes*, tome 3, éd. Paul Harsin, Paris, Librairie de Recueil Sirey : reprint, Vaduz/Liechtenstein, Topos Verlag AG, 1980.

Law, John [1790(1705)], *Considérations sur le numéraire et le commerce*, traduis de l'anglais par Général Etienne de Senovert, dans Eugène Daire (éd.), *Les économistes financiers du XVIIIe siècle*, Paris, Guillaumin, Librairie, 1843.

Léonce de Lavergne, Louis-Gabriel [1870], *Les économistes français du dix-huitième siècle*, Paris, Guillaumin : Ré-impression, Slatkine Reprints, Genève-Paris, 1980.

Legrand, Robert [1900], *Richard Cantillon : Un mercantiliste précurseur des Physiocrates, Paris*, V. Giard et E. Brière ; reprint, Breinigsville, PA, Kessinger Publishing, 2009.

Le Pichon, Philippe et Arnaud Orain (sous la direction de) [2008], *Jean-Joseph-Louis Graslin : Le temps des Lumières à Nantes*, Rennes, Presses Universitaires de Rennes.

Lundberg, I. C. [1964], Turgot's Unknown Translator : The Réflexions and Adam Smith, The Hague, Martimus Nijhoff.

Mably, Gabriel Bonnot de [2012 (1767)], *Doutes proposés aux philosophes économistes* (sur l'Ordre naturel et essential des sociétés politiques), édité et présenté par Éliane Martin-Haag : Ouvrage publié avec l'aide du Conseil Régional de Midi-Pyrénées, Toulouse, Presses Universitaires du Mirail.

Mahieu, François Régis [1997], *William Petty (1623-1687), Fondateur de l'économie politique*, Paris, Ed. Economia : Collection 〈Économie Poche〉 44.

Malbranque, Benoît [2013], *Les économistes Bretons et leur place dans le développement de l'économie politique (1750-1900)*, Paris, Institut Coppet.

Martin-Haag, Éliane [2012], "Note sur le texte de Le Mercier de la Rivière et sur *Les Éphémérides du citoyen*", dans Gabriel Bonnot de Mably [2012 (1767)],

  Doutes proposés aux philosophes économistes (sur l'Ordre naturel et essential des sociétés politiques), édité et présenté par : Ouvrage publié avec l'aide du Conseil Régional de Midi-Pyrénées, Toulouse, Presses Universitaires du Mirail.

Marx, Karl [1864-1867], *Le Capital: Processus d'ensemble du capital, Matériaux pour le deuxième volume du Capital-Livre III* ; dans *Marx: Œuvres*, tome II-Économie, Édition établie et annotée par Maximilien Rubel, Bibliothèque de la Pléiade, Paris, Gallimard, 1968. 岡崎次郎訳, マルクス＝エンゲルス全集版『資本論』第3巻第2分冊 (7), 国民文庫 25, 大月書店, 1972 年.

Marx, Karl [1869], *Theorien über den Mehrwert*. Erster Teil, Karl Marx-Friedrich Engels Werk, Band 26, Institut für Marxismus-Leninismus bein ZK der SED, Dietz Velag, Berin, 1965. 岡崎次郎, 時永　淑訳『剰余価値学説史』(4), 国民文庫 26, 大月書店, 1969 年.

Marx, Karl [1877], "En marge de l'histoire critique de l'économie politique d'Eugen Düring" : traduction française par Rubel et Évrard : "Randnoten zu Dürings Kritische Geschichte der Nationalökonomie", dans *Karl Marx : Œuvres-Économie*, tome I, édition établie et annotée par Maximilien Rubel, Bibliothèque de la Pléiade, Paris, Gallimard, 1972.

Maucourant, Jérôme [2011], "Souverainité et économie selon Montchrestien et Cantillon", dans : Alain Guery (sous la dir. de), *Montchrestian et Cantillon : Le commerce et l'émergence d'une pensée économique*, Paris, ENS Éditions, 2011..

McGreal, Rand [2013], *Lost Foundation : A Coversation with 18th Century Economist Richard Cantillon*, printed in Germany by Amazon Distribution GmbH, Leipzig.

McNally, David [1988], *Political Economy and the Rise of Capitalism : A Reinterpretation*, Berkley, California University Press : reprint in 1992.

Meek, Ronald L. [1973], "Introduction", in *Turgot on Progress, Sociology and Economics*, edited, translated and with an introduction by Ronald L. Meek, Cambridge, Cambridge University Press.

Meyssonnier, Simone [1989], *La balance et l'horloge : la genèse et la pensée libérale en France au XVIIIe siècle*, Paris, Les Édition de la passion.

Meyssonnier, Simone [2008], "Présentation", dans *Traités sur le commerce de Josiah Child: suivi de Remarques de Vincent de Gournay*, édition et préface de Simone Meyssonnier, Paris, Editions L'Harmattan.

Montesquieu, Charles-Louis de Secondat, baron de La Brède et de [1748], *De l'esprit des lois*, Bordeaux, Publication de dialogue de Sylla et d'Eucrate ; dans *Montesquieu: Éuvres complètes*, tome II, Edition établie et annotée par Roger

Callois, Bibliothèque de la Pléiade, Paris, Gallimard, 1951. 井上幸治訳『法の精神』,『世界の名著』中公バックス (34), 中央公論社, 1980 年, 所収.

Morellet, André (l'abbé) [1821], *Mémoires de l'abbé Morellet inédits sur le dix-huitième siècle et sur la Révolution*, deuxième édition (1822), considérablement augmentée par Pierre Edouard Lémontey, Paris, Librairie française de Ladvocat (Slatkine Reprint, 1967) : *Mémoires de l'abbé Morellet*, Paris, Mercure de France, 2000 : Collection 〈Le Temps Retrouvé〉. 鈴木峯子訳「十八世紀とフランス革命の回想」,『自伝・回想録――十八世紀を生きて』, 中川久定・村上陽一郎責任編集「十八世紀叢書」I, 国書刊行会, 1997 年, 所収.

Murphy, Antoin E. [1984], "Richard Cantillon : an Irish Banker in Paris", reprinted in Mark Blaug (ed.), *Richard Cantillon (1689-1734) and Jacques Turgot (1727-1781)*, Pioneers in Economics, Vol. 9, Edward Elgar, Aldershot, 1991.

Murphy, Antoin E. [1986], "Le développement des idées économiques en France, 1750-56", *Revue d'histoire moderne et comtemporaine*, tome XXXII, octobre-décembre.

Murphy, Antoin E. [1992], "Richard Cantillon et le groupe de Vincent de Gournay", dans : Alain Béraud et Gibert Faccarello (sous la dir. de), *Nouvelle histoire de la pensée économique*, tome 1 : Des scolatiques aux classiques, Paris, Éditions La Découverte.

Murphy, Antoin E. [1997a], *Richard Cantillon, le rival de Law*, Paris, Hermann, Editeur des Sciences et des Arts : traduction française par Hélène Syrès : originally published in English as *Richard Cantillon : Entrepreneur and Economist*, Oxford, Routledge, 1987.

Murphy, Antoin E. [1997b], "Préface à l'*Essai sur la nature du commerce en général*", dans : Richard Cantillon [1755], *Essai sur la nature du commerce en général* : réimpression de l'édition de 1952 (sous la direction d'Alfred Sauvy), Paris, Institut national d'études démographiques (I.N.E.D).

Murphy, Antoin E. [2009a], "Richard Cantillon : Macroeconomic Modelling, in A. E. Murphy, *The Genesis of Macroeconomics : New Ideas from Sir William Petty to Henry Thornton*, Oxford, Oxford University Press, 2009.

Murphy, Antoin E. [2009b], "François Quesnay : The Circular Theory of Money", in Murphy, *The Genesis of Macroeconomics : New Ideas from Sir William Petty to Henry Thornton*, Oxford, Oxford University Press, 2009.

Murphy, Antoin E. [2009c], "Henry Thornton : The Lender of Last Resort", in A. E. Murphy, *The Genesis of Macroeconomics: New Ideas from Sir William Petty to Henry Thornton*, Oxford, Oxford University Press, 2009.

Murphy, Antoin E. [2009d], "Anne Robert Jacques Turgot: The Importance of Capital", in Murphy, *The Genesis of Macroeconomics: New Ideas from Sir*

William Petty to Henry Thornton, Oxford, Oxford University Press, 2009.

Murphy, Antoin E. [2009e], "David Hume : The Classical Theory of Money", in Murphy, *The Genesis of Macroeconomics: New Ideas from Sir William Petty to Henry Thornton*, Oxford, Oxford University Press, 2009.

Nicholson, Joseph Shield [1888], "John Law and the greatest speculative mania on record", addresse to Edinburgh Philosophical Institute, January 24, 1888, in J. S. Nicholson, *Treatise on Money and Essays on Monetary Problems*, London, Adam and Charles Black, Second Edition revised and enlarged , 1893 : reprint, Charlston, SC, BiblioBazzar, 2009.

Orain, Arnaud [2014], "Taxer les riches pour soulager la dette : Les tentatives de réforme du ministère Silhouette (1759)", dans : *L'Economie politique*, n°61, trimestriel-janvier : Maîtriser la dette publique : les leçons de l'histoire, Paris, 3 février.

Perrot, Jean-Claude [1992], *Une histoire intellectuelle de l'économie politique (XVIIe-XVIIIe siècle)*, Paris, Editions de l'Ecole de Hautes Etudes en Sciences Sociales (EHESS).

Perroux, François [1962], *Le capitalisme* (5e édition), Paris, Presses Universitaires de France : Collection 〈Que sais-je?〉, n° 315 : La première édition, 1950. 金山康喜訳『資本主義』＜文庫クセジュ＞51, 白水社, 1952 年（邦訳は1950 年出版の初版より）.

Petty, Sir William [1927], *The Petty Papers: Some Unpublished Writings of Sir William Petty*, Vol. 1, edited from the Bowood Papers by Marquis of Landsdowne, London, Contestable & Co.

Quesnay, François [1757], "Grains", Œuvres économiques complètes et autres textes, tome 1, édités par Christine Théré, Loïc Charles et Jean-Claude Perrot, Paris, Institut national d'études démographiques (I.N.E.D.), 2005.

Quesnay, François [1757-1758], "Hommes", dans *Œuvres économiques complètes et autres textes*, tome 1, édités par Christine Théré, Loïc Charles et Jean-Claude Perrot, Paris, Institut national d'études démographiques (I.N.E.D.), 2005.

Quesnay, François [1766a], "Réponse au Mémoire de M. H. sur les avantages de l'industrie et du commerce, etc" (janvier), *Œuvres économiques complètes et autres textes*, tome 2, édités par Christine Théré, Loïc Charles et Jean-Claude Perrot, Paris, Institut national d'études démographiques (I.N.E.D.), 2005.

Quesnay, François [1766b], "Dialogue entre Mr. H et Mr. N sur les travaux des artisans (première édition" (novembre), *Œuvres économiques complètes et autres textes*, tome 2, édités par Christine Théré, Loïc Charles et Jean-Claude Perrot, Paris, Institut national d'études démographiques (I.N.E.D.), 2005.

Quesnay, François [1767], "Maximes générales du gouvernement économique d'un royaume agricole", *Œuvres économiques complètes et autres textes*, tome 1, édités par Christine Théré, Loïc Charles et Jean-Claude Perrot, Paris, Institut national d'études démographiques (I.N.E.D.), 2005.

Ravix, Joël-Thomas et Paul Marie Romani [1997], "Le 〈système économique〉 de Turgot", in *Turgot: Formation et distribution des richesses, textes choisis et présentés* par Joël Thomas Ravix et Paul-Marie Romani, GF Flammarion, Paris, 1997.

Roncaglia, Alessandro [2006], *Wealth of Ideas : A History of Economic Thought*, Cambridge, Cambridge University Press ; originally published in Italian as *La ricchezza delle idee*, Manuali Laterza 2001 e Guis Laterza Figli, 2001.

Salleron, Louis [1952], "Note liminaire", dans: Richard Cantillon, *Essai sur la nature du commerce en général*, sous la direction d'Alfred Sauvy, Paris, Institut national d'études démographiques (I.N.E.D.), 1997: réimpression de l'édition de 1952.

Sauvy, Alfred [1952], "Actualité de CANTILLON", dans : Richard Cantillon, *Essai sur la nature du commerce en général*, sous la direction d'Alfred Sauvy, Paris, Institut national d'études démographiques (I.N.E.D.), 1997: réimpression de l'édition de 1952.

Schelle, Gustave [1897], *Vincent de Gournay*, Paris, chez Librairie de Guillaumin: Réimpression Genève, Slatkine Reprints, 1984.

Schelle, Gustave [1909], *Turgot*, Paris, Librairie Félix Alcan; reprint, Eliborn Classics Series, Adamant Media Corporation, 2006.

Schumpeter, Joseph A. [1954], *History of Economic Analysis*: reprint, George, Allen & Unwin, London, 2003.

Skinner, Andrew S. [1982], "Analytical Introduction", in Adam Smith, *The Wealth of Nations: Books I-III*, edited with an introduction and note by Andrew S. Skinner, London, Penguin Books, 1982: reprinted in Penguin Classics with a revised introduction and minor text corrections 1997.

Smith, Adam [1776], *An Inquiry into the Nature and Causes of the Wealth of Nations*, edited, with introduction, notes, marginal summary and an enlarged index by Edwin Cannan. M.A.Random House, New York, 1937 : reprinted 1965. 大河内一男訳『国富論』,『世界の名著』31, 中央公論社, 1968年.

Smith, Adam [1976 (1776)], *An Inquiry into the Nature and Causes of the Wealth of Nations*, Volume 1 and 2 edited by Richard H. Campbell, Andrew A. Skinner ; textual editor William B. Todd : The Glasgow Edition of the Works and Correspondance of Adam Smith, Oxford, Oxford University Press : reproduced in paperbook by Liberty Fund, Indianapolis : Indiana, 1981.

Spengler, Joseph J. [1952], "Cantillon : l'économiste et le démographe", dans :

Richard Cantillon, *Essai sur la nature du commerce en général*, sous la direction d'Alfred Sauvy, Paris, Institut national d'études démographiques (I.N.E.D.), 1997 : réimpression de l'édition de 1952.

Spengler, Joseph J. [1954], "Richard Cantillon : First of the moderns II", *Journal of Political Economy*, 62 : reprint in Mark Blaug (ed.), *Richard Cantillon (1680-1734) and Jacques Turgot (1727-1781)*, Pioneers in Economics, Vol. 9, Edward Elgar, Aldershot, 1991.

Spengler, Joseph J. [1984], "Boisguilbert's economic view vis à vis those of contemporary réformateurs", *History of Political Economy*, 16-1, Duke University Press : reprinted in Mark Blaug (ed.), Pre-Classical Economics Series, Vol. 2, Aldershot, Edward Elgar, Publishinng Co., 1991.

Steiner, Philippe [1992], "L'économie politique du royaume agricole : François Quesnay", dans : Alain Béraud et Gibert Faccarello (sous la direction de), *Nouvelle histoire de la pensée économique*, tome 1 : Des scolatiques aux classiques, Paris, Éditions La Découverte, 1992.

Steuart, Sir James [1810 (1759)], *Principles of Banks and Banking of Money, as Coin and Paper : with the Consequences of any Excessive Issue on the National Currency, Course of Exchange, Price of Provision, Commodities, and Fixed Income*, London : reprint, LaVergne, TN, General Books Publication, 2010.

Swan, Julian [2011], "Malesherbes et la critique parlementaire du despotisme, de la bureaucratique de la monarchie administrative", dans : Loïc Charles, Frédéric Lefebvre et Christine Théré (sous la direction de), *Le cercle de Vincent de Gournay : Savoirs économiques et pratiques administratives en France au milieu du XVIIIe siècle*, Paris, Institut national d'études démographiques (I.N.E.D.), 2011.

Tarascio, Vincent J. [1981], "Cantillon's theory of population size and distribution", *Atlantic Economic Journal*, 9(2) : reprinted in Mark Blaug (ed.), *Richard Cantillon (1680-1734) and Jacques Turgot (1727-1781)*, Pioneers in Economics, Vol. 9, Aldershot, Edward Elgar, 1991.

Tiran, André [2005], "Introduction à la vie et à l'œuvre de Ferdinando Galiani", dans : Ferdinando Galiani [2005 (1751)], *Della Moneta/De la monnaie*, édité et traduit sous la direction de André Tiran et traduction coordonnée par Anne Machet, Paris, Editions Economica.

Tsuda, Takumi (éd) [1979], Richard Cantillon, *Essay sur la nature du commerce en général*, Bibliothèque municipale de Rouen, Collection Leber 919(3050), Tokyo. 津田内匠訳『商業一般試論』名古屋大学出版会, 1992年.

Tsuda, Takumi [1993], *Mémoires et lettres de Vincent de Gournay*, Economic Research Series, No. 31, Kinokuniya/Institute of Economic Research, Hitot-

subashi University.
- Turgot, Anne Robert Jacques [1749], "Lettre à l'abbé Cicé du 7 avril 1749", éd. Gustave Schelle, *Œuvres de Turgot et documents le concernant*, tome I, Paris, Librairie Félix Alcan, 1913-1923.
- Turgot, Anne Robert Jacques [1753-1754a], "Plan d'un ouvrage sur le commerce, la circulation et l'intérêt de l'argent, la richesse des états", éd. Gustave Schelle, *Œuvres de Turgot et documents le concernant*, tome I, Paris, Librairie Félix Alcan, 1913-1923.
- Turgot, Anne Robert Jacques [1753-1754b], "Remarque sur les notes qui accompagnent la traduction de Child", éd. Gustave Schelle, *Œuvres de Turgot et documents le concernant*, tome I, Paris, Librairie Félix Alcan, 1913-1923.
- Turgot, Anne Robert Jacques [1759], "Eloge de Vincent de Gournay", éd. Gustave Schelle, *Œuvres de Turgot et documents le concernant*, tome I, Paris, Félix Alcan, 1913-1923.
- Turgot, Anne Robert Jacques [1766a], "Lettre à Pierre-Samuel Du Pont du 20 février, Limoges", éd. Gustave Schelle, *Œuvres de Turgot et documents le concernant*, tome II, Paris, Librairie Félix Alcan, 1913-1923.
- Turgot, Anne Robert Jacques [1766b], *Réflexions sur la formation et la distribution des richesses*, éd. Gustave Schelle, *Œuvres de Turgot et documents le concernant*, tome II, Paris, Librairie Félix Alcan, 1913-1923.
- Turgot, Anne Robert Jacques [1767a], "Lettre à Pierre-Samuel Dupont du 3 janvier, Limoges", éd. Gustave Schelle, *Œuvres de Turgot et documents le concernant*, tome II, Paris, Librairie Félix Alcan, 1913-1923.
- Turgot, Anne Robert Jacques [1767b], "Lettre à David Hume du 25 mars, Limoges", éd. Gustave Schelle, *Œuvres de Turgot et documents le concernant*, tome II, Paris, Librairie Félix Alcan, 1913-1923.
- Turgot, Anne Robert Jacques [1767c], "Observations sur le mémoire de M. Saint-Péravy", éd. Gustave Schelle, *Œuvres de Turgot et documents le concernant*, tome II, Paris, Librairie Félix Alcan, 1913-1923.
- Turgot, Anne Robert Jacques [1767d], "Observations sur le mémoire de M. Graslin", éd. Gustave Schelle, *Œuvres de Turgot et documents le concernant*, tome II, Paris, Librairie Félix Alcan, 1913-1923.
- Turgot, Anne Robert Jacques [1767e], "Des caractères de la grande et de la petite culture", éd. Gustave Schelle, *Œuvres de Turgot et documents le concernant*, tome II, Paris, Librarie Félix Alcan, 1913-1923.
- Turgot, Anne Robert Jacques [1769], "Valeurs et monnaies (Projet d'article)", éd. Gustave Schelle, *Œuvres de Turgot et documents le concernant*, tome III, Paris, Librairie Félix Alcan, 1913-1923.

Turgot, Anne Robert Jacques [1770a], "Mémoire sur les prêts d'argent (Limoges, janvier)", éd. Gustave Schelle, *Œuvres de Turgot et documents le concernant*, tome III, Paris, Librairie Félix Alcan, 1913-1923.

Turgot, Anne Robert Jacques [1770b], "Lettre du 26 janvier à Mlle [Jeanne Julie Éléonore de] Lespinasse (Les Dialogues de Galiani)", éd. Gustave Schelle, *Œuvres de Turgot et documents le concernant*, tome III, Paris, Librairie Félix Alcan, 1913-1923.

Turgot, Anne Robert Jacques [1771], "Lettre à Pierre-Samuel Dupont du 15 février, Limoges", éd. Gustave Schelle, *Œuvres de Turgot et documents le concernant*, tome III, Paris, Librairie Félix Alcan, 1913-1923.

Vardi, Liana [1993], *The Land and the Loom: Peasants and Profit in Northern France 1680-1800*, Duham and London, Duke University Press.

Vardi, Liana [2012], *The Physiocrats and the World of the Enlightenment*, New York, Cambridge University Press.

Viner, Jacob [1948], "Power versus Plenty as objectives of foreign policy in the Seventeenth and eighteenth century", *World Politics*, 1 : repinted in Mark Blaug (ed.), *The Later Mercantilists: Josiah Child (1603-1699) and John Lock (1632-1704)*, Pioneers in Economics Series, Vol. 5, Aldershot, Edward Edgar Publishing Co., 1991.

Vissol, Thierry [1982], "La notion de ⟨sur-le-champ⟩ dans la théorie du capital de Turgot", dans Bordes, Christian et Jean Morange (sous la dir. de), *Turgot, économiste et administrateur: Acte d'un séminaire organisé par la Faculté de droit et de sciences économiques de Limoges pour le bicentenaire de la mort de Turgot, 8, 9 et 10 octobre 1981*, Limoges, Presses Universitaires de France : Publications de la Faculté de droit et de sciences économiques de l'Université de Limoges.

Wasserman, Max J. And Frank H. Beach [1934], "Some aspects of monetary theorie of John Law", American Economic Review, Vol. 24 : reprinted in Mark Blaug (ed.), *John Law (1671-1729 and Bernard Mandeville (1660-1733)*, Pioneers in Economics, Vol. 8, Aldershot, Edward Elgar, 1991.

Wilkinson, Nick [2007], *An Introduction to Behavioral Economics : A Guide for Students*, London/NewYork, Palgrave Macmillan.

Wilson, Charles H. [1958], "The other face of mercantilism", *Transactions of The Royal Historical Society*, 5th series, 9 : reprinted in Mark Blaug (ed.), *The Later Mercantilists : Josiah Child (1630-1699) and John Locke (1632-1704)*, Pioneers in Economics Series, Vol. 5, Aldershot, Edward Elgar Publishing Co., 1991.

Žižek, Slavoj [2011], *Après la tragédie, la farce! : ou comment l'histoire répète,*

Paris, Editions Flammarion : Collection 〈Champs Essais〉 tranduit de l'Anglais par Daniel Bismuth, *First As Tragedy, Then As Farce*, aux éditions Verso, London/New York, October 2009. 栗原百代訳『ポストモダンの共産主義——はじめは悲劇として，二度目は笑劇として』ちくま新書，2011 年．

2. 邦語文献

馬場啓之助［1958］，『経済思想』，末川博・中山伊知郎・林信雄編『社会諸科学基礎講座』第 11 巻，評論社．

馬場宏二［2008］，『経済学古典探索——批判と好奇心』，御茶の水書房．

藤塚知義［1990］，『アダム・スミスの資本理論——古典経済学の成立と経済学クラブの展開』日本経済評論社．

福田敬太郎［1920］，「經濟學ノ發端 Richard Cantillon」（其一・二），神戸高等商業學校『國民經濟雜誌』第 29 巻第 4，5 號，所収．

原正彦［1959］，「リチャード・カンティロンの貨幣経済理論」，明治大学商学研究所『明治大学商学研究所年報』（通号 4），所収．

片岡泰彦［2007］「会計発達史概観」，大東文化大学経営学会『経営論集』第 13 号，所収．

久保田明光［1936］，「ケネーの價値理論」，早稲田大學政治經濟學會『早稲田政治經濟學雜誌』第 46 號，所収（のちに『ケネー研究』（時潮社，1955 年）に再録）．

久保田明光［1955］，『ケネー研究』時潮社．

久保田明光［1965］，『重農学派経済学——フィジオクラシー（第 5 版）』前野書店（同書の初版は 1940 年に刊行された『新經濟學全集』第 5 巻（日本評論社刊）に久保田が寄稿した「フィジオクラシー」を加筆・補正，前野書店から 1950 年に出版）．

増井幸雄［1939a］，「フランソワ・ケネー」，「仏蘭西經濟學説（一）」第一章，慶應義塾大學講座「經濟學」（第二次），慶應出版社，所収．

増井幸雄［1939b］，「ジャック・テュルゴー」，「仏蘭西經濟學説（一）」第二章，慶應義塾大學講座「經濟學」（第二次），慶應出版社，所収．

中川辰洋［2006/2007］，「リシャール・カンティヨンと価格メカニズム（I・II）」，青山学院大学経済学会『青山経済論集』第 58 巻第 3，4 号，所収．

中川辰洋［2011］，『ジョン・ローの虚像と実像——18 世紀経済思想の再検討』（青山学院大学経済研究所 研究叢書 7），日本経済評論社．

中川辰洋［2013a］，『テュルゴー資本理論研究』日本経済評論社．

中川辰洋［2013b］，「Cherchez l'homme（事件の陰に男あり）——いわゆるリーマン・ショック 5 周年に寄せて」，青山学院大学経済学会『青山経済論集』第 65 巻第 3 号，所収．

櫻井毅［1965］，「リカードの生産価格論」(1)(2)，武蔵大学経済学会『武蔵大学論集』第 13 巻第 3，4 号，所収．

櫻井毅［1968］,『生産価格の理論』東京大学出版会.
櫻井毅［1988］,『イギリス古典経済学の方法と課題』ミネルヴァ書房.
櫻井毅［2004］,『経済学史研究の課題』御茶の水書房.
櫻井毅［2009］,『資本主義の農業的起源と経済学』社会評論社.
島田英一［1927］,『重農學派經濟學の研究』富文堂.
津田内匠［1992］,「解説 リチャード・カンティロン——企業者とディリジスムの経済学」, リチャード・カンティロン著, 津田内匠訳『商業一般試論』, 名古屋大学出版会, 所収.
手塚壽郎［1927］,「グルネーの經濟思想（其一～六）」神戸高等商業學校『國民經濟雑誌』第44巻第1, 2, 3, 4巻, 第45巻第1, 2號, 所収.
手塚壽郎［1929］,「ガリアニの Della Moneta に就て」, 神戸高等商業學校『國民經濟雑誌』第47巻第2號, 所収.
手塚壽郎［1933］,「心理的經濟價值説の歴史的研究の一節——チュルゴーの Valeurs et monnaies の想源に就いて」, 福田德三博士追憶論文集（神戸高等商業學校『國民經濟雑誌』第55巻第2號）, 所収.
戸田武雄［1953］,『経済学史ノート』カレント社.
戸田正雄（訳）［1943］, リシャール・カンティヨン著『商業論』, 日本評論社：Originally published in English as Henry Higgs (ed.) [1931], Richard Cantillon, *Essai sur la nature du commerce en général*, London, Royal Economic Association : reprint, Augustus Kelly, New York, 1964.（戸田の訳書は1949年に『経済概論』のタイトルで春秋社版「古典経済学叢書」の一巻として収録）.
山川義雄［1948］,「十八世紀佛蘭西主觀價値論の形成——ガリアニ・チュルゴー・コンジャック」, 早稲田大学政治経済学会『早稲田政治經濟學雑誌』第96號, 所収（のちに, 山川［1968］後編第1章として再録. ただし引用は初出より）.
山川義雄［1950］,「ジョン・ロック及びジョン・ローの價値・價格論に就ての覺書」, 早稲田大学政治経済学会『早稲田政治經濟學雑誌』第108號, 所収.
山川義雄［1960］,「チュルゴーの価値論の変遷について」, 早稲田大学政治経済学会『早稲田政治經濟學雑誌』第163号, 所収（のちに, 山川［1968］後編第4章として再録. ただし引用は初出より）.
山川義雄［19--］,『経済学史講義〔改訂版〕』前野書店（初版は1958年）.
山川義雄［1968］,『近世フランス経済学の形成』世界書院.
渡辺輝雄［1961］,『創設者の経済学——ペティ, カンティロン, ケネーの研究』未来社.
渡辺恭彦［1967］,「テュルゴーの経済理論の思想的構造」, 福島大学経済学会『商學論集』第36巻第1号, 所収.

あとがき

　青山学院大学経済学部に勤務してはじめてのサバティカルリーヴが明けてパリから東京にもどってのちであったろうか．それとも，パリで受け取った電子メールのほうが先であったろうか．いずれにしても，リシャール・カンティヨンの研究をやってみては，との誘いを受けたのはユーロ圏が誕生した翌年（2000年）の春から夏の終わりにかけてと記憶する．

　例によって退路は断たれたと観念し，遊学先のフランス金融大手ソシエテ・ジェネラル銀行調査部で仕入れたユーロ圏関連の資料の解析作業を棚上げして，リシャール・カンティヨン氏なる未知の人物の著作の購入を思い立ち，当時日本橋にあった老舗書店に注文した．ところが，待てど暮らせど音沙汰なし．結局，半年以上も経ってすっかり忘れたころに，ようやくカンティヨン氏の *Essai sur la nature du commerce en général* なる書籍を手にした．いまさら老舗書店の営業マン一流の軽口を咎めてもはじまらない，これもご時勢と覚悟してパソコンによる書籍注文に切り替えるよう心に決めたしだいである．

　顧みれば，経済学史や経済思想史は，詰まるところその器ではないと見付け，1983年に前職の（社）公社債受協会調査部に職を得てからというもの，金融・証券論，EU経済論の研究に専念することを口実にひさしく遠ざかっていた．筆者の学史・学説史・思想史関連の論文はといえば，櫻井毅先生の還暦論文集に寄稿した「レギュラシオン学派の理論と系譜——F．ペルウとの関連を中心に」（1991年）が最後で，爾来，10年余の歳月が過ぎていた．そのうえ，2003年には大塚の癌研病院（当時）に入院し手術を受けることとなり，決意のほどはしばし中断の憂き目を見た．それでもレジュメを作成するところまでなんとかたどり果せたが，カンティヨンのテキストを手にして

からすでに3年半ほど経っていた．そしてこれをもとに2005年秋に櫻井研究会で報告し，翌年「カンティヨンと価格メカニズム」のタイトルで本務校の紀要『青山経済論集』に発表することができた．

　この論文では大きな間違いこそ犯さなかったものの雑駁な知識の寄せ集めのような代物で慙愧(ざんき)に堪えない．しかし論文作成の過程でカンティヨンのほか，テュルゴーやアダム・スミスの著作，はたまたかれらの研究論文を読んでみて，カンティヨンの前後の研究が不可欠と痛感した．同時に，邦語ではそうした研究書はおろか論文さえ皆無——取っ掛かりさえ摑(つか)めないということも知った．さしずめ「汝(なんじ)の道を行け．そしてひとをして語らしめよ」ということであろうが，その道が"いばらの道"となろうことは容易に察しがついた．

　長く曲がりくねった道を進むうちにも，カギを握るのは，時系列からいっても，テュルゴーだろうとの考えが，ぼんやりとではあったが芽生えつつあった．すなわち，テュルゴーはといえば，かれの師ヴァンサン・ド・グルネーが音頭を取ってカンティヨンの草稿を世に送り出したのであるから，カンティヨンの学説に精通していたであろう．かたや，カンティヨンは一時期とはいえジョン・ローの協力者としてかの冒険事業(システム)に関与し巨万の富を築いた人物であった．ためにロー失脚後，投機や不正行為の嫌疑を受けて自己防衛を怠らなかった．かれの草稿はいわばローとその経済政策を批判することを旨とした理論武装のためのテキストであったいう．さらに，テュルゴー自身もカンティヨンに負けず劣らずジョン・ローとは因縁浅からぬ仲にある．尊父ミシェル=エティエンヌはパリ市商人頭——今日でいうパリ市長を務め，国王ルイ15世より首都大改造を仰せつかったものの，冒険事業の後始末に追われて市財政の再建が喫緊の課題とされ首都改造にまで手が回らず，失意のうちにその職を去った．それがテュルゴーのローに対する度し難いまでの憎悪と不信の遠因となっただけではなく経済分析の出発点となったのである．ことほどさように，テュルゴーがはじめて取り組んだ経済問題はジョン・ローとかれの冒険事業の批判であった．

あとがき

　こうして筆者は概略つぎのように予想するに至った．すなわち，ジョン・ロー，カンティヨンそしてテュルゴーはたがいに因縁浅からぬ関係にあるばかりか，18世紀における経済学の古典形成におけるキーパーソンであり，かれらの経済理論を考究することなしに黎明期の経済学の進化を解き明かせない．別言すれば，フランソワ・ケネー，アダム・スミス，デイヴィッド・リカードゥなどの偉人たちを語ればすむという話ではないということであり，場合によっては「アダム・スミスは経済学の父」といったお仕着せとは異なる解釈が生まれる可能性を排除できないということでもあった．

　いざ取り掛かっても思うにまかせず一再ならず挫けそうになるも2008年の夏から1年間2回目のサバティカルリーヴを利用してパリで生活する機会を得たことが転機となった．ただ東京を発つとき，パリではギュスターヴ・シェル版『テュルゴー全集』に目を通して1，2本論文を作成できればいいと安易に考えていたのであるが，テュルゴーを語る以前にローを論じなくてはならないと見付け，見通しの甘さを早々に露呈した．だがそれはまた，見ようによっては，ロー，カンティヨン，テュルゴーのキーパーソンをテーマとする三部作（trilogie）を構想するきっかけでもあった．ふり返ると，じつに無謀な企てであったため当初だれにも明かさなかった．第一，ローの研究論文を完成できるかどうか知れたものではなかった．やがて『ジョン・ローの虚像と実像』のタイトルで出版される作品のベースとなる論稿を仕上げたが，時あたかもジョン・ローの280回目の命日の翌々日であった．

　爾来，カンティヨン，テュルゴーの研究もなんとかなるのではとの欲が出てきて，パリ在住中に資料や文献蒐集に明け暮れた．当然，限りなくゼロに近かった経済学史・経済思想史関連の蔵書（リプリントをふくむ）はふえつづけた．星の数ほどある資料・文献のごく一部，芥子粒にさえ敵わぬことは百も承知しているが，東京ではまずお目にかかれない古書を信じがたいほどの格安で入手したときには，年甲斐もなく雀躍（こおどり）したことを記憶している．しかし問題は，つぎに手を付けるべきはカンティヨンか，それともテュルゴーか——まさしく思案のしどころであった．年代順にいえばカンティヨンであ

るが，テュルゴー理論の形成はカンティヨンのそれと同じくらいジョン・ローばかりか，当のカンティヨンそのひととの関連をも考えなくてはならないと見付けて一番若いテュルゴーを優先した．

そうなるとつぎなる問題は，カンティヨンの著作が「経済学の最初の論文」，つまり経済理論のパイオニアであるとすれば，はたしてテュルゴーの場合どのように位置づけるべきか──である．これも幸いなことに，ヴァンサン・ド・グルネーとかれの協力者たちによる，サー・ジョサイア・チャイルドの『新商業講話（New Discourse of Trade）』のフランス語訳とこれに添付を予定していたグルネーの「注釈」の草稿を手にしてからというもの，テュルゴーの経済学史上の貢献をグルネーゆずりの「資本理論」の構築にあると見付け論文作成に道筋をつけられた．ところが，わが国ではテュルゴーはケネーの愛弟子──ありていにいえば"子分"──であり，フィジオクラート派の最高峰という解釈がまかり通ってきたので，近代経済学の最重要概念として高度に精緻化された「資本（capital）」とその所有者「資本家（capitaliste）」の初出が，テュルゴーの代表作『富の形成と分配に関する諸省察（Réflexions sur la formation et la distribution des richesses）』であることを知る人間は研究者といえども多くない．

たしかに旧制小樽高等商業學校の手塚壽郎のように優れた経済学史関連の研究業績を残した研究者がすくないながらいるにはいる．しかし手塚の業績は第2次世界大戦後ほとんど顧みられなかった．そのなかにあって，早稲田大学の山川義雄がひとり「わが手塚教授」の研究業績を高く評価するも，常盤の杜の学舎(まなびや)に鎮座まします久保田明光への配慮も手伝って手塚説を継承発展するというところまではいかなかった．手塚はドイツの経済学者ヘルマン・ハインリヒ・ゴッセンをわが国に紹介したひとだけあって，テュルゴーの価値・価格論と，後世の限界効用学派と称される研究者たち──くだんのドイツ人のほか，カール・メンガー，レオン・ヴァルラスなどとの理論的継承関係にいち早く目を向けているが，欧米人とは異なり，手塚と同時代の邦人研究者はそこまで思い至らなかったであろう．しかも，手塚は欧米の研究

成果を踏まえつつテュルゴーの価値・価格論に影響をあたえたカンティヨンの「内在価値」論を理解するうえで貴重な手掛かりを遺していた．

　三部作の二作目に当たる研究書は 2011 年から翌年にかけて発表した論稿をベースに，『テュルゴー資本理論研究』の論題で 2013 年秋に上梓することを得た．後知恵といえばそれまでであるが，シェルが 5 巻組の『テュルゴー全集』の刊行を開始したのが 1913 年であるから，全集刊行開始 100 年の節目の年にささやかな研究書が日の目をみたことになる．しかも，「本邦初」の冠まで付いた．浅学菲才の筆者の誉れとするところである．けれども，三部作最終の本書がふたたびそうした栄誉に浴するとは想像だにしなかった．福田敬太郎が 1920（大正 9）年に「經濟學ノ發端 Richard Cantillon」としてエール出身の銀行家をわが国に紹介して以来 100 年になんなんとする星霜に思いを致せば，このたびは，めでたさも中くらゐなりカンティヨン，の心境である．それでも誉れとするに足るというならば，それこそこの国の経済学史研究が穴ぼこだらけだったという不名誉の証でしかない．

　ことほどさように，わが国には確たる根拠も示さず"悪名高き"ジョン・ローと呼ばわり見向きもしない御仁がすくなくないが，そうした人間たちには「ローの著作を読んだうえでそう結論するのか」と訊きたくなる．また，カンティヨン，テュルゴーについても，前者はフィジオクラート派の先駆的重商主義者，後者はケネーの愛弟子でフィジオクラート派の有力メンバーであり，ともに経済学の真の科学的学派の開祖アダム・スミスの学説を準備したという具合である．ローはもとより，カンティヨン，テュルゴーもケネーやスミスのように一家をなす性格のものではないという料簡であるらしい．

　はたしてそうであろうか．本書は，ローやテュルゴーと同様に，経済学の黎明期の偉人のひとりとして高く評価されるリシャール・カンティヨンという人物と作品を紹介しつつ経済学の古典形成への貢献を論じたものである．本書のベースは本務校の紀要『青山経濟論集』に 2014 年 12 月から 4 回にわたって発表した同名の論文「カンティヨン経済理論研究」であるが，本論の理解に供すべく関連する小論 2 本を「付論」として加えた．読者諸賢の忌憚

のないご批判・ご批評を仰ぐしだいである．

　ところで，後知恵とお考えの向きもあろうかと推察されるが，筆者の本務校の紀要にカンティヨンの論稿を発表したのは 2014/2015 年，奇しくもカンティヨンの草稿が日の目みた 1755 年から数えてちょうど 260 年の節目の年に当たる．同じ時期，海の向こうのブリテン島では，リチャード・ファン・デン・ベルヒなるキングストン大学の准教授がグルネーらの手になるフランス語版テキストをベースに，ヘンリー・ヒッグズの英訳をはじめ複数の訳書に注釈を付した「異文集（Variorum Edition）」――Richard Cantillon edited by Richard Van den Berg, *Richard Cantillon's Essai on the Nature of Commerce in General : A Variorum Edition*, Oxford/New York, Routledge, 2015――を出版している．

　生来おっちょこちょいの著者は，かの准教授を書誌学か文献考証学の若きエースと思ったが，会計・金融，コンピューターサイエンスが専門との由．どのみちいまを時めくテキストマイニングなる手法を用いたファン・デン・ベルヒらの仕事はわれわれに日本人の能うるところではない．しかし，こうした瞠目すべき成果を目の当たりにしたからには，われわれも不完全な邦語訳に頼る必要はもはやないであろう．もちろん，訳書の不完全さはカンティヨンに限った話ではない．例えば，スミスの『国富論』の数種類ある邦語訳にも毀誉褒貶があることはあまねく知られるところである．そしていまロー，カンティヨン，テュルゴーの 3 人に限っても，真っ当うなのは吉田啓一によるローの代表作『貨幣と商業に関する考察（*Money and Trade Considered*）』の訳文ぐらいである．ある折そんな話を知人に披歴したところ，この御仁は「権威ある書店から出版されたので信用していた」ともらした．いにしえの賢者アウルス・ゲルリウスの金言――というよりはイギリスの作家ジョセフィン・テイの作品のタイトルを思い浮かべる向きのほうが多いのではないだろうか――"Veritas filia temporis（真実は時の娘）" のあとに，サー・フランシス・ベーコンは "sed non auctoritatis（権威の娘にあらず）" の 3 語を加えたが，学問の世界における真実の追求にとって「権威」などなんの御利益

もありはしない．

　もとより間違いはどの世界でも避けがたい．かくいう筆者も原稿の入力ミス，人名や歴史上の年代を間違えること再三である（本書の校正の段階で入力ミスは気のつく限り修正した）．だがここでいう間違いとは，訳者が原文の意味をまったくまたはほとんど理解できないがゆえに不適切な邦語を当てたり，意味を違えたりするということである．権威ある書店の出版物だからよもや誤訳などあるまいとは妄想にすぎず，時に読者を誤った方向に導く可能性さえある．とはいえ，ミスリードされる読者が研究者ならば，それは自己責任の問題であって，同情の余地などまったくない．研究を生業とする人間ならば「翻訳は参考意見にすぎない」とどこぞで学習したはずである．

　そんなことよりもはるかに剣呑かつ憂慮すべき問題がある．不適切な訳文のせいで原著やその著者が不当に貶められてしまうことである．詳細は本書の付論 II「『資本』概念成立探究」をご覧いただきたいが，筆者の講義を受講していた女子学生が「先生のローの本〔『ジョン・ローの虚像と実像』〕を読んでカンティヨンの著書に興味を持ちました．でも"地主が公債の利子を支払う"というひとの本は本当に読むに値するのでしょうか」と切り出した．これに対して，「あれは誤訳，それも致命的な誤訳です．"したり顔にいみじうはべりける人"たちの誤った訳でカンティヨンのロー批判の核心がぶち壊しになってしまいました」と答えたものの，おそらく以下に紹介する知人の感想もこれと同類と思われる──．「お前さんは先学の論稿や邦語訳の紹介・引用を学問上の礼儀と心得る昔気質の研究者だ．だが，お前さんの訳と訳者のそれがあれほどまで違うと，訳者の誤訳を暴露する怪しからんヤツと見られかねない．レフェランス注はいっそのこと原書だけにしろ」．むべなるかな．前作『テュルゴー資本理論研究』で 3 種類あるテュルゴーの代表作の邦訳をことごとく無視したのは知人の言い分をもっとも千万と思ったからにほかならない．

　そういうしだいであったから前作への風当たりの強まりを気にかけないこともなかったが，世の中はよくしたもので，経済学の分野だけでなく政治学

や歴史学の分野の方々の目にとまり好意的コメントを記したお手紙をいただいた．ところが，ひところ前であれば紙媒体の批評に答えることを心掛けるだけでよかったのだけれど，昨今は"ネトケン"氏――ネット上の研究者のこと――にも目配りしなければならないらしい．筆者がネット検索にまったくの無関心であることを知ってのことであろう，ある知人が「〔アントイン・E.〕マーフィーがテュルゴーの『富の形成と分配に関する諸省察』の抜刷を発見できなかったと中川が書いているのは間違い．抜刷は存在する．マーフィーに依拠して存在しないというだけ」と筆者を批判するネトケン氏のご高説のファイルを電子メールに添付して送ってくれた．

　くだんのネトケン氏，書誌学の覚えのある御仁とお見受けするが，筆者はマーフィーの文献蒐集の失敗談を紹介したにすぎない．筆者の問題関心は，ピエール＝サミュエル・デュポンがテュルゴーの原稿を改竄したため，テュルゴーが怒りオリジナルテキストの「抜刷」を作成するよう要求するも，後年オリジナルテキストの第75節を削除したデュポンの編集方針はこれをテュルゴーが容認したのはなぜか――という点にある．普通にお読みいただければ理解可能と思われる．このさいだからネトケン氏にお訊きしたい――如上の第75節は要るのか要らないか，どちらにしても理由は何か，さらにここの最後の一節はモンテスキューの名著『法の精神（*De l'esprit des lois*）』を意識したものであるが，"Mutuum date nihil inde sperantes"を金科玉条とするパリ大学神学部の教条主義者たちへの容赦のない批判を展開した他の節の議論に何か付け加えようとしたのかどうか……．

　按ずるに，マーフィーはかの抜刷を自分の書架に加えることが叶わなかったことをことのほか悔やんだのであろう．ダブリンのトリニティ・カレッジを停年退官後に売りに出されたマーフィーのすばらしい蔵書の数々を見れば，あながち穿った見方とは思われない．ちなみに，数年前のこと，筆者はくだんの抜刷を3部所蔵するBnF（フランス国立図書館）でその1部とおぼしき冊子を目にする機会を得た．その労を取ってくれたのは当地の大手銀行に勤務するフランスの知人であった．

うえの話と関連するが，テュルゴーの他者の作品からの引用は原文どおりでないことが多いので探し出すのにこのうえなく難儀する．例えば，本書の付論Ⅰ「カンティヨン—ケネー—テュルゴー」でも取り上げたように，カンティヨンの価値・価格論に影響を受けたテュルゴーではあるが，同時にフェルディナンド・ガリアーニの『貨幣論 (*Della Moneta*)』などにみられる主観価値説を多分に意識していたことは，周知の事実である．テュルゴーが「価値と貨幣 (Valeurs et monnaie)」と題する未定稿のなかでいう "la commune mesure de toutes les valeurs est l'homme（あらゆる価値の共通の尺度は人間である）" は，そのことを示すものとされる．ところがこの一文，ガリアーニの，というよりもトラキアはアブドラの人プロタゴラスの言葉に酷似しているという説も散見される．わがソフィストの曰く，"Omnium rerum mesura est homo（L'homme est la meusre de toute chose）"——すなわち，人間は万物の尺度である．そのような解釈がもしも正しいとすれば，テュルゴーは古代の相対主義に共通する思想をナポリ王国外交官の所説のなかに見出したのであって，かれのテュルゴーへの影響を事大主義的に喋喋することはこれを慎まなくてはなるまい．

そんなことを 2015 年 5 月に滋賀大学で開催された経済史学会の報告で披歴しようとしたところ，フロアのある質問者の「あれはガリアーニの言葉です」との大音声によって封じられた．反論するのも一考とはいえ，この手の御仁は自他とも認める自信家が多いのであえて黙した．おそらく同じ御仁と推測する——お名前もご尊顔も憶えていないので自信はない——が，ガリアーニの価値論では最後は「いと高きところの御手 (La suprema mano)」——スミスのいわゆる「見えざる手 (an invisible hand)」を彷彿とさせる——が諸物の価値の調整をすると考えており，テュルゴーがガリアーニに影響されたとすれば，この点どう考えるか——概略そんな趣旨の質問をされた．かの御仁，テュルゴーの論稿や書簡類を読んだことがないか，読んだとしてもじっくり読んだことがないと察せられるが，せめて俚諺に倣う "テュルゴー読みのテュルゴー知らず" ではないと信じたい．いずれにせよ，Non est mea responsio！　テュルゴー自身は敬虔なカトリック教徒であっても，学問の世界では徹底した世俗主義を貫き，神はもとより，倫理だの，道徳だのを喋喋するようなことは一度もなかった．これはジョン・ロー，カンティヨンとも共通する点であるが，かれらはテュルゴーと違って世俗の銀行家であったのだから当然であったろう．

　テュルゴーが，学問の世界にあっても Providentia とか Providentia dei（神または神の摂理の意）とかを喋喋するガリアーニやケネーとその信奉者たちと決定的に異なる点は，まさにここにある．デュポンの作といわれる "Physiocratie" は字面どおり「自然の統治」と読める．しかし本意は，「自然」すなわち天上天下の生きとし生けるものの創造主による「統治」——ありていにいえば「神の統治」であったのかもしれない．カンティヨンの作品を人口に膾炙するうえで大いに貢献をしたグルネーゆずりの新しい富の概念「資本」とその所有者「資本家」のおりなす商業社会の組織的分析を行ったテュルゴーにとって，「神の統治」とは没交渉であったろう．モンテスキューに即せば，商業社会を律するのは世俗の人間の法やルールであって，神や人智を超えた天使の法やルールではない．

　この点，フランスの言語学者ジャニーヌ・ギャレ＝アモノの「テュルゴー学説の最大の貢献は，資本をはじめとする基本概念の導入と分析手法にある」という解釈に筆者は全面的に同意するものである．われらが言語学者の曰く，テュルゴーは「フィジオクラート派の金科玉条とする自然秩序（ordre naturel）という思想を放棄し，代わりに〔リシャール・〕カンティヨンが人間の『欲求（besoin）』から生まれる『〔商品の〕交換』と呼ぶアイディア〔中略〕の助けを借りて『人間社会（sociétés d'hommes）』という機構を説明する」ことを試みた（くわしくは，拙稿「テュルゴーとアダム・スミス——Aut proximitas, aut differentia（I・II）」（青山学院大学経済学会『青山経済論集』第68巻第1，2号，2016年6，9月，所収）を参照されたい）．

　既述のとおり，リシャール・カンティヨンは経済学の黎明期における偉人であるとはいえわが国ではほとんどなじみがなく，かれの研究は経済思想

史・学説史研究上の空白をなしている．本書ではそうした空白を埋めることはもちろんであるが，筆者が最終的に目指したのは，ジョン・ロー，アンヌ・ロベール・ジャック・テュルゴーにリシャール・カンティヨンを加えた経済学の古典形成における3人のキーパーソンの経済学説形成上の相関関係の究明，ひいては18世紀フランス経済思想の貢献の解明であった．

　本書は三部作の最終であり，筆者の試みはひとまずここで終わる．終わってほっとしている．解放感でいっぱいである．だが，ここまでつづけてこられたのは筆者の力だけではない．従前の著書や論文それに学会や研究会などでの研究報告がそうであるように，先学同学から受けた学恩の賜物である．とりわけ，東京大学大学院以来ご指導を受けている櫻井毅先生，佐伯尚美先生，山口重克先生の学恩のお蔭と承知している．院生時代，諸先生の厳密でゆるみのないコメントに毎度打ちのめされたものであるが，文献や資料の蒐集に関してはそれ以上であったと記憶する．ありていにいえば，論文執筆の材料は探せるだけ探せ，使うかどうかは材料を吟味検討してからでよい，というお考えであったろう．

　なんと乱暴な——と院生時代は訝（いぶか）ったものだが間違っていた．当節，文献蒐集もほどほどに，当て推量，思いつきに頼り筋が通っていればいいだろう型の研究者が多い．なかにはまともに研究書を読まないで論文を書こうとする猛者（もさ）もいるらしい．どのみち，こういう手合いは"井の中の蛙"よろしく自分のアイディアがオンリーワンでオリジナリティにとんだ議論をしていると錯覚している．恨まれるのを承知のうえで，「お前さんののたまうアイディアとやらは某氏が半世紀も前の論文で書いていたよ，お生憎さま」式のコメントをすることたびたびである．「学問は継承」というけれども，継承も何もあったものではない．筆者は論文の作成ばかりか，前段の資料蒐集でも厳しくしつけられたお蔭をもって学会報告などで赤っ恥をかく羽目になることはなかったが，院生時代の同僚のひとりのいったことをけだしなつかしく思い出す．曰く，「指導教官選びも才能のうち」．筆者は自らの浅学菲才を隠しはしないが，さりとて指導教官を選ぶ才には恵まれたと自負する．

最後に，本書の刊行に当たり，いちいちお名前を挙げないけれども，先学同学それに本務校の事務関係者の方々の手を煩わせることが多かった．また，日本経済評論社社長柿﨑均氏，先の社長栗原哲也氏，清達二氏それに吉田桃子氏には大変お世話になった．この機会にあらためて心からの謝意を表したい．

　なお，前作の『テュルゴー資本理論研究』と同様，本書は文部科学省科学研究費助成事業（研究成果公開促進費）（平成28年度「課題番号」16HP5144）によって刊行されたことを付記する．学術図書の出版が厳しさをます昨今，二度も助成金をいただいたことに厚く感謝する．

　ジョン・ロー冒険事業300周年の年の皐月の咲くころに，筆者記す

初出一覧

1. 論文

「『資本』概念成立探究――馬場宏二『資本―資本家―資本主義』を中心にして」，青山学院大学経済学会『青山経済論集』第64号第4号，2012年3月，所収．

「カンティヨン経済理論研究」(I)，青山学院大学経済学会『青山経済論集』第66巻第3号，2014年12月，所収．

「カンティヨン経済理論研究」(II)，青山学院大学経済学会『青山経済論集』第66巻第4号，2015年3月，所収．

「カンティヨン経済理論研究」(III)，青山学院大学経済学会『青山経済論集』第67巻第1号，2015年6月，所収．

「カンティヨン，ケネー，テュルゴー――18世紀フランス価値学説形成の歴史的考察」(I)，青山学院大学経済学会『青山経済論集』第67巻第1号，2015年6月，所収（経済学説史学会第79回全国大会（於・滋賀大学彦根キャンパス，2015年5月30日）報告資料）．

「カンティヨン経済理論研究」(IV・完)，青山学院大学経済学会『青山経済論集』第67巻第2号，2015年9月，所収．

「カンティヨン，ケネー，テュルゴー――18世紀フランス価値学説形成の歴史的考察」(II・完)，青山学院大学経済学会『青山経済論集』第67巻第2号，2015年9月，所収（経済学史学会第79回全国大会（於・滋賀大学彦根キャンパス，2015年5月30日）報告資料）．

2. 学会報告

「カンティヨン，ケネー，テュルゴー――18世紀フランス価値学説形成に関

する一考察」,経済学説史学会第 79 回全国大会,2015 年 5 月 30 日,於・滋賀大学彦根キャンパス(報告要旨,経済学説史学会第 79 回全国大会報告集,2015 年,所収).

人名索引

[あ行]

アカリアス・ド・セリヨンヌ，ジャック・(Accarias de Sérionne, Jacques) 36
荒田俊正 271
アルサン，ポール (Harsin, Paul) 9, 42, 88, 133, 262, 275
アルテ，ポール (Halter, Paul) 157
アントニオ (Antonio, Merchant of Venice) 257
アンドロー，ジャン (Andreau, Jean) 11, 67, 269
アンリ4世 (Henri IV de France) 148
イーグリー，ロバート・V. (Eagley, Robert V.) 134
伊坂市助 13, 274
井上幸治 277
イレイジャース，グイード (Erreygers, Guido) 209, 267, 272
インピン (・クリストッフェル)，ヤン (Ympyn Christoffel, Jan) 243-4
ヴァーグナー，リヒャルト (Wagner, Richard) 1
ヴァーディ，リアーナ (Vardi, Liana) 95-6, 110, 282
ヴァーホーヴェン，ポール (Verhoeven, Paul) 98
ヴァイナー，ジェイコブ (Viner, Jacob) 127
ヴァルラス，オーギュスト (Walras, August) 229
ヴァルラス，レオン (Walras, Léon) 1, 50, 54, 98, 111, 162, 207, 229, 267
ヴァンサン・ド・グルネー (Vincent, Jacques-Claude-Marie, marquis de Gournay) 1-2, 4, 9, 11, 15, 17, 35-8, 48-9, 52, 92, 105, 109, 133, 140, 142, 146, 159-60, 164-5, 177, 179-80, 207, 212, 216, 219-22, 225, 235-6, 238, 249-54, 258-61, 263-4, 270, 273, 276-7, 280
ヴァンダーリント，ジェイコブ (Vanderlint, Jacob) 249
ヴィソル，ティエリ (Vissol, Thierry) 244, 266, 282
ウィムジー卿 (Wimsey, Lord Peter Death Bredon) 21
ウィリアム3世 (William III of England) ⇒ウィレム2世
ウィルキンソン，ニック (Wilkinson, Nick) 98, 282
ウィルソン，チャールズ・H. (Wilson, Charles H.) 127, 282
ウィレム2世（オラニエ公）(Willem II van Oranje-Nassau) 23
ヴェブレン，ソースティン (Veblen, Thorstein Bunde) 98
ヴォーバン侯爵 (Vauban, Sébastian Le Prestre, marquis de) 11, 17, 45, 50, 148, 232
ウォンステッド準男爵 (1st Baronet Child of Wanstead) ⇒チャイルド
エリザベス2世 (Elizabeth II of England) 128
エンゲルス，フリードリヒ (Engels, Friedrich) 261
オースティン・フリーマン，リチャード (Austin Freeman, Richard) 253
オーヌ男爵 ⇒テュルゴー
大河内一男 279
岡崎次郎 276
オサリバーン，ミホール (Ó Súilleabháin, Michael) 8
オマホニー，メアリー・アン (O'Mahoney, Mary Ann ou/or Madame Cantillon) 27

オラン，アルノー（Orain, Arnaud） 50, 66, 162, 214, 275, 278
オルレアン公フィリップ2世（Philippe II, duc d'Orléans, duc de Chartres） 23-4, 26, 88, 102

[か行]

カーナヴォン卿（Carnarvon, Earl of） 31, 39
カウツキー，カール（Kautsky, Karl） 15
金山康喜 278
ガニール，シャルル（Ganilh, Charles） 240
片岡泰彦 243, 283
ガリアーニ ⇨ガリアーニ
ガリアーニ，フェルディナンド（Galiani, Ferdinando, detto l'abate Galiani） 4, 50, 54-5, 97, 99, 142-3, 163, 181, 202, 208, 214-5, 219, 224-5, 227-32, 272, 280
カルトリエ，ジャン（Cartelier, Jean） 170, 270
カルペッパー，トマス（Culpepper, Thomas） 271
カロワ，ロジェ（Callois, Roger） 277
カンチョン ⇨カンティヨン
カンティヨン，フィリップ（Cantillon, Philip） 58-9
カンティヨン，リシャール（Cantillon, Richard） 1
カンティヨン，リシャール"シュヴァリエ"（Cantillon, Richard "Chevalier"） 22, 24
カンティリヨン ⇨カンティヨン
カンティロン ⇨カンティヨン
キャナン，エドウィン（Cannan, Edwin） 6, 243, 253, 270, 279
キャンベル，リチャード・H.（Campbell, Richard H.） 6, 279
ギラン，ピエール・アンドレ（Guillyn, Pierre André） 37
キンドルバーガー，チャールズ・P.（Kindleberger, Charles P.） 25, 274
クールノー，アントワーヌ・オーギュスタン（Cournot, Antoine Augustin） 73, 138
グダール，アンジュ（Goudar, Ange） 36
クチンスキー，マルゲリーテ（Kuczynski, Marguerite） 171
グッドウィン，フレッド（Goodwin, Fred） 128
久保田明光 13, 127, 132, 145, 160, 163, 170-1, 173-4, 193-5, 285
グラスラン，ジャン゠ジョゼフ゠ルイ（Graslin, Jean-Joseph-Louis） 50, 97, 162-3, 179, 181, 185, 187, 201-2, 208, 214, 219, 226-32, 273, 281
クリスティ，アガサ（Christie, Agatha） 20, 240
グルネー（侯爵） ⇨ヴァンサン・ド・グルネー
グレーネヴェーゲン，ピーター・D.（Groenewegen, Peter D.） 99, 209, 273
ケアンズ，ジョン・エリオット（Cairnes, John Elliott） 69, 100, 138, 168
ケネー，フランソワ（Quesnay, François, docteur） 2, 5, 7-9, 11, 13-5, 35, 41-2, 49, 51-3, 64, 71-3, 92, 94-5, 131-3, 136-8, 141, 145-6, 157-61, 163-5, 170-80, 183, 187-8, 191-6, 199-200, 204, 211-6, 218-20, 222-4, 227, 244, 251-2, 265, 270-1, 277-9
ゲリ，アラン（Guery, Alain） 11, 44, 147-8, 242, 269, 272, 274, 276
コー，アニー（Cot, Annie） 50, 70, 95, 97, 99, 160, 169, 191, 212-4, 267, 272
コールマン，D.C.（Colemann, D.C.） 127, 134, 271
越村信三郎 13, 274
ゴッシェン，ジョージ・ジョアキム（Goschen, George Joachim, 1st Viscount Goschen） 78, 80, 114
ゴツセン ⇨ゴッセン
ゴッセン，ヘルマン・ハインリヒ（Gossen, Herman Heinrich） 229
古茂田宏 224, 271
ゴッリオ，カリーネ（Goglio, Karine） 101, 273
コルベール，ジャン゠バティスト（Colbert, Jean-Baptisite, marquis de Seignaley） 102
ゴワイヨン・ド・ラ・プロンバニ，アンリ

人名索引   301

(Goyon de la Plombanie, Henri) 50, 232
コンジャック ⇨コンディヤック
コンション, アンヌ (Conchon, Anne) 11, 269
コンディヤック, エティエンヌ・ボノ・ド (Condillac, Etienne Bonnot de) 5, 36, 50, 52, 54, 74, 79, 95, 97, 142-3, 146, 162-3, 178-9, 202, 223-32, 271, 284

[さ行]

櫻井毅 62, 71, 94-5, 101, 109-10, 127, 135-6, 144-5, 184, 190, 208, 226, 283-4
サルロン, ルイ (Salleron, Louis) 10, 279
サン゠ペラヴィ, ジャン゠ニコラ・マルスラン・ゲリノー (Saint-Péravy, Jean-Nicolas Marcellin Guérinot) 217, 252, 281
ジード, シャルル (Gide, Charles) 12, 98, 101, 142, 202, 207
ジェヴォンズ, ウィリアム・スタンレー (Jevons, William Stanley) 4-8, 10-4, 19, 32-5, 38-9, 41-2, 45, 53-4, 58-9, 61, 63-5, 69, 73, 75, 77-9, 91-2, 94, 99-102, 113-5, 131, 134-5, 137-8, 145, 147, 158, 164, 166, 168, 188, 204, 211, 227, 229, 274
シェークスピア, ウィリアム (Shakespeare, William) 235
ジェシュア, クロード (Jessua, Claude) 97, 99, 137-8, 216, 244, 263, 274
シェル, ギュスターヴ (Schelle, Gustave) 8-9, 36-7, 140, 181, 221, 279, 281-2
ジジェック, スラヴォイ (Žižek, Slavoj) 98, 283
シスモンディ, ジャン・シャルル・レオナール・シモンド・ド (Sismondi, Jean Charles Léonard Simonde de) 247, 263
シセ兄弟 (の長兄) ⇨シセ神父
シセ神父 (Cicé, Jean-Baptiste-Marie Champion de, abbé de) 179, 254, 281
島田英一 13, 284
シャイロック (Shylock, Jewish moneylender) 257
シャティヨン男爵 ⇨モンクレティアン
シャッツ, アルベルト (Schatz, Albert) 229

シャルル, ロイク (Charles, Loïc) 34, 160, 171, 216, 255, 270, 278-80
シュヴァリエ・ド・ルーヴィニー (リシャール・カンティヨン?) (Chevalier de Louvigny) 29-30
シュンペーター, ヨーゼフ・A. (Schumpeter, Joseph A.) 15, 43, 51, 72, 112, 123, 148, 159, 224, 242
ジラール, リュシアン (Gillard, Lucien) 44, 272
シレ, エレーヌ (Syrès, Hélène) 277
小ミラボー ⇨ミラボー伯爵
末川博 283
スキナー, アンドリュー・S. (Skinner, Andrew S.) 6, 279
スキリング, ジェフリー (Skilling, Jeffery) 128
鈴木峯子 277
スチュアート (, ジェイムズ) ⇨ステュアート
ステーネル, フィリップ (Steiner, Philippe) 95, 160, 170, 179, 191, 212, 223, 280
ステュアート, サー・ジェイムズ (Steuart, Sir James) 48-9, 57, 247, 258, 262, 280
スパロー船長(キャプテン) (Sparrow, Captain Jack) 236
スピーゲル, H.W. (Spiegel, Henry William) 13, 274
スペングラー, ジョゼフ・J. (Spengler, Joseph J.) 10-1, 42, 44, 92-3, 97, 99-100, 132, 161, 165, 169-70, 188-9, 192, 210-2, 279
スミス, アダム (Smith, Adam) 4, 6, 10, 14-5, 23, 41-2, 49-50, 55, 57-8, 69-70, 72, 94, 96, 98-9, 103-4, 107, 127, 131-3, 135, 140-1, 143, 163, 165-6, 169, 174, 177, 202, 209, 230, 237-42, 244-6, 249, 253-4, 257-8, 264-7, 274, 279-80
住谷一彦 273
スワン, ジュリアン (Swan, Julian) 34, 280
セー, ジャン゠バティスト (Say, Jean-Baptiste) 50, 54, 98, 101, 162, 215, 247, 258, 274
セー, ルイ (Say, Louis) 229
セイ ⇨セー

セイヤーズ, ドロシー・L. (Sayers, Dorothy Leigh) 21
セノヴェール, エティエンヌ=フランソワ・ド・(Senovert, Etienne-François de, général) 261-2, 275
セリグマン, エドゥイン・R.-A. (Seligman, Edwin R.-A.) 229
ソーヴィー, アルフレッド (Sauvy, Alfred) 10, 65, 149, 272, 279
ソーンダイク博士 (Thorndyke, John Evelyn, doctor) 1, 253-4
ソーントン, ヘンリー (Thornton, Henry) 141, 272, 274, 277-8
ソロス, ジョージ (Soros, George) 128

[た行]

大ミラボー ⇨ミラボー侯爵
ダヴァンザッティ, ベルナルド (Davanzatti, Bernardo) 174, 194-5, 232
ダヴェナント, チャールズ (Davenant, Charles) 166, 249, 253, 257
高野利治 13
タッカー, ジョサイア (Tucker, Josiah) 23, 36
タラシオ, ヴィンセント・J. (Tarascio, Vincent J.) 65, 145, 280
ダランベール, ジャン・ル・ロン (D'alembert, Jean Le Ron) 2, 34, 143, 171, 215
近澤敏里 271
チャイルド, サー・ジョサイア (Child, Sir Josiah) 4, 36, 43, 45, 48-9, 52-3, 57-8, 105, 109, 133-4, 139-40, 142, 148, 221, 236, 249-51, 253, 257, 259-60, 270-1, 273, 276, 281-2
チャンセラー, エドワード (Chancellor, Edward) 128, 270
チャンドス卿 ⇨ブリッジス
チュルゴー ⇨テュルゴー
チェーザラーノ, フィリッポ (Cesarano, Filippo) 75, 214, 270
ヂエヴォンズ ⇨ジェヴォンズ
チルゴー ⇨テュルゴー
チャンドス卿 ⇨ブリッジス
チュルゴー ⇨テュルゴー

チュルゴー ⇨テュルゴー
ツタンカーメン王 (Tutankhamun, pharao Aegypti, or Egyptian Pharaoh of 18th Dynasty) 32
津田内匠 (Tsuda, Takumi) 16, 38, 40, 61, 104, 127, 222, 250, 254-7, 280-1, 284
デール, ユジェーヌ (Daire, Eugène) 8-9, 132-3, 137, 158
ディケンズ, チャールズ (Dickens, Charles) 21
ディドロ, ドニ (Didrot, Denis) 2, 34, 37, 171
ティラン, アンドレ (Tiran, André) 55, 143, 214, 228, 280
手塚壽郎 36-7, 50, 55, 98-9, 143, 162-3, 180-2, 200-2, 210, 213-5, 218-21, 223, 225, 227-33, 250, 266-7, 284
デップ, ジョニー (Depp, Johnny) 236
デューリング, カール・オイゲーン (Düring, Karl Eugen) 158, 276
デュヴェルネー ⇨パリス=デュヴェルネー
デュサール, イポリート (Dussard, Hyppolite) 271
デュト, ニコラ (Dutot, Nicolas) 4, 48, 142
デュ・ビュア=ナンセー, ルイ=ガブリエル (Du Buat-Nançay, Louis-Gabriel) 36
デュボワ, オーギュスト (Dubois, August) 229-31
デュポン (・ド・ヌムール), ピエール=サミュエル (Dupont [de Nemours], Pierre-Samuel) 5, 8, 35-6, 49, 110, 132, 140, 159, 161-2, 181, 213, 219-20, 281-2
テュルゴー, アンヌ・ロベール・ジャック (Turgot, Anne Robert Jacques, baron de l'Aulne) 5, 11, 15, 17, 35, 38, 42, 49-50, 52, 54-5, 57, 70, 74, 83, 92, 97-9, 104, 109, 111-2, 122, 135, 137-8, 140-3, 146-7, 157-65, 169, 173, 177, 179-88, 196-233, 235-6, 238, 244-8, 250-4, 258-67, 269-70, 272-7, 279, 280-4
テレ, クリスティーヌ (Théré, Christine) 10, 34, 149, 160, 171, 216, 255, 270, 278-80
ドーファン=ムーニエ, アシル (Dauphin-Meunier, Achille) 48, 83, 271

人名索引　303

ドゥーリー，ピーター・C.（Dooley, Peter C.）　44, 54, 69, 72-3, 96, 108, 112, 164, 167, 170, 192, 271
時永淑　276
ドスタレール，ジル（Dostaler, Gilles）　44-5, 73, 75, 141, 167, 207, 242, 271-2
戸田武雄　13, 284
戸田正雄　13-4, 61, 104, 254-6, 274, 284
トックビル，アレクシス・ド（Tocqueville, Alexis Charles Henri Clérel de）　96
トッド，ウィリアム・B.（Todd, William B.）　6, 279
ドニエ（またはルバンヌ），ジョゼフ（Denier ou Lebane, Joseph）　28-9
トランド，ジョン（Toland, John）　174
トレメイン，ピーター（Tremayne, Peter）　21

[な行]

中川辰洋　17, 25, 37, 44, 52, 88-9, 92, 98, 104-5, 109, 129, 134, 140, 144, 158, 174, 196, 207, 216, 219, 222, 250-1, 257, 259, 261, 283
中川久定　277
中山伊知郎　283
ナポレオン1世（L'empereur Napoléon 1er）　⇨ボナパルト
ニコルズ（，ジョン）（Nicoles, John）　⇨プリュマール・ド・ダンジュール
ニコルソン，ジョゼフ・シールド（Nicholson, Joseph Shield）　115, 123, 278
ニュートン，アイザック（Newton, Isaac）　114
ノース，サー・ダドリー（North, Sir Dudley）　240, 249

[は行]

ハーバード，ジョージ（Herbert, George, 5th Earl of Carnarvon）　32
バーボン，ニコラス（Barbon, Nicolas）　249
ハイエク，フリードリヒ・フォン（Hayek, Friedrich A. von）　7-8, 74, 273
ハイエク，ヘラ（Hayek, Hella）　8
バウアー，エティエンヌ（Bauer, Étienne）　171
ハチソン，T.W.（テレンス・ウィルモット）（Hutchison, T.W.（Terence Wilmot））　50, 98-9, 160, 208, 216, 267, 274
ハットフィールド，ヘンリー・ランド（Hatfield, Henry Rand）　243
馬場敬之助　14, 98, 207, 283
馬場宏二　104, 235, 237-54, 257-9, 263-7, 283
林信雄　283
原正彦　14, 73, 283
ハリス，ジョウゼフ（Harris, Joseph）　240
パリス兄弟　⇨パリス=デュヴェルネー
パリス=デュヴェルネー，ジョゼフ（Pâris Duvernay, Joseph）　24-5, 88, 125
バルデール，ジャン=マリー（Balder, Jean-Marie）　11, 269
パレート，ヴィルフレード（Pareto, Vilfredo Damaso）　111-2
ビーチ，フランク・H.（Beach, Frank H.）　123, 282
ピクウィック（Pickwick, Samuel）　21
ヒッグズ，ヘンリー（Higgs, Henry）　7, 9-11, 13-4, 20, 23-4, 35-6, 38, 40-2, 53-4, 67, 72, 100, 102, 104-5, 133, 147, 254, 273-4
ヒューム，デイヴィッド（Hume, David）　58-9, 73-4, 77-8, 138, 142, 184, 218, 278, 281
ビュテル=デュモン，ジョルジュ・マリー（Butel-Dumont, Georges Marie）　35
ビュリダン，ジャン（Buridan, Jean）　143, 229-30
ピョートル1世（大帝）（Пётр Алексеевич Романов; Pyotr Alexeyevich, or Pierre le Grand）　26
フーコー，ミシェル（Foucault, Michel）　96
ファージュ，アニタ（Fage, Anita）　10, 20, 27, 272
ファッカレロ，ジルベール（Faccarello, Gilbert）　44, 50, 70, 95, 97, 99, 160, 169, 182, 191, 212, 214, 267, 271
ファンファーニ，アミントーレ（Fanfani, Amintore）　10, 272
フィールディング，ヘンリー（Fielding, Henry）　22

フィデルマ修道女（Fidelma of Cashel, sister）20-1
フィリップ4世（Philippe IV de France）83
フィリップ美男王（Philippe-Le-Bel）⇨フィリップ4世
フォルボネ, フランソワ・ヴェロン・ド（Forbonnais, François Veron de）4, 35, 47-8, 50, 92, 165, 232
福田敬太郎 13, 147, 283
福田徳三 284
藤塚知義 104, 210, 237-8, 241, 243, 246, 249, 254-5, 257, 264, 266, 283
ブラウグ ⇨ブローグ
フリーデマン, ペーター（Friedemann, Peter）52, 269
プリュマール・ド・ダンジュール, ルイ=ジョゼフ（Prumard de Dangeur, Louis-Joseph. A.K.A.: John Nicoles）4, 35, 47-8, 92, 165
ブリアン, エリック（Brian, Eric）10, 149
ブリッジス, ジェイムズ（Brigdes, James, 1st Duke of Chandos）22-3
ブリュワー, アントニー（Brewer, Anthony）9-11, 16, 27, 43, 45, 51-2, 61, 63, 65, 69-70, 73-5, 79-80, 89, 91, 96, 105, 111, 118-9, 126, 133, 140, 158, 160, 167, 169, 184, 192, 207, 251, 255, 260, 262, 269-70
ブルボン公ルイ・アンリ（Louis Henri, prince de Condé, duc de Bourbon, chef de Conseil de Régence, premier）26-7, 275
プロタゴラス（ΠρωταΥδραϛ; Prōtagóras）224
ブローグ（ブラウグ）, マーク（Blaug, Mark）10, 42, 74, 132, 269, 271, 273-4, 280, 282
ヘーゲル, ゲオルク・ヴィルヘルム・フリードリヒ（Hegel, Georg Wilhelm Friedrich）101
ヘクシャー, エリ（Heckscher, Eli F.）43, 134, 148, 271
ベーデカー, ハンス・エリヒ（Bödeker, Hans Erich）52, 269
ベッカリーア, チェーザレ（Beccaria, Cesare）37, 273
ペティ, サー・ウィリアム（Petty, Sir William, 2nd Earl of Shelburne）4, 14-5, 23, 39, 43, 45, 51, 53, 55, 57-8, 61, 63, 72, 80-1, 93-4, 133-7, 139, 141, 144, 148, 162, 164, 167, 170, 189, 226-7, 239-44, 249, 257, 267, 271, 275, 277-8
ベリドール, ベルナール・F. ド（Belidor, Bernard F. de）102
ペルウ, フランソワ（Perroux, François）216, 263, 278
ペレール, イザーク（Pereire, Isaac）55-6
ペレール,（ジャコブ・）エミール（Pereire, Jacob Émile）56
ペロ・ジャン=クロード（Perrot, Jean-Claude）3, 35, 38, 43-4, 50, 74, 92, 148, 164-5, 171, 202, 229, 232, 278-9
ベロー, アラン（Béraud, Alain）280
ヘンリー5世（Henry V of England）235
ボアギュベール（Boisguillebert）⇨ボワギルベール
ボードー, ニコラ（Baudeau, Nicolas, abbé）8, 52
ホーン, ジョゼフ（Hone, Joseph）10, 20, 274
ポスルスウェイト, マルキー（Postlethwayt, Malachy）39-40, 103
ホゼリッツ, バート・F.（Hoselitz, Bert F.）10-1, 54, 67, 100-3, 108, 111, 169
ホッブズ, トマス（Hobbes, Thomas）65, 127-9
ボナパルト, ナポレオン（Bonaparte, Napoléon）28, 83, 115, 122, 141
ボニファティウス8世（Bonifatius VIII, Benedetto Cætani）83
ホランダー, サミュエル（Hollander, Samuel）101, 274
ボルド, クリスティアン（Borde, Christian）
ボルド, マイケル・D.（Bordo, Michael D.）73-5, 269
ボワギルベール, ピエール・ル・プザン・ド（Boisguilbert, Pierre Le Pesant de）11, 13, 15, 17, 45, 132, 148, 280

人名索引

ポワロ（Poirot, Hercule）20-1, 240
ポンパドゥール侯爵夫人（Pompadour, Jeanne-Antoinette Poisson, marquise de）12, 35

[ま行]

マーシャル、アルフレッド（Marshall, Alfred）14, 74, 99, 207
マーチン、ヘンリー（Martin, Henry）240-1, 249, 253, 257
マーフィー、アントイン・E.（Murphy, Antoin E.）3, 9-11, 16, 19-20, 22, 24-5, 27-34, 37-40, 42-4, 46-7, 51, 53, 59-61, 65, 67, 70, 72, 74, 80, 88, 101, 105, 108, 113, 119, 133, 138, 141, 144, 149, 158, 160, 168-70, 174, 209, 240, 251-2, 255, 272, 275, 276-7
マイウ、フランソワ゠レジス（Mahieu, François-Régis）81, 164, 275
マカロック、ジョン・ラムジー（McCulloch, John Ramsay）5, 44, 54, 58-9, 77, 240
マキャヴェッリ、ニッコロ（Machiavelli, Niccolò）127
マクナリ、デイヴィッド（McNally, David）136-8, 141, 146, 226, 276
マシェ、アンヌ（Machet, Anne）272, 280
マショー・ダルヌーヴィル、ジャン゠バティスト・ド（Machault-d'Arnouville, Jean-Baptiste de）36, 48
増井幸雄 13-4, 177, 283
松下祥子 122
マックグリール、ランド（McGreal, Rand）30, 276
マブリ、ガブリエル・ボノ・ド（Mably, Gabriel Bonnot de）5, 52, 275-6
マヘルジ、ジャレル（Maherzi, Djalel）273
マルクス、カール（Marx, Karl）5-6, 15, 53, 55-6, 70, 72, 96, 99, 111, 123, 158, 169, 207-8, 230, 235, 239-40, 261, 267, 276
マルサス、トマス・ロバート（Malthus, Thomas Robert）64-5, 145
マルゼルブ、クレティアン゠ギヨーム・ド・ラモワニヨン・ド（Malesherbes, Chrétien-Guillaume de Lamoignon de）2, 17, 34, 36-7, 280

マルタン゠ハーグ、エリアーヌ（Martin-Haag, Éliane）52, 275
マルブランク、ブノワ（Malbranque, Benoît）216, 275
マルブランシュ、ニコラ・ド（Maleblanche, Nicolas de）179, 223
マン、トマス（Mann, Thomas）23, 45, 133, 148, 249
マンデヴィル、バーナード（Mandeville, Bernard）282
ミーク、ロナルド・L.（Meek, Ronald L.）216, 276
ミス・マープル（Marple, Miss Jane, of Saint Mary Mead village）240
ミッセルデン、エドワード（Misselden, Edward）133, 148
ミラボー侯爵ヴィクトル・リケッティ（Victor de Riqueti, marquis de Mirabeau ; Mirabeau-père）2, 23, 35-6, 38, 149-51, 222
ミラボー伯爵オノレ・ガブリエル・リケッティ（Honoré Gabriel Riqueti, comte de Mirabeau ; Mirabeau-fils）2
ミル、ジョン・ステュアート（Mill, John Stuart）28, 99
ミル、ジェイムズ（Mill, James）28, 100, 168, 188
村上陽一郎 277
ムロン、ジャン゠フランソワ（Melon, Jean-François）4, 48
メイソニエ、シモーヌ（Meyssonnier, Simone）3-4, 38, 49, 109, 140-2, 160, 216, 222, 250, 252, 259-60, 276
メンガー、カール（Menger, Karl）229
モークラン、ジェローム（Maucourant, Jérôme）127, 276
モランジュ、ジャン（Morange, Jean）274, 282
モルレ、アンドレ（Molleret, André, abbé）36-7, 54, 74, 92, 142-3, 146, 161, 164, 181, 214-5, 219, 224, 277
モンクレチアン ⇒モンクレティアン

モンクレティアン，アントワーヌ・ド（Montchrestien, Antoine de, baron de Chatillon,） 11, 17, 43-4, 57-8, 147-8, 241-3, 249, 269, 271-2, 276

モンタナリ，ジェミニアーノ（Montanari, Geminiano） 50, 143, 163, 229-30, 232

モンテーニュ，ミシェル・エイケム・ド（Montaigne, Michel Eyquem de） 58

モンテスキュー，ラ・ブレード（Montesquieu, Charles-Louis Secondat, baron de La Brède et de） 50, 129, 215-6, 232, 274, 276-7

モンロー，エリ（Monroe, Eli） 228

［や行］

山川義雄 13-4, 75, 95, 127, 132, 142, 163, 173, 180, 191, 196, 198, 201-2, 206, 208, 213, 219, 228, 284

ヤング，アーサー（Young, Arthur） 246-7, 258, 262

［ら行］

ラーナー，アバ（Lerner, Abba） 74

ラヴィックス，ジョエル=トマ（Ravix, Joël-Thomas） 97, 138, 184, 207, 209, 216, 218, 244, 252, 279

ラカン，ジャック（Lacan, Jacques） 98

ラ・ブレード=モンテスキュー男爵 ⇨モンテスキュー

ラモワニョン・ド・ブランメニル，ギヨーム・ド（Lamoignon de Blancmesnil, Guillaume de） 36

ラレール，カトリーヌ（Larrère, Catherine） 11, 274

リー，パーシヴァル（Leigh, Percival） 21

リカード ⇨リカードゥ

リカードゥ，デイヴィッド（Ricardo, David） 15, 28, 55, 69-70, 72, 96, 98-100, 167-9, 188, 191, 230, 246-7, 258

リカルド ⇨リカードゥ

リス，デイヴィッド（Liss, David） 122

リスト，シャルル（Rist, Charles） 12, 98, 101, 142, 202, 207

リチャーヅ（またはリチャーズ），R.D.（Richards, R.D.） 243

リュベル，マクシミリアン（Rubel, Maximilian） 276

ルイ13世（Louis XIII de France） 43

ルイ14世（Louis XIV de France） 22-4, 34

ルイ15世（Louis XV de France） 2, 23-4, 102

ルイ16世（Louis XVI de France） 261

ルイ大王（Louis-Le-Grand） ⇨ルイ14世

ルグラン，ロベール（Legrand, Robert） 9-10, 14, 32, 42, 88-9, 132-4, 136-7, 139, 141, 145, 158, 275

ルソー，ジャン=ジャック（Rousseau, Jean-Jacques） 2, 34, 223

ル・トゥーロンヌ，ギヨーム・フランソワ（Le Trosne, Guillaume François） 8

ルフェーヴル，フレデリック（Lefebvre, Frédéric） 34, 160, 216, 255, 270, 280

ル・ピション，フィリップ（Le Pichon, Philippe） 50, 162, 214, 275

ル・メルシエ・ド・ラ・リヴィエール，ポール・ピエール（Le Mercier de la Rivière, Paul Pierre） 5, 8, 17, 35

ルンドベリ，イー・セェー（Lundberg, I.C.） 259, 266, 275

レーニン，ウラジミール・イリイチ（Ле́нин, Влади́мир Ильи́ч; Vladimir Ilyich Ulyanov, or Lenin） 15

レオンス・ド・ラヴェルニュ，ルイ=ガブリエル（Léonce [Guiraud] de Lavergne, Louis-Gabriel） 8-9, 37, 57, 63-4, 158, 275

レオンチェフ，ワシリー・W.（Leontief, Wassily W.） 53, 72

レピナス，ジュリー・ド（Lespinasse, Jeanne Julie Éléonore de） 143, 215, 282

レモンテー，ピエール・エドゥアール（Lémontey, Pierre Edouard） 277

ロー，ジョン（Law, John） 3-4, 9, 11, 15, 17, 23-7, 42, 44, 46, 48-9, 52-3, 55-7, 60-1, 72, 79-80, 86-9, 101, 113, 115-21, 123-5, 132-4, 137, 139-41, 144, 148, 163, 169, 174, 179, 194-5, 236, 240, 257, 262, 275, 278, 282

ロイド，ウィリアム・F.（Lloyd, William F.） 229

ロック，ジョン（Lock, John） 23, 46, 162, 166, 190-1, 232, 271, 282

ロデレール，ピエール=ルイ（Roederer, Pierre-Louis） 208

ロマーニ，ポール=マリー（Romani, Paul-Marie） 97, 138, 184, 207, 209, 216, 218, 244, 252, 279

ロンカッリア，アレッサンドロ（Roncaglia, Alessandro） 95, 142, 279

[わ行]

ワーグナー ⇒ヴァーグナー

渡辺輝雄 14, 61-2, 284

渡辺恭彦 218, 284

ワッサーマン，マックス・J.（Wasserman, Max J.） 123, 282

ワルラス（，オーギュスト） ⇒ヴァルラス（，オーギュスト）

ワルラス（，レオン） ⇒ヴァルラス（，レオン）

［著者紹介］
中川辰洋
（なかがわ たつひろ）

　1952年札幌市に生まれる．1989年東京大学大学院経済学研究科博士課程修了．経済学博士（東京大学）．社団法人 公社債引受協会調査部調査課長，青山学院大学経済学部経済学科助教授，教授などを経て，現在，同現代経済デザイン学科教授，公益財団法人 日本証券経済研究所客員研究員．この間，ヨーロッパ議会・ヨーロッパ委員会後援の研修制度EUVP（ヨーロッパ連合訪問プログラム）に参加（1995年），在外研究期間中を利用してソシエテ・ジェネラル銀行（パリ＝ラデファンス）資本市場部経済調査チーム（現・ストラテジスト調査チーム）所属（1999～2000年），パリ第10大学（ナンテール校）客員研究員（2008～2009年）．所属学会，証券経済学会（1984年～），経済学史学会（2010年～）．ほかに，フランソワ・ミッテラン研究所（Institut François Mitterrand：IFM，パリ）友の会会員（2006年～）．

　著書（単著のみ）に，『フランス国債市場の変貌と金融革新』（財団法人 資本市場研究会，1989年），『ゼミナール EC通貨・金融市場統合と資本市場』（東洋経済新報社，1993年），『1999年ユーロ圏誕生――EU経済通貨統合の進展』（東洋経済新報社，1998年），『ジョン・ローの虚像と実像――18世紀経済思想の再検討』（日本経済評論社，2011年），『テュルゴー資本理論研究』（日本経済評論社，2013年）．訳書に，OECD編『経済政策の転換――先進11カ国のケース・スタディー』（中川辰洋監訳，日本経済評論社，1995年），B．ポーキングホーン，D.L.トムソン『女性経済学者群像――アダム・スミスを継ぐ卓越した八人』（櫻井毅監修，御茶の水書房，2008年）．

カンティヨン経済理論研究

2016年10月20日　第1刷発行

定価（本体8500円＋税）

著　者　中　川　辰　洋
発行者　柿　崎　　　均
発行所　株式会社　日本経済評論社

〒101-0051 東京都千代田区神田神保町3-2
電話 03-3230-1661　FAX 03-3265-2993
E-mail: info8188@nikkeihyo.co.jp
振替 00130-3-157198

装丁＊渡辺美知子　　　　中央印刷／高地製本所

落丁本・乱丁本はお取替えいたします　Printed in Japan
© NAKAGAWA Tatsuhiro 2016
ISBN 978-4-8188-2444-7

・本書の複製権・翻訳権・上映権・譲渡権・公衆送信権（送信可能化権を含む）は，（株）日本経済評論社が保有します．
・JCOPY 〈（社）出版者著作権管理機構　委託出版物〉
本書の無断複写は著作権法上での例外を除き禁じられています．複写される場合は，そのつど事前に，（社）出版者著作権管理機構（電話03-3513-6969，FAX 03-3513-6979，e-mail：info@jcopy.or.jp）の許諾を得てください．

ジョン・ローの虚像と実像
——18世紀経済思想の再検討——
中川辰洋　本体 4600 円

テュルゴー資本理論研究
中川辰洋　本体 7000 円

所有と進歩
——ブレナー論争——
R. ブレナー／長原豊監訳／
山家歩・田﨑愼吾・沖公祐訳　本体 4200 円

マルクスを巡る知と行為
——ケネーから毛沢東まで——
寺出道雄　本体 4600 円

未来社会への道
——思想史再考——
中野嘉彦　本体 4200 円

ヴェーバー経済社会学への接近
小林純　本体 5600 円

21世紀南山の経済学
やさしい経済学史
中矢俊博　本体 700 円

日本経済評論社